역사의 키워드

왕을
말하다

역사의 키워드 **왕**을 말하다

ⓒ 강응천 2017

초판 1쇄 발행 2017년 10월 30일 | **2쇄 발행** 2019년 4월 18일

지은이 강응천 | **펴낸이** 이상훈 | **편집인** 김수영 | **본부장** 정진항
기획편집 염미희 최윤희 | **디자인** 이수정 | **일러스트** 장선환
마케팅 조재성 천용호 박신영 조은별 노유리 | **경영지원** 이해돈 정혜진 이송이

펴낸곳 한겨레출판(주) | **주소** 서울시 마포구 창전로 70 (신수동) 화수목빌딩 5층
전화 02-6383-1602~3 | **팩스** 02-6383-1610
홈페이지 www.hanibook.co.kr | **이메일** child@hanibook.co.kr
출판등록 2006년 1월 4일 제313-2006-00003호

ISBN 979-11-6040-103-5 43910

역사의 키워드

왕을 말하다

강응천 지음

한겨레출판

오늘 우리에게 '왕'은 무엇인가

민족의 관점에서 본 왕

현대 민주주의 사회에서 살아가는 시민의 눈으로 보았을 때, 한국 역사에 등장하는 왕은 어떤 모습일까? 관점에 따라 크게 둘로 나누어 볼 수 있을 것이다. 하나는 민족주의 차원에서 본 왕이다. 이때 왕들은 과거 민족의 선조들을 이끌던 지도자로 나타난다. 외세와 맞서 민족을 지켜 내거나 민족의 자존을 드높인 왕은 찬양의 대상이 되고, 그렇지 못했던 왕은 비난의 대상이 된다. 더러 외세에 굴복한 왕이라 하더라도 힘껏 저항했으나 역부족이었다면 동정을 받기도 한다. 병자호란 때 치욕적으로 항복한 인조나 일제에 의해 강제로 퇴위당한 고종이 후자의 예다. 특히 고종은 일제 잔재와 싸우는 한국인에게는 지난날 민족적 치욕을 앞서서 감당해야 했던 순교자처럼 여겨지기도 한다.

이처럼 민족주의적 관점에서 보면 역사는 진보하는 것이 아니다. 우리 민족이 번창할 때가 가장 발달된 역사적 국면이고 우리 민족이 침체할 때가 가장 퇴보한 국면이다. 이를 군주제 시대에 비추어 보면 빼어난 군주가 있었던 때가 상승기이고 군주가 무능해 나라가 흔들릴 때가 하강기였다. 다른 민족을 침략해 고통을 안겨 준 군주라 하더라도 영토를 넓히고 군사적 위엄을 떨쳤다면 민족의 영광을 드높인 영웅으로 찬양받는다. 그러한 정복 활동이 우리 민족 내부의 다수 민중에게 이익을 주지 않았다 하더라도 말이다.

민주의 관점에서 본 왕

다른 하나는 민주주의 차원에서 본 왕이다. 이때 왕들은 민중을 억압하는 세력의 대표자로 나타난다. 왕 한 사람이 유일한 주권자인 전제군주제는 모든 국민이 주권자인 민주주의 제도와 완전히 반대된 체제였다. 왕들이 대표하던 지난 수천 년간의 전제군주제는 민주주의를 이룩하기 위해 반드시 타도되어야 하는 체제였고, 다시는 부활하지 말아야 할 낡은 유산이었다. 민족의 영광을 드높였다고 찬양받는 왕이라도 사실은 그가 대표하는 지배 계층만의 영광을 높인 것이고, 민족의 수치를 초래한 왕은 그가 대표하던 지배 계층과 더불어 민중을 수탈하다 크나큰 시련까지 안겨 주었다.

같은 왕이라 해도 고대에는 한 줌도 안 되는 세습 귀족들의 대표였지만, 역사가 발전해 조선 시대에 이르면 양반이라는 꽤 폭넓은 사회계층을 대표하기에 이른다. 그리고 근대에 이르러 민권 사상이 발달하고 민중이 성장함에 따라 왕이 주권자라는 개념은 역사의 뒤안길로 퇴장하게 되었다. 이처럼 민주적 관점에서 보면 근대 이전의 역사는 군주제가 단계적인 발달 과정을 거치며 민주주의를 향해 진보해 온 것이다.

민주주의적 관점에서 재평가한 왕들

한국에서 왕을 바라보는 관점은 두 가지 가운데 민족주의적 차원에 다소 치우쳐 왔다. 현대 한국인이 왕을 민중의 지배자로 보기보다 민족의 지도자로 보는 경향이 강한 것은 무엇보다도 한국사의 마지막 왕들이 외세에 나라를 빼앗겼기 때문이다. 조선 왕조는 프랑스처럼 민중 혁명으로 전복된 것이 아니라 민중들이 보는 앞에서 일본 제국주의에 의해 숨을 거두었다. 따라서 일제의 식민 지배에 치를 떠는 한국인들에게 고종과 순종은 지배자이면서도 같은 피해자로서 동병상련의 대상이 되곤 한다.

이 책은 민족주의적 차원보다는 민주주의적 관점에서 왕들에게 평가의 잣대를 대 보려는 시도이다. 아무리 위대한 왕이라 하더라도 그의 리더십은 세습군주제의 산물이다. 현대 민주주의는 그와 같은 전제군주제를 물리적으로나 정신적으로 극복하지 않으면 성립할 수 없다. 국민이 주권자인 민주국가에서 일인 주권 체제의 군주가 '민족의 지도자'라는 리더십의 모델이 된다는 것은 있을 수 없는 일이기 때문이다. 그런데도 정치인들은 종종 그러한 유혹에 빠져 왕과 같은 '절대적 지도자'를 바라는 일부의 왜곡된 민심을 조장한다. 따라서 우리 역사에 등장한 왕들과 일정한 거리를 두고 그들을 비판적으로 조명하는 것은 민주주의의 미래를 위해서도 필요한 일이다.

이 책은 《독서평설》에 3년 동안 연재되었던 원고를 그보다 오랜 시간에 걸쳐 다듬은 것이다. 막상 원고 작업을 하다 보니 자신이 아직 군주제 이데올로기에서 빠져나오지 못했다고 느낄 만큼 민주 시민의 시각에서 왕을 바라보는 것은 결코 쉽지 않았다. 도움을 준 《독서평설》과 한겨레출판에 감사드리며 독자 여러분의 따끔한 충고를 기다린다.

2017년 가을
강응천

차례

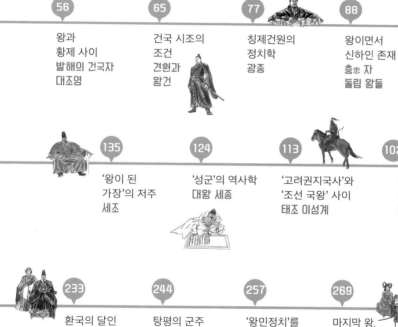

왕의 탄생

단군왕검

많은 학자들에 따르면 '단군왕검'은 종교적 지도자를 뜻하는 '단군'과 정치적 지배자를 의미하는 '왕검'이 합해진 말이다. 그렇다면 단군왕검은 정치와 종교가 분리되기 전, 즉 정교일치 사회의 우두머리라고 해석할 수 있다. 정교일치 사회가 발달해 다음 단계에 이르면 정치와 종교가 분리된다. 그렇다면 정교일치 사회의 이전 단계는 어떤 사회였을까? 어떻게 해서 '단군'과 '왕검'의 역할을 한 사람이 맡게 되었을까? 이 질문에 대한 답을 찾다 보면 최고 권력을 지닌 존재인 왕이 어떻게 탄생했는지 그 비밀을 들춰 볼 수 있을 것이다.

왕은 도끼다

임금을 뜻하는 한자 '王(왕)'의 유래에 관한 설 가운데 하나는 도끼의 모양을 본떴다는 것이다. 자루에서 분리해 놓고 보면 도끼는 날과 몸통, 그리고 자루를 끼우는 구멍으로 이루어져 있다. 王은 바로 도끼의 이 세 부분을 가리킨다.

중국에서 가장 오래된 한자 사전은 후한 때 허신이 편찬한 《설문해자》이다. 이 책은 王을 하늘과 땅과 인간을 하나로 꿴 존재라고 풀었다. 그러나 이것은 왕이라는 존재가 이미 신비화된 이후에 내려진 해석으로 보인다.

왕을 도끼에 비유할 때 이 도끼는 생사여탈권을 가진 존재를 의미한다. 즉, 왕은 도끼를 들고 사람의 목숨을 마음대로 빼앗을 수 있는 절대 권력자라는 의미다. 고대 사회 지배자의 무덤에서 종종 도끼가 출토되는 것도 이처럼 도끼가 상징하는 생사여탈권과 무관하지 않다. 구장복(조선 시대에 임금이 입는 아홉 가지 무늬가 새겨진 대례복)에 도끼 문양이 새겨져 있고, 왕의 명령을 받고 전장에 나가는 장수가 출정할 때 왕에게 도끼를 하사받고 돌아오면 이를 반납하는 것 역시 도끼가 왕을 상징했다는 사실을 말해 준다.

이와 관련해 신하를 뜻하는 '臣(신)'이라는 한자의 유래를 찾아보면, 왕을 향해 눈을 뜨고 있는 노예를 본떴다는 설이 눈에 띈다. 신하란 본래 고개를 조아린 채 왕의 시중을 드느라 눈을 치뜰 수밖에 없는 존재였다는 뜻이리라. 신하들 중 최고를 가리키는 재상(宰相)은 본래 왕의 음식을 담당하는 조리사와 왕을 위해 나무를 해 오던 나무꾼을 가리키던 글자라고 한다.

또 같은 맥락에서 백성을 뜻하는 '民(민)'의 유래를 설명하는 흥미로운 가설은 그것이 눈을 빼 버린 노예를 가리켰다는 것이다. 사지는 멀쩡하되 눈을 잃어 무력하고 종속적인 이들이 바로 백성이라는 것이다.

이런 풀이가 아니더라도 역사를 살펴보면 본래 평등했던 인류 사회에 계급 분화가 일어나고 소수의 손에 권력이 집중되는 과정을 발견할 수 있다. 왕이란 결코 하늘이 내린 존재이거나 거저 권력을 얻은 사람이 아니라 강력한 힘으로 다른 이들의 주권을 강탈한 존재였다. 마찬가지로 백성은 자발적으로 주권을 양도한 것이 아니라 힘에 눌리고 공포에 질려 왕의 노예가 되었다. 인류가 그 악몽에서 벗어나기 시작한 것은 기껏해야 1, 2백 년 전이었다.

그렇다면 왕이 등장하기 전, 그러니까 계급 분화가 일어나기 전의 인류 사회는 어떤 모습이었을까? 모두가 평등한 시기이니 남들을 이끄는 지도자 같은 존재도 없었을까? 그렇지는 않다. 험난한 대자연 속에서 함께 삶을 이어 가야 하는 공동체 구성원들에게는 경험과 지혜를 갖춘 지도자가 필요했다. 이 지도자는 사람들 사이에 일어나는 갈등과 대립을 힘으로 해결하고 자신을 따르지 않는 자를 처벌하는 지배자가 아니라, 연륜과 권위로 사람들에게서 자발적으로 동의를 이끌어 내는 존재였다.

이 같은 지도자의 역할 가운데 하나는 자신의 공동체를 외부와 구별하고 보호하는 것이었다. 이를 위해 지도자는 공동체를 지켜 주는 신과 소통하고, 신의 뜻을 구성원에게 전해 공동체의 정체성을 확인하며 유지하는 일을 한다. 공동체를 지켜 주는 신은 공동체마다 다르다. 광야를 떠도는 유목 부족에게는 광활한 하늘이 절대자일 수 있고, 숲 속에 사는 수렵 부족에게는 곰이나 호랑이 같은 신령스러운 동물이 절대자일 수도 있다.

선사시대에 공동체를 이끌며 신과 소통했던 지도자를 북아시아 일대에서 부르던 말이 '샤먼'이었다. 우리말로 하면 무당이다. 그런데 역사학자들은 우리가 살펴볼 단군왕검의 '단군'이 바로 이 무당을 가리킨다고 말한다. 다시 말해 단군은 국가가 탄생하기 전인 선사시대에 공동체를 이끌던 지도자인 셈이다. 그렇다면 선사시대의 부족 공동체를 이끌며 신의 뜻을 받들던 단군이 언제 어떻게 정치적으로도 지배력을 행사하는 '왕검'이 되었을까? 단군신화를 요모조모 살펴보면서 답을 찾아보자.

단군과 왕검의 결합

고려 후기의 승려 일연(1206~1289)은 《삼국유사》에 단군신화를 기록하면서 "단군왕검은 요임금이 즉위한 지 50년인 경인년(기원전 2311)에 평양성에 도읍을 정하고 비로소 조선이라 불렀다."라고 했다. 그러면서 따로 "요임금 즉위 원년은 무진년(기원전 2333)이니 즉위 50년은 정사년(기원전 2284)이지 경인년이 아니다."라고 주석을 달았다. 따라서 일연이 고증한 단군기원은 기원전 2284년이다. 그런데 이후 여러 사람의 이런저런 추론을 거쳐 고조선의 건국 연도는 기원전 2333년으로 정해졌다.

중국에서는 요, 순에 이어 우가 지도자가 되어 하를 건국했다고 전한다. 하는 중국 최초의 국가로 기원전 2070년에 세워졌다. 요순 시대에는 국가의 형태를 갖추지 못했다는 말이다. 이 계산대로라면 고조선이 건국된 게 기원전 2284년이든 기원전 2333년이든 한반도에서는 꽤 이른 시기에 국가가 탄생한 셈이다.

물론 명확한 고고학적 발굴 성과나 역사적 기록이 뒷받침하지 않는 먼 옛날의 일을 단정하기는 어렵다. 그러나 단군신화를 잘 살피면 선사시대를 거쳐 국가가 탄생하던 시기에 한반도와 만주 일대에서 무슨 일이 일어나고 있었는지 어렴풋이나마 짐작할 수 있다.

단군신화에 따르면 단군왕검은 하늘의 혈통을 이어받은 사람이다. 그의 아버지는 하늘의 제왕인 환인의 서자(장남이 아닌 아들) 환웅이다. 환웅이 인간 세상을 구하고 싶어 하자 환인은

'홍익인간'(널리 인간을 이롭게 함) 하기에 좋은 삼위태백*에 아들을 내려 보냈다. 그때 환웅은 하늘의 상징인 천부인 세 개를 가지고 내려왔다. 학자들에 따르면 천부인은 청동검, 청동거울, 청동방울로 국가가 탄생하던 청동기 시대 지배자들의 대표적인 소유물이었다. 단군신화가 이미 국가가 존재하던 시기에 권력자의 출신을 신비화하기 위해 만들어졌음을 짐작할 수 있는 대목이다.

환웅이 삼위태백에 이르자, 곰과 호랑이가 와서 인간이 되게 해 달라고 간청했다. 환웅은 굴 속에서 마늘과 쑥만 먹으며 백일 동안 치성을 드리라고 알려 주었다. 호랑이는 오래 참지 못하고 동굴을 뛰쳐나갔지만, 곰은 꿋꿋하게 견뎌 삼칠일(21일)만에 인간 여인이 되었다. 바로 '웅녀'다. 환웅이 웅녀와 혼인하여 낳은 아들이 단군왕검이다.

우화와도 같은 이 신화 속에는 많은 역사적 의미가 깃들어 있다. 곰과 호랑이는 각각 두 동물을 토템**으로 삼는 부족을 가리킨다. 이 두 부족은 본래 삼위태백, 즉 한반도 북부나 만주 일대에 정착해 살고 있던 주민들이었다. 그런데 환웅으로 대표되는 유목 부족, 즉 하늘을 숭배하는 이들이 들어와 정주민과 갈등을 빚었다. 이 유목민, 즉 '환웅족'은 '호랑이족'을 내몰고 '웅녀족'과 결합해 고조선을 세웠는데 그 지배자가 단군왕검이었다.

• 삼위태백 삼위산과 태백산을 아울러 이르는 말. 태백산은 백두산을 가리킨다는데, 삼위산은 중국 간쑤성 둔황시 남쪽의 싼웨이산과 이름이 같다.

•• 토템 미개 사회에서 부족 또는 씨족과 특별한 혈연관계가 있다고 믿어 신성하게 여기는 특정한 동식물 또는 자연물. 각 부족 및 씨족 사회 집단의 상징물이 되기도 한다.

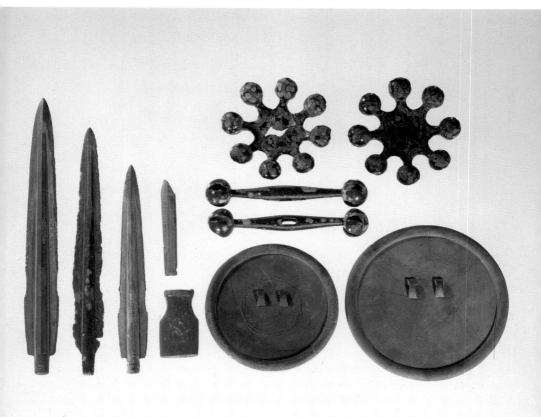

청동기 유물
청동검(세형동검)과 청동방울, 청동거울 등은 고조선의 지배자를 위해 만들어진 것이다. 정교하고 화
려한 모양과 무늬를 보면 당시 청동기 제작 기술이 매우 높은 수준에 이르렀음을 알 수 있다.

신화를 이렇게 풀이해 보면 단군왕검의 '탄생' 배경도 추론할 수 있다. '단군'은 샤먼, 곧 공동체 시절의 지도자였다. 그런데 환웅족과 웅녀족이 결합해 강력한 지배 집단을 형성하고, 나라를 세우는 과정에서 정치적 지배자인 '왕검'의 역할까지 맡게 되었다. 공동체의 지도자가 국가의 지배자로 진화해 간 것이다. 단군왕검이 다스리는 고조선 사회는 오랜 세월에 걸쳐 법, 군대, 경찰, 감옥, 관료 집단 등 공권력을 갖춘 국가 체제를 마련해 갔을 것이다. 그리고 고조선의 지배자들은 단군신화를 모티프로 삼은 축제를 벌이며 민중 앞에서 자신들의 신성한 핏줄을 과시하고 지배력을 다지는 계기로 삼았을 것이다.

왕과 자주성

단군신화에 대한 지금까지의 추론이 맞다면 단군왕검은 1천 5백 년이나 살았던 한 개인이 아니라 '왕'이나 '대통령' 같은 직위를 가리키는 말일 것이다.

여러 역사책에 따르면 훗날 중국에서 온 기자가 단군왕검에 이어 고조선의 왕이 되었다(기자동래설). 또 중국의 역사책들에는 기자가 고조선 사람들에게 양잠(누에치기)과 농사를 가르치고 법을 만들었다고 기록되어 있다.

그 법은 모두 여덟 조문으로 되어 있어 '범금팔조'라 불렸다. 이 가운데 세 개의 조문이 전한다. "살인자는 사형에 처하고,

남을 다치게 한 자는 곡식으로 갚으며, 도둑질한 자는 노비가 되는 것이 원칙이나 이를 면하고자 한다면 50만 전을 내야 한다."는 것이 그 내용이다. 이 기록대로라면 구성원들이 비교적 평등한 지위를 누렸던 선사 공동체는 이미 사라지고 사유재산이 철저히 보호받는 시대가 열린 것이다.

단군왕검이 고조선을 세운 지 1천5백 년이 지난 시점이면 기원전 9세기인데, 이때는 기자가 살았던 기원전 11세기보다 늦다. 물론 신화에 나오는 연도에 연연할 필요는 없고, 기자가 고조선으로 와서 왕이 되었다는 고고학적 증거도 없다. 그러나 기원전 11세기든 9세기든 법을 만들고 사유재산을 보장하는 국가가 충분히 존재할 수 있었던 시기인 것은 맞다. 단군신화와 기자동래설의 세부적인 내용들을 믿지 않더라도 고조선이 이처럼 법과 제도를 갖춘 고대국가로 발전해 나간 정황은 포착할 수 있다.

그렇다면 고조선을 둘러싼 동북아시아의 정세는 어떻게 변화해 갔으며, 고조선의 역대 왕들은 그러한 변화에 어떻게 대응하며 국가를 이끌어 갔을까?

하와 상을 잇는 주 때까지 중국의 최고 통치자는 '왕'이었다. 천자라고 불린 주의 왕은 영토를 여러 제후에게 나눠 주고 그 대가로 충성을 약속 받았다. 그러다가 주가 쇠퇴하고 춘추시대를 거쳐 전국시대*가 도래하자 곳곳의 힘 있는 제후들이 저마다 자신을 왕이라고 칭했다. 그러자 중국 동쪽에 있던 고조선의 지배자도 스스로 왕이라는 호칭을 썼다고 한다.

* 전국시대 중국 역사에서 춘추시대 다음의 기원전 403년부터 진이 중국을 통일한 기원전 221년까지 약 200년간의 과도기를 말한다.

전국시대는 진이 중국을 통일하면서 막을 내렸다. 이때 진의 왕 정(기원전 259~기원전 210)은 스스로 왕보다 더 높은 존재라는 의미에서 '황제'라는 호칭을 사용했다. 그가 바로 첫 번째 황제라는 뜻의 '시황제'다. 이때부터 중국에서 왕은 황제의 아들이나 제후들을 가리키는 호칭이 되었다. 당시 고조선의 왕이던 부왕은 시황제를 알현하러 오라는 요구를 받았지만 이를 거절했다고 한다. 이 줏대 있는 부왕이 단군왕검의 후손인지 기자의 후손인지는 알 수 없다. 다만 그의 후예인 준왕이 위만에게 왕위를 빼앗기고 남쪽으로 내려간 사실은 기록으로 전한다.

위만은 진이 망하고 한이 일어나는 변혁기에 중국을 탈출해 고조선으로 들어온 유민이었다. 그는 준왕의 신임을 받아 서쪽 변경을 지키는 임무를 맡았으나, 뒤에 정변을 일으켜 준왕을 축출하고 왕이 되었다. 그러나 위만은 왕이 된 뒤에도 나라 이름을 그대로 '조선'이라 하고 준왕 때의 제도를 이어 나갔다. 그리고 중국의 한에 대해서도 독립적인 태도를 지켰다. 그런 관계가 무너진 것은 위만의 손자인 우거왕(?~기원전 108) 때였다.

우거왕은 한과 한반도 남쪽의 진국*이 직접 교역하는 것을 가로막고 한과 적대 관계인 흉노와 접촉하면서 독자적인 세력을 유지해 나갔다. 그러자 위협을 느낀 한 무제(기원전 156~기원전 87)가 고조선에 침략군을 보냈다. 우거왕은 1년을 버티다가 목숨을 잃었고, 고조선도 멸망했다.

그때 우거왕을 죽인 사람은 한의 군

• 진국 기원전 6세기 이전 한강 이남의 여러 부족 국가를 통틀어 이르는 말.

▥ 기자는 언제부터 유명해졌을까? ▥

조선 시대 사대부들은 근본적으로 '중국이 세계의 중심이고 주변국은 오랑캐'라고 믿는 중화주의자였다. 그들은 기자야말로 이 땅에 중국의 은혜를 전한 최초의 인물이라 생각했다. 1607년, 사대부 한백겸은 평양에서 엄청난 발견을 했다고 주장한다. 기자 정전, 곧 기자가 조선에 들어와 실시했던 정전이라는 토지 제도의 흔적을 찾았다는 것이다. '정전'이란 농민 개인 소유의 농토와 공동으로 경작하는 농토를 '우물 정#' 자 모양으로 결합시킨 이상적인 토지 제도를 말한다. 아마도 사대부들에게는 단군보다 기자가 더 자랑스러운 조선의 상징이었을 것이다. 하지만 근대 이후 중화사상에 바탕을 둔 조선의 사대주의가 비판받으면서 중국의 기자가 동방으로 왔다는 '기자동래설'은 역사적 사실과는 거리가 먼 것으로 받아들여지고 있다. 기자가 조선에 왔다는 기록은 고고학적 자료나 다른 문헌과 맞지 않고, 한백겸이 발견한 유적은 고구려 평양성의 도시 구획이었을 가능성이 높다고 한다.

사가 아니라 고조선 내부의 반역자였다. 지방 행정 장관 직위를 가진 참이라는 이가 여러 귀족과 논의해 한과 화친을 맺자고 주장했다. 그런데 우거왕이 이를 거부하자 자객을 들여보내 왕을 살해한 것이다. 왕을 죽일 정도로 강력한 귀족들이 있었던 것으로 볼 때, 고조선은 귀족의 권력이 왕을 압박하는 귀족제 사회였던 것으로 보인다. 그렇다면 우거왕은 전제 권력을 휘두른 왕이라기보다는 귀족 가운데 가장 힘이 센 자였을 것이다.

단군왕검으로부터 우거왕에 이르는 한국사 초기의 왕들을

보면 왕이 어떤 존재인지 그 구체적인 모습을 짐작할 수 있다. 그는 먼저 자신의 권력을 호시탐탐 노리는 귀족들을 제어하고 영토 안의 백성을 장악해야 한다. 이를 위해 관료제를 비롯한 공권력이 동원된다. 또한 군사력을 동원해 외부 세력으로부터 백성을 보호해야 한다. 이 의무를 다하지 못하면 왕은 외부의 더 강한 지배자에게 복속하는 신하로 전락하거나 권력의 원천인 영토와 백성을 잃을 수밖에 없다.

물론 국가가 형성되기 전, 공동체의 지도자에게도 외부 세력에 맞서 내부 구성원을 보호할 의무가 있었다. 하지만 공동체의 지도자가 구성원의 동의와 연대 의식 위에서 그 의무를 수행했다면, 왕은 자신이 지배하는 영토와 민을 온전히 자기 것으로 지키겠다는 결기와 동원력으로 그 의무를 수행했다. 한국사의 왕들은 강력하고도 적대적인 세력들이 창궐하는 대륙 가까이에 자리했다는 이유로 그러한 의무를 제대로 수행하는지 자주 시험대에 올라야 했다. 우거왕이 끝내 완수하지 못한 '자주성'의 의무는 향후 나타날 여러 왕조의 왕들을 평가하는 데 주요한 잣대가 될 것이다.

왕과 주체성

광개토대왕

　왕은 전제군주제의 유일무이한 주권자로서 반드시 주체적이어야
한다. 수많은 신민民民이 그에게 주체의 권한을 양도했기 때문이다. 그런
데 한국사의 왕들은 유감스럽게도 온전한 주체성을 발휘하지 못하는 것
처럼 보일 때가 많았다. 한 나라의 왕임에도 나라 밖에서는 누군가의 신
하이기를 강요당하곤 했던 것이다. 그러한 상황은 주권자인 왕으로서도
참기 힘든 일이지만, 왕의 통치를 받는 민에게도 불이익과 수모를 안겨
주게 마련이었다. 한국사에서는 드물게 주체적 왕권을 견지한 것으로 알
려진 광개토대왕의 사례를 통해 주권자와 주체성의 문제를 살펴보자.

대결이냐 굴복이냐

중국에서 왕이 황제로 진화하는 과정은 진의 시황제를 통해 살펴보았다. 왕 중의 왕인 황제가 등장하면서 중국에서 왕이라는 호칭이 한 단계 격하되자 주변 국가도 곧바로 영향을 받았다. 천자는 황제 한 명뿐이고 왕은 천자의 다스림을 받는 제후라는 논리가 중국의 경계를 넘어 동아시아 각국으로 전파되었다.

고조선의 부왕은 진의 수도 함양으로 와서 황제를 알현하라는 시황제의 요구를 거절했다. 우거왕은 한 무제에게 굽히고 들어가지 않겠다고 버티다 침략을 받고 목숨과 나라를 한꺼번에 잃었다. 그 뒤 이 땅에 들어선 왕조들은 중국의 강력한 왕조들과 맞서 사활을 걸고 싸우거나, 꼬리를 내리고 복종하거나 선택해야 했다.

고조선 옛 땅에서 일어난 고구려는 왕조의 존립을 위해 중국의 여러 왕조와 대립하고 충돌하는 일이 잦았다. 고구려는 북만주의 부여에서 갈라져 나와 중국 대륙과 한반도가 교차하는 지점에 자리 잡은 나라였다. 따라서 처음부터 한과 부여의 협공에 시달려야 했다. 게다가 고구려 사람들 역시도 생활권을 확보하기 위해서는 압록강 유역의 좁은 지역에서 벗어나 주변 지역으로 뻗어 나가지 않을 수 없었다. 주변의 여러 세력과 충돌하는 것은 필연적이었다. 이 과정에서 힘이 달려 어쩔 수 없이 웅크려야 할 때가 아닌 한 고구려는 끊임없이 중국 세력에 맞서 싸웠다.

고구려가 중국 세력에 굴복한 대표적 사건은 16대 고국원왕(재위 331~371) 때 있었다. 343년(고국원왕 13) 고구려는 선비족이 세운 전연과 맞서다 침략을 받았다. 고국원왕이 수도인 환도성을 비우고 달아나자 전연의 군대는 왕의 아버지인 미천왕(재위 300~331)의 무덤을 파헤쳐 유골을 강탈해 갔다. 고국원왕은 전연에 사신을 보내 조공을 바치고 부왕의 유골을 찾아와야 했다.

고구려와 달리 한반도 남쪽 삼한에 속한 작은 나라들은 중국의 대국들과 딱히 대립했던 것 같지 않다. 오늘날의 군 단위와 비슷하거나 조금 더 큰 규모의 이 작은 나라들은 '신지'라 불리는 지배자가 다스렸다. 신지들에게 바다 건너 있는 큰 나라의 천자와 어떤 형식으로든 관계를 맺는 것은 정치적으로 유리한 일이었다. 그래서 중국 황제는 그들에게 '읍군'의 지위를 주고 은 도장과 푸른빛 도장 끈을 하사했다.

황제가 내리는 도장을 '인印'이라 하고, 이 도장을 허리에 찰 때 매는 끈을 '수綬'라 한다. 이와 함께 황제는 의복인 '의衣'와 모자인 '책幘'을 내렸다. 이 네 가지는 중국에서 신하들이 공식 행사에 참석할 때 갖추는 옷과 물품으로 '인수의책'이라 한다. 삼한의 신지들은 중국 황제가 내리는 인수의책을 받음으로써 중국 황제의 신하가 되었다. 중국 내부의 의례가 국제 관계로 연장된 것이다.

삼한을 계승한 백제, 신라, 가야의 왕들도 대개 중국의 황제와 이 같은 주종 관계를 맺었다. 백제를 강대한 나라로 이끈 근초고왕(재위 346~375)은 372년(근초고왕 27) 중국 남쪽의 왕조인 동진에 조공을 바치고 '진동장군영낙랑태수鎭東將軍領樂浪太守'라는 작위를 받았다. 신라의 기반을 튼튼히 한 것으로 평가받는 내물왕(재위 356~402)은 381년(내물왕 26) 중국 북쪽의 왕조인 전진에 사신을 보내 토산물을 바쳤다.

고구려가 전연에 굴복하고 백제와 신라가 자발적으로 중국 왕조들에 조공을 바치면서 삼국의 왕들은 모두 형식적으로는 중국 황제에 예속된 이류 권력자가 되었다. 그것은 한반도에 자리 잡은 약소 왕조의 운명이었을까? 꼭 그렇지만은 않았다. 4세기 말, 그 운명을 비웃고 주권자의 주체성을 찾아 나선 사람이 있었다. 고구려의 광개토대왕(재위 391~413)이었다.

중국과 맞서 이기다

광개토대왕이 즉위할 무렵 중국은 '5호 16국 시대'라 불리는 혼란기를 거치고 있었다.

220년 한이 멸망한 뒤 중국은 위·오·촉 삼국으로 나뉘었다. 그들 가운데 위를 계승한 진이 삼국을 통일한 것은 한 멸망 60년 뒤인 280년이었다. 그러나 진의 통일 시대는 오래가지 않았다. 304년 흉노의 추장 유연이 산시 지방에 나라를 세운 이래 잇따라 북방의 이민족들이 중국 양쯔강 북쪽인 화북 지역에 나라를 세웠다. 다섯 이민족이 열여섯 나라를 세웠다 해서 '5호 16국'이라 부르는데, 실제로는 열여섯 나라보다 더 많았다. 그때 멸망한 진은 강남(양쯔강 남쪽)에서 부활했는데, 이 나라가 앞서 백제의 근초고왕이 조공을 바쳤다고 한 동진이다.

고구려를 무릎 꿇렸던 전연은 선비족이 세운 왕조로 5호 16국 가운데 하나였다. 그러나 전연은 고국원왕이 아직 살아 있던 370년 저족이 세운 전진의 공격을 받아 멸망했다. 전진은 전연뿐 아니라 다른 왕조들까지 정복해 화북을 통일하고 강남의 동진과 쌍벽을 이루게 되었다. 고국원왕의 뒤를 이은 소수림왕(재위 371~384)은 강력한 전진으로부터 불교를 받아들였고, 근초고왕은 동진뿐 아니라 전진에도 조공을 바쳤다.

그러나 전진의 천하는 그리 오래가지 못했다. 전진 왕 부견은 383년 중국 전체를 통일하고자 동진을 정복하러 나섰다가 '비수의 전투'에서 처참한 패배를 당했다. 그러자 전진에 정복

당했던 다른 왕조들이 재기에 나섰고 화북은 다시 분열했다. 그때 전연의 왕족 모용수(326~396)가 부흥시킨 선비족의 나라가 후연이다. 후연은 전연이 그랬던 것처럼 고구려를 압박했다.

광개토대왕이 즉위한 것은 화북에 후연이 들어선 지 7년 만의 일이었다. 그때 후연은 화북의 패권을 놓고 또 다른 선비족 나라 북위와 다투느라 여유가 없었다. 광개토대왕은 그 틈에 한반도 쪽 맞수였던 백제와 일전을 벌일 수 있었다. 광개토대왕의 할아버지 고국원왕은 전연에 수모를 당하고 백제에 목숨을 잃었다. 백제의 근초고왕이 왕자 근구수를 앞세워 고구려의 평양성을 침공했을 때 고국원왕은 이에 맞서 싸우다가 전사했던 것이다. 따라서 광개토대왕에게 백제는 한반도에서 패권을 겨루는 맞수일 뿐 아니라 혈족의 원수이기도 했다.

광개토대왕은 백제 아신왕(재위 392~405)과의 대결에서 승승장구해 수십 개 성을 빼앗고 한강 이북을 차지했다. 그뿐 아니라 아신왕으로부터 '노객'*이 되겠다는 항복 선언까지 받아냈다. 또 신라가 왜의 침공을 받았을 때는 지원 요청을 받고 5만 명의 군사를 보내 왜군을 쓸어버리고 신라를 속국으로 삼았다. 중국에서 후연과 북위가 다투는 사이 한반도를 평정하다시피 한 것이다.

그러는 동안 후연은 북위와 벌인 싸움에서 패하고 화북의 패권을 포기했다. 그리고 눈을 동쪽의 고구려로 돌렸다. 전연이 고국원왕에게 그랬던 것처럼, 후연도 광개토대왕에게

• 노객 신하가 임금을 상대하여 자기를 낮추어 이르던 일인칭 대명사. 광개토대왕 때는 신라나 백제의 왕이 복종, 신하가 되겠다는 의미로 쓰기도 했다.

자신을 상전의 나라로 받들라고 요구했다. 그러나 백제와 싸워 이긴 광개토대왕은 후연도 두렵지 않았다. 김부식의 《삼국사기》는 399년 광개토대왕이 후연에 조공 사절을 보낸 것으로 기록하고 있다. 그런데 얼마 안 있어 후연 왕 모용성은 광개토대왕이 예절을 모른다고 분개하며 몸소 3만 명의 군사를 이끌고 고구려를 기습 침략했다. 고구려 사절이 후연에 가서 어떤 태도를 보였을지 짐작케 하는 대목이다. 그때 후연은 고구려의 신성과 남소성을 빼앗고 700여 리의 땅을 차지했다.

광개토대왕은 곧 반격에 나섰다. 401년과 403년에 잇따라 후연을 공격해 요동 지역을 빼앗았다. 후연은 404년에 두 차례나 반격을 시도했으나 성과를 얻지 못하고 돌아가야 했다. 그런데 얼마 후 후연에서 정변이 일어나 4대 왕 모용희가 죽고 모용운이 즉위했다. 그런데 이 모용운이라는 자는 고국원왕 때 전연으로 끌려갔던 고구려 귀족의 후손으로, 원래 이름은 고운*이었다. 이 소식을 들은 광개토대왕은 고운에게 사신을 보내 동족의 우의를 표시했다. 이로써 고구려와 후연의 전쟁은 막을 내리고, 고구려는 확고한 요동의 주인이 되었다.

진정한 주권자의 조건

광개토대왕이 중국 왕조인 후연과 싸워 이기고 요동의 주인으로 자리 잡

* 고운 고구려 귀족의 후손으로 학정을 일삼던 후연 왕 모용희를 제거하고 왕위에 올라 국호를 '대연'이라 했다. 하지만 왕위에 오른 지 2년 만에 살해당하고 말았다.

▲ 광개토대왕릉비
장수왕이 아버지 광개토대왕의 업적을 기리기 위해 세웠다. 높이 6.93미터, 무게 37톤에 이른다. 비에는 고구려의 건국 신화, 역사, 광개토대왕의 업적, 무덤 관리 규정 등이 새겨져 있다.

◀ '광개토'라는 글자가 있는 경주의 청동 그릇
1946년 5월 경주 호우총에서 출토된 청동 그릇이다. 바닥에 '을묘년(415)에 광개토대왕을 기념하기 위해 만든 호우'라는 뜻의 한자가 새겨져 있다. 이 그릇은 고구려와 신라의 밀접한 관계를 보여 주는 유물이다.

은 사건은 한국사에서 쉽게 찾아볼 수 없는 일이었다. 그가 중국 세력과 맞서 이처럼 당당했기 때문에 고구려는 동북아시아의 강대국으로 자리 잡을 수 있었다.

광개토대왕의 아들인 장수왕(재위 413~491)이 세운 광개토대왕릉비에는 어떤 강자에게도 고개 숙이지 않는 군주의 자부심이 잘 표현되어 있다. 고구려 시조의 탄생과 모험에 얽힌 설화를 소개하면서, 고구려 왕이 하늘의 자손이라는 사실을 자랑스럽게 내비친다. 광개토대왕이 모용희에게 조공을 바치고 그의 제후로 책봉 받은 존재라면 이 같은 자부심은 갖기 어려웠을 것이다. 광개토대왕은 한 나라를 온전히 지배하는 동시에 대외적으로도 꺼릴 것이 없는 '주체적 왕'이었다.

광개토대왕 시절 옛 북부여 지역의 벼슬을 지낸 모두루라는 사람의 묘지*에는 위대한 군주의 신하였다는 사실을 무척 자랑스럽게 여기는 글이 새겨져 있다.

"하백의 손자이며 해와 달의 아들인 추모성왕이 북부여에서 태어나셨으니, 천하 사방은 이 나라 이 고을이 가장 성스러움을 알지니."

모두루의 조상은 북부여에서 주몽을 따라 압록강 유역으로 가 고구려를 건국하는 데 힘을 보탰다고 한다. 모두루 묘지는 많이 훼손되어 모든 글을 다 읽을 수는 없다. 그러나 남아 있는 구절만으로도 광개토대왕이 고구려 귀족들에게 어떤 존재였는지 짐작하고도 남는다.

* 묘지 죽은 사람의 이름, 신분, 행적 등을 기록한 글. 사기 판이나 돌에 새겨 무덤 옆에 묻거나 관에 직접 새기기도 한다.

⫷ 최첨단 갑옷으로 무장한 고구려 기병들 ⫸

전쟁에서 승리하기 위해서는 여러 가지 요건이 필요하다. 그중에서도 빼놓을 수 없는 것은 탁월한 지도자와 우수한 장병들이다. 광개토대왕이라는 강력한 군주와 강인한 군사들이 있었기에, 고구려는 만주와 한반도를 호령할 수 있었다. 그런데 고구려의 군대가 용맹함을 떨치는 데는 갑옷도 한몫을 했다. 고구려의 주력 부대는 '개마 무사'로 구성되어 있었다. '개마'란 기병이 타는 말에 갑옷을 입힌 것으로, 개마에 탄 중무장 기병을 '개마 무사'라 불렀다. 쇠 투구와 쇠 갑옷으로 무장하고 말에까지 쇠 갑옷을 입힌 고구려의 중무장 기병들은 적에게 공포와 위협의 상징이었다. 개마 무사들은 공격전에서는 가장 앞에서 적진을 돌파하는 돌격대였고, 방어전에서는 앞쪽에서 적의 공격을 방어하는 방호벽이었다. 고구려에서 개마 무사가 활동한 시기가 3세기 정도인 데 비해 서양에서는 13세기가 돼서야 나타났다는 점을 떠올려 보면, 고구려의 군대가 얼마나 최첨단이었는지 짐작할 수 있다.

광개토대왕이 이처럼 당당할 수 있었던 것은 중국의 사분오열이라는 그 당시 국제 정세 덕분이기도 하다. 고조선의 우거왕이 강력한 한 무제와 맞서다가 비참한 최후를 맞았던 것과 비교하면 광개토대왕은 운이 좋았던 왕이다.

어쨌든 그런 조건을 적극 활용해 자신의 것으로 만들었기에 광개토대왕은 한국사에서 찾아보기 힘든 주체성의 경지를 이룩했다. 여느 왕조에서는 찾아볼 수 없는 자신감, 특히 다른 어느 나라도 아닌 자기 자신을 기준으로 세상을 바라보고 판단하는 태도는 오늘날 우리에게도 시사하는 바 크다. 한국사에는 자신의 눈과 판단력이 아닌 외국의 시선과 시각에 의존해 나라를 운영한 지배자들이 적지 않았기 때문이다.

광개토대왕 역시 다른 왕들처럼 민을 지배하고 수탈하는 전제군주였다. 그러나 그는 자신에게 주어진 주권을 자신감 있게, 그리고 책임감 있게 행사했다. 이러한 광개토대왕은 현대의 주권자인 민에게도 남의 눈치를 보지 않고 자기 자신과 동료 국민의 권익을 위해 소신껏 주권을 행사하기 위해 참고할 만한 존재이다. 한국 현대사에서조차 국민으로부터 권력을 위임받은 정치인들이 주변 강대국과의 관계에서 광개토대왕과 같은 자존심과 주체성을 견지한 사례는 쉽게 찾아볼 수 없기 때문이다.

왕과 귀족

백제의 중흥 군주 무령왕

역사책들을 읽다 보면 새 왕조가 들어서거나 왕조가 위기에 처할 때마다 반복되는 말이 있다. 바로 '왕권 강화'이다. 왕이란 본래 천명을 받았다는 명분 아래 한 손에 모든 권력을 움켜쥔 존재인데, 즉 이미 강력한 권력의 소유자인데, 새삼 그 권력을 강화해야 한다는 것은 무슨 소리일까? 이는 왕권이 하늘로부터 그냥 주어지는 것이 아니라 피를 부르는 싸움 끝에 차지하는 것임을 뜻한다. 그때 왕권 강화를 위해 제압해야 하는 대상은 대개 귀족이나 사대부 같은 잠재적 도전 세력이었다. 왕과 귀족은 왕정 시대의 파트너이자 영원한 라이벌이었다.

왕권의 탄생

고려는 왕씨, 조선은 이씨가 처음부터 끝까지 왕위를 독점
했다. 고려와 조선의 차이는 임금의 성씨가 다른 것뿐이라는
말도 있다. 그러나 모든 왕조에 이런 원리가 적용되었다고 생각
하면 오산이다. 고조선은 부왕, 준왕 등이 다스리다가 위만이
정변을 일으켜 왕위를 빼앗았지만 '조선'이라는 국호는 그대로
유지했다. 고구려, 백제, 신라도 처음에는 서로 다른 성씨들이
왕위에 올랐다.

서로 다른 성씨가 왕위에 오른다는 것은 나라를 세우는 데
참여한 몇몇 귀족 가문이 권력을 나눠 가졌음을 뜻한다. 그
러다가 일정한 시간이 지나면 하나의 가문이 권력을 독점하고
왕위를 세습하게 된다. 그러한 과정은 국가 체제를 정비해 나
가는 과정과 맥을 같이한다.

고구려는 소노부, 계루부 등 5대 귀족이 권력을 나눠 갖다가

6대 태조왕(재위 53~146) 때부터 계루부의 고씨가 왕위를 세습했다. 그때 중앙 집권적 고대국가의 틀이 완성되었다고 한다. 《삼국사기》에 따르면 백제에서는 처음부터 부여씨가 왕위를 세습한 것으로 되어 있지만, 이는 후대에 조작된 것이라는 설도 있다. 실제로는 부여에서 내려간 해씨가 왕권을 차지했다가 8대 고이왕(재위 234~286)이나 13대 근초고왕 때 부여씨로 왕위가 넘어갔다는 것이다. 그때 고구려에서처럼 강력한 중앙 집권적 국가 체제가 정비되었다.

신라에서는 박, 석, 김의 세 성씨가 왕위에 오르다가, 17대 내물왕 때에 이르러 김씨로 고정된다. 그때 국가 체제가 정비되기 시작해 23대 법흥왕(재위 514~540) 때 완성된다. 김씨 왕권의 권위는 삼국 통일 뒤 절정에 이르지만, 10세기 들어 지배 체제가 흔들리자 다시 박씨가 왕위에 오르기도 했다.(53대 신덕왕~55대 경애왕)

중국에서 도입된 왕권 계승 논리에 따르면 하나의 왕조는 천명을 받은 하나의 성씨가 다스린다. 그러다가 이 성씨가 천명을 잃었다고 판단되면 다른 성씨가 새로운 왕조를 세울 수 있는데 이를 '역성혁명'이라고 한다. 말 그대로 성씨를 바꾸어 새로운 천명을 받는다는 뜻이다.

하나의 왕조 내에서 여러 성씨가 왕위에 오르는 현상은 중국의 영향을 받기 전의 일이었다. 여러 성씨가 번갈아 가며 왕의 자리에 올랐다고 하면, 그 '왕'은 절대 권력자라기보다는 여러 귀족 세력이 합의 추대한 지도자였다고 봐야 한다. 선사시대에는 공동체 구성원들이 합의를 통해 지도자를 선정했을 텐데, 삼국 시대 초기에는 그러한 공동체의 유산이 남아 있었던 것이 아닐까?

그렇다면 태조왕, 고이왕, 내물왕 등 세습을 시작한 군주들은 한 가문의 손에 권력을 집중시킨 존재였다고 볼 수 있다. 이전에는 비교적 대등한 입장에서 합의로 사회를 이끌어 가던 사람들이 이제 왕과 신하로 확실히 나뉘게 되었을 것이다. 왕이 권력을 쥐고 신하들 위에 군림하게 됐지만, 모든 신하는 잠재적인 왕이었다. 왕이 조금만 빈틈을 보이면 언제든지 핑계를 찾아 왕을 제거하고 그 자리를 대체할 수 있는 존재들이었다. 따라서 왕과 신하들 사이에는 항상 팽팽한 긴장감이 돌았다. 왕권이 비교적 안정된 뒤에도 정세의 변화에 따라 그런 긴장은 종종 조성되곤 했다.

귀족의 도전

권력을 장악한 왕은 안으로 왕권을 단단히 다지면서 그 권력을 밖으로 팽창시키려는 경향을 보이기도 한다. 소극적으로 국내 권력만 지키려는 왕도 외부 세력이 이를 위협하면 어쩔 수 없이 그 세력과 충돌할 수밖에 없다. 진의 시황제가 중국 전체를 통일하는 과정이 바로 그런 것이었다.

삼국에서도 내부 체제의 정비와 외부 세력에 대한 항쟁은 동전의 양면을 이루었다. 만주와 한반도는 산과 강이 이어지고 경제적으로 서로 의존하는 바가 크기 때문에 그 안에 있는 삼국과 부여, 가야 등은 서로 부딪히면서 통일을 향해 나아갔다. 그중에서도 부여로부터 갈라져 나온 고구려와 백제는 맞수 의식이 강했다. 백제의 근초고왕이 먼저 힘을 냈다. 그는 평양까지 진격해 고구려의 고국원왕을 죽였다.

왕이 전장에서 죽자 고구려의 왕권은 거세게 흔들렸다. 고국원왕의 아들 소수림왕은 전진에서 불교를 받아들이고 관제를 정비해 이 위기를 이겨 냈다. 소수림왕의 조카인 광개토대왕은 이를 바탕으로 백제에 대한 대대적인 복수에 나섰다. 근초고왕의 영광은 3대를 버티지 못하고 와르르 무너졌다.

복수는 여기서 그치지 않았다. 광개토대왕의 아들 장수왕은 백제의 왕도인 한성을 무너뜨리고 개로왕(재위 455~475)을 참수했다. 고국원왕이 백제의 침략군에게 목숨을 잃은 지 100여 년 만의 일이었다. 개로왕의 아들인 문주가 신라에 가서 군사를 지원받아 달려왔지만, 그때는 500년 도읍지인 한성이 고구려의 손에 들어간 뒤였다. 개로왕을 계승한 문주왕(재위 475~477)은 신하들과 군사들을 이끌고 남쪽으로 내려가 차령산맥과 금강이 지켜 주는 웅진(지금의 충청남도 공주)에 임시 도읍을 정했다.

권위가 떨어진 백제 왕실은 귀족들의 도전을 받았다. 문주왕은 왜에 가 있던 동생 곤지를 불러들여 내신좌평을 맡겼다. 형제는 부여씨 왕권을 지키기 위해 혼신의 노력을 기울였으나 상황은 여의치 않았다. 병관좌평 해구의 힘이 급격히 커져 왕실을 위협했기 때문이다. 곤지는 내신좌평에 취임한 지 석 달 만에 죽임을 당했고, 문주왕도 사냥 나갔다가 해구의 사주를 받은 도적에게 습격 받아 죽었다. 문주왕 형제를 제거한 해구는 열세 살밖에 안 된 문주왕의 아들을 왕위에 올리고(삼근왕, 재위 477~479) 자신이 전권을 장악해 나랏일을 마음대로 주물렀다.

해구의 권력은 다른 귀족들의 반격을 받았다. 중국 역사책을 보면 이 무렵 백제 귀족의 주류는 해씨, 진씨, 묘씨 등 '대성팔족'이라 불리는 여덟 성씨였다. 해구의 집권과 더불어 해씨가 득세하자 진씨 등 다른 귀족이 견제에 나섰던 것이다. 벼랑 끝에 몰린 해구는 대두산성에서 반란을 일으켰고, 좌평 진남과 덕솔 진로가 잇따라 군사를 이끌고 나가 진압했다.

해구가 몰락하자 그의 꼭두각시였던 삼근왕도 즉위 2년 만에 죽고, 곤지의 아들인 동성왕(재위 479~501)이 즉위했다. 동성왕은 한성 출신 귀족들을 견제하기 위해 웅진의 신진 귀족을 등용해 균형을 맞추려 했다. 그때 등장한 것이 백가라는 인물이다. 웅진 출신인 백가는 위사좌평에 임명되어 세력을 얻기 시작했다.

동성왕은 사비(지금의 충청남도 부여)에 가림성을 쌓고 백가를 그곳 책임자로 임명했다. 여기에는 좁은 웅진으로부터 사비로 도읍을 옮겨 백제의 중흥을 꾀하려는 뜻이 있었다. 그러나 백가는 몸이 아프다는 핑계로 가림성에 가지 않으려 했다. 웅진

출신이라는 사실 덕분에 권력을 손에 넣었는데, 도읍을 사비로 옮기면 그 권력이 흔들릴 것을 알았기 때문이다. 동성왕은 백가의 변명을 받아들이지 않고 가림성에 갈 것을 재촉했다. 그러자 백가는 자객을 보내 왕을 시해하고 가림성을 근거지로 반란을 일으켰다.

이로써 백제의 왕권은 최악의 위기를 맞았다. 웅진으로 천도한 지 26년 만에 두 명의 왕과 한 명의 왕족이 귀족에게 살해당하고 왕좌마저 비었다. 바로 그때 왜에서 급거 귀국해 왕위에 오른 사람이 25대 무령왕(재위 501~523)이었다.

왕권의 반격

무령왕은 왕위에 오르자마자 몸소 군사를 이끌고 백가를 토벌하러 나섰다. 우두성(지금의 충청남도 청양)에 이른 무령왕은 한솔 해명을 시켜 백가를 공격했다. 형세가 불리하다고 판단한 백가는 가림성에서 나와 항복했다. 그러나 무령왕은 그를 거두지 않고 목을 베도록 한 뒤 시체를 백마강에 던졌다.

무령왕은 백가의 반란을 신속하고도 단호하게 처리함으로써 실추된 왕실의 권위를 되찾았다. 그는 여기서 그치지 않고 밖으로 눈을 돌렸다. 할아버지인 개로왕을 죽이고 한성을 빼앗아 위기를 안겨 준 고구려에 대대적인 반격을 가했다. 그러면서 중국 남조*의 양에 조공을 바치고 책봉을 받는 형식으로 외교적 안정을 꾀했다.

무령왕이 죽은 뒤 묻힌 무령왕릉은 우리나라 역대 군주의 무덤으로는 유일하게 벽돌로 만들어졌다. 이러한 벽돌무덤은 당시 양에서 유행하던 양식이었다. 또 무령왕릉에서 발견된 장식품들은 백제와 중국 남조 사이에 밀접한 문화 교류가 이루어지고 있었음을 보여 준다.

안팎으로 왕실의 권위를 회복한 무령왕은 '백제의 중흥 군주'라 불린다. 왕실이 위기를 맞지 않았다면 무령왕은 따뜻한 일본 규슈 지방에서 살다 죽었을 것이다. 그러나 시대의 요청에 따라 그는 고국으로 돌아와 사명을 다했다.

* 남조 중국에서 동진이 망한 뒤 420년부터 589년까지 화남에 한족이 세운 송, 제, 양, 진 네 나라를 통틀어 이른다.

무령왕릉
1971년 충청남도 공주시 금성동 백제 고분군의 배수로 공사를 하는 중에 기적적으로 발견되었다. 무덤의 주인은 25대 왕인 무령왕과 그 왕비였고 그와 함께 4천6백여 점이 넘는 유물이 쏟아져 나왔다. 무령왕릉은 전체가 아름다운 무늬를 새긴 벽돌로 축조되었는데, 이는 중국 남조에서 왕족 무덤을 만들던 방식이다.

무령왕이 벌인 사업은 왕권이란 것이 어떻게 성립하는가를 단적으로 보여 주는 사례다. 그는 먼저 왕실의 권위를 실추시킨 귀족의 도전을 물리치고 신하와 백성을 확실히 장악했다. 그리고 백제 왕실의 권위를 실추시킨 외부의 적을 공격해 자신의 위상을 높였다. 또한 강대국인 양과 우호 관계를 맺어 스스로 국제 질서 속에 확고한 자리를 확보했다.

　무령왕의 아들이 성왕(재위 523~554)이다. 성왕은 사비 천도를 단행하고 나라의 이름을 '남부여'로 고쳤다. 강대국이던 부여의 전통을 이어받아 강성한 왕조를 일으켜 세우겠다는 의지의 표현이었다. 더 나아가 성왕은 신라와 힘을 합쳐 고구려를 공격했다. 그리하여 고구려에 빼앗겼던 한강 유역을 75년 만에 되찾았다.

　성왕이 백제를 다시 일으켜 세운 것은 아버지 무령왕이 이룩한 왕권 회복의 바탕에서 가능했다. 성왕은 신라 진흥왕(재위 540~576)의 배신으로 기껏 되찾은 한강 유역을 통째로 신라에 빼앗기자, 이를 되찾으려 신라를 공격하다 전사했다. 그러나 그 일로 백제의 왕권이 다시 흔들리는 일은 없었다. 성왕의 태자였던 27대 위덕왕(재위 554~598)으로부터 31대 의자왕(재위 641~660)에 이르기까지 약 100년 동안 백제 왕실은 안정된 권력을 누리며 신라에 대한 복수전을 지휘했다.

　한성 함락으로 시작된 부여씨 왕권의 위기가 무령왕 때 해소되는 과정은 왕이라는 절대 권력이 얼마나 취약한 기반 위에 있는지, 그것을 차지하거나 지키는 데 얼마나 치열한 권력 투

⫶⫶⫶ 무령왕의 비밀 ⫶⫶⫶

무령왕의 출생과 성장 과정은 지금까지도 베일에 가려 있다. 《삼국사기》와 《일본서기》를 바탕으로 추측할 수 있을 뿐이다. 현재 무령왕의 출생에 대해서는 여러 가지 논란이 있다. 하나는 개로왕의 아들이라는 설이다. 그 당시 정치적 어려움을 겪던 개로왕이 곤지를 왜에 파견하자, 곤지는 임신한 개로왕의 부인을 자신에게 달라고 요구했다. 개로왕은 곤지에게 자기 부인을 주었고, 부인은 가는 도중 아이(무령왕)를 낳았다고 한다. 그 뒤 무령왕은 곤지와 함께 왜에서 지냈다.

하지만 이에 대한 반론도 만만치 않다. 만삭의 여인은 개로왕의 왕비가 아니라 원래 곤지의 부인이라는 것이다. 훗날 곤지와 동성왕은 모두 귀족 세력에게 목숨을 잃었다. 그런데 그들 대신 왕위에 오른 사람이 곤지의 아들이라면 문제가 있으니, 무령왕이 왕위에 즉위한 뒤 정통성 확보를 위해 이러한 이야기를 지어냈다는 것이다.

한편 백가의 반란과 동성왕의 죽음에도 석연치 않은 구석이 있다. 귀족 세력과 대립하던 동성왕이 죽었다면 귀족의 입장에서는 나이 어린 왕을 추대하는 게 당연하다. 그런데 마흔이 넘은 데다 심지어 똑똑하고 인자하기까지 한 무령왕을 왕으로 옹립한 게 이상하다는 것이다. 따라서 역사학계에서는 반란을 일으킨 백가의 뒤에 무령왕이 있었고, 백가가 동성왕을 죽인 덕분에 자신이 왕위에 오르자 이번에는 역적을 처단했다는 명분과 백성의 신임을 얻기 위해 백가를 처단한 것으로 추측하고 있다.

쟁이 필요한지 잘 알려 준다. 왕권이란 결코 그 무슨 천명 따위를 받아 성립한 공적인 권력이 아니었다. 그것은 민이라는 양 떼를 독차지하기 위한 늑대들의 '배틀 로얄'에서 승리한 자에게 수여되는 트로피였다.

군주제의 국제화

태종 무열왕

고려와 조선의 왕들에게는 대개 '조'나 '종'으로 끝나는 호칭이 붙는다.
이는 중국식 호칭으로, 황실이나 왕실의 사당인 종묘에 위패를 모실 때
붙이는 이름이기 때문에 '묘호'로 불린다. 그런데 고대의 왕들 가운데는
이 같은 중국식 묘호로 불린 사람이 딱 한 명 확인된다. 신라의 태종 무
열왕이다. 왜 하필 그에게만 이런 호칭이 붙은 것이고, 이 같은 호칭의 의
미는 무엇일까?

진정한 '성골'

신라의 왕 56명 가운데 김씨는 38명, 박씨는 10명, 석씨는 8명이다. 그런데 박씨와 석씨가 나이 많은 순으로 왕을 하던 초기의 모습은 고려, 조선과 같은 세습군주제와는 다르다. 17대 내물왕부터 김씨가 왕위를 독점하다시피 하면서 우리에게 익숙한 군주제의 모습이 나타나기 시작했다.

26대 진평왕(재위 579~632)은 자기 아버지인 동륜태자의 자손들을 '성골'이라 부르고 성골만 왕위를 잇게 했다고 한다. 그러나 성골은 진평왕 자신의 대에서 이미 위기를 맞았다. 진평왕이 아들 없이 죽었기 때문이다. 그러자 성골의 왕위 독점을 지키기 위해 딸인 선덕여왕(재위 632~647)이 왕위를 이었다. 선덕여왕이 후사 없이 죽었을 때는 여왕의 사촌 동생인 진덕여왕(재위 647~654)이 뒤를 이었다.

두 여왕이 바통을 주고받을 때는 성골뿐 아니라 신라 왕족

전체가 큰 위기를 맞고 있었다. 귀족의 대표인 상대등 비담(?~647)이 반란을 일으켜 한바탕 싸움이 벌어지고 있는 와중에 선덕여왕이 죽었기 때문이다. 상대등은 귀족들이 정사를 논의하는 화백회의의 의장이었다. 왕과 귀족이 권력을 나눠 갖고 있던 시절에는 막강한 자리였다. 그런데 진평왕이 성골 중심으로 왕권을 강화하자 힘을 잃어버릴 위기에 처했고, 비담은 이를 만회하기 위해 반란을 일으킨 것이다.

비담의 난을 진압하는 데 공을 세운 두 사람이 그 유명한 김유신(595~673)과 김춘추였다. 김유신은 가야를 세운 김수로의 12대손으로, 신라에 항복한 가야 유민의 자손이었다. 김춘추는 25대 진지왕(재위 576~579)의 손자였는데, 진지왕이 동륜태자의 동생이었으므로 성골은 아니었다. 두 사람은 비록 성골은 아니었지만 권력을 왕에게 집중시키는 것이 신라가 강해지는 길이라고 생각했다. 그래서 반란의 와중에 선덕여왕이 죽자 서둘러 진덕여왕을 왕위에 올리고 반란을 진압해 버렸다.

김유신과 김춘추는 상대등을 상징적 존재로 끌어내리고 집사부 시중을 왕에 이은 실질적 2인자로 만들었다. 귀족의 대표로서 왕으로부터 상대적으로 독립해 있던 상대등과 달리 시중은 왕 밑에서 왕의 명령을 시행하는 직책이었다. 그런 시중이 2인자가 되었다는 것은 신라의 권력을 왕에게 집중시키는 중앙 집권화가 심화되고 있음을 뜻한다.

바로 그때 진덕여왕이 또 후사 없이 죽었다. 김유신은 여러 신하들을 움직여 매제인 김춘추를 왕으로 추대했다. 김춘추처럼 왕의 후손이지만 성골이 아닌 귀족을 '진골'이라 했다. 김춘추는 성골에 의해 왕위 계승 후보로부터 밀려나 있던 진골로서는 처음 왕의 자리에 오른 인물이었다. 그는 왕위에 오르자 김유신의 도움을 받아 한층 더 자신의 주위에 권력을 집중시키고, 당의 원조를 받아 백제를 멸망시켰다.

이같이 전제 왕권을 강화하고 삼국 통일의 기초를 닦은 김춘추가 죽자 후손들은 그의 공적을 기려 '태종 무열왕'이라는 호칭을 바쳤다. 중국의 사례에 비추어 보면 '태종'은 묘호이고 '무열왕'은 무공을 높이 평가한 시호*다. 그 후 태종 무열왕의 직계 후손이 8대 120년간에 걸쳐 통치한 시기를 《삼국유사》에서는 '중대'라 하는데, 신라 역사상 가장 왕권이 강하고 국가가 번영을 누린 시대로 평가된다. 성골이 왕위를 독점할 만한 최고의 혈통이라고 한다면, 진정한 '성골'은 김춘추 직계였던 셈이다.

'태종 무열왕'이 의미하는 것

김춘추는 왕위에 오르기 전부터 치열한 외교전을 통해 삼국 간 항쟁에서 살아남을 길을 모색했다. 그 당시 고구려, 백제, 신라는 오직 한 나라만 살아남거나 다 같이 멸망하거나 하는 기로에 놓여 있었다. 김춘추는 왜와 당을 오가며 신라를 살리기 위한 제휴 세력을 찾아 다녔다. 그 결과 동아시아

• 시호 제왕이나 재상, 유학자 등이 죽은 뒤에, 그들의 공덕을 칭송하여 붙인 이름.

최강국인 당을 동맹국으로 끌어들일 수 있었다.

김춘추는 당을 동맹국으로 끌어들이면서 당의 제도와 문물을 받아들였다. 전통 복식 대신 당 태종이 하사한 중국식 복식을 채택하고 국가와 사회의 각종 의례를 중국 방식으로 바꿔 나가도록 유도했다. 그렇게 당과 우호를 다져 나간 김춘추는 왕위에 오르자 당의 지원을 받아 본격적인 고구려, 백제 공략에 나섰다.

김춘추는 신라와 당의 연합군이 백제를 무너뜨린 직후에 죽었다. 백제 부흥 세력과 싸우며 고구려마저 무너뜨리려면 여간 집중된 권력이 아니고는 어려웠다. 그런 시기에 강력한 카리스마를 지닌 왕을 잃은 것이지만, 선덕여왕이 죽을 무렵과 같은 혼란은 일어나지 않았다. 김춘추의 통치 기반이 워낙 단단했고, 그보다 아홉 살이나 더 많으면서도 아직 정정한 김유신이 있었기 때문이다. 김춘추의 아들인 김법민이 왕위를 계승해 왕권을 구사하는 데는 아무런 문제가 없었다. 그가 삼국 통일을 완수한 신라 30대 문무왕(재위 661~681)이다.

문무왕은 김유신의 도움을 받으며 백제 부흥 세력을 물리치고 고구려를 정복했다. 나아가 고구려와 백제를 독차지하고 신라마저 무릎 꿇리려는 당과 치열한 전쟁을 벌여 한반도의 대부분을 영토로 확보했다. 고구려의 만주 지역을 잃은 것은 아쉽지만 평균 7년마다 한 번씩 전쟁을 벌이던 삼국 시대를 성공적으로 마감한 것은 평가 받을 만한 역사적 업적이다.

신라가 중국식 종묘 제도를 도입한 시기는 확실치 않지만,

경주 문무대왕릉
신라 30대 문무왕(재위 661~681)의 무덤이다. 동해안에서 200미터 떨어진 바다에 있는 수중릉으로, 신라인들의 창의적인 생각을 엿볼 수 있는 곳이다. 문무왕은 아버지인 태종 무열왕의 업적을 이어받아 고구려를 멸망시키고, 당의 침략을 막아 삼국 통일을 이루었다.

늦어도 문무왕의 아들인 신문왕 때에는 종묘가 있었다. 당시 신라 왕실은 이 종묘에 선대 왕 다섯 명의 위패를 모셨다. 왕실의 시조에 해당하는 태조°와 네 왕의 위패였다. 그 네 명의 왕은 신문왕의 아버지인 문무왕, 할아버지 태종 무열왕, 증조할아버지 문흥왕(김춘추의 아버지 김용춘으로 사후에 왕으로 추존), 고조할아버지 진지왕이다. 신라인이 김춘추를 '태종 무열왕'이라고 불렀다는 사실은 여기서 확인된다.

그렇다면 종묘에는 왜 태조와 네 명의 선왕, 즉 다섯 왕의 위패를 모셨을까? 중국의 각종 예법을 기록한 《예기》에 보면 천자의 종묘는 칠묘제, 제후의 종묘는 오묘제로 한다고 되어 있다. 신라와 당의 관계에서 보면 당 황제가 천자이고 신라 왕이 제후에 해당한다. 칠묘제란 현존 황제에 앞선 황제 여섯 명과 시조의 위패를 모시는 것이고, 오묘제는 선왕 넷과 시조의 위패를 모시는 것이다. 결국 신라는 종묘 제도를 받아들일 때 스스로 당의 제후국이라는 것을 인정하고 오묘제를 시행한 셈이다. 그때 종묘에 모신 다섯 왕 가운데 중국식 묘호를 받은 이는 태조와 태종 무열왕 둘뿐이다.

중국의 사례를 보면 '태조'라는 묘호는 왕조를 건국한 군주에게 바치고, 태조에 이어 왕조를 반석 위에 올려놓은 영명한 군주에게 '태종'이라는 묘호를 헌정한다. 물론 한 고조 유방처럼 시조가 무조건 태조가 되는 것도 아니고, 태종이란 묘호가 아예 없

• 신라의 건국자는 박혁거세이지만 신문왕 때의 종묘에 모셔진 태조는 박혁거세가 아니다. 중국식 종묘 제도를 확립하면서 김씨의 시조를 태조로 모셨다는 것이 학계의 일치된 견해이다. 다만 그 태조가 누구인지는 설이 분분하다.

는 왕조도 있다. 어쨌든 태조는 시조이고 태종은 태조의 업적을 이은 위대한 군주이다. 당 태종 이세민, 명 태종(영락제) 주체, 청 태종 홍타이지 등을 보면 알 수 있다. 통일신라에서 김춘추는 그런 존재였다.

중국 기준으로도 위대한 군주가 되다

고조선부터 삼국 시대에 이르기까지 군주의 호칭은 다양했다. 단군왕검, 신지, 거서간, 이사금 등등. 그러다가 중국의 문물을 받아들이면서 점차 중국식 호칭인 왕을 쓰게 되었다. 처음 고조선의 지배자가 왕을 칭했을 때 그것은 명실상부한 최고 지배자의 호칭이었다. 당시까지는 중국에서도 왕은 천자였고 지존무상의 존재였기 때문이다.

그런데 그 직후 중국이 통일되면서 왕보다 더 높은 '황제'라는 호칭이 등장했다. 이제 천자는 황제뿐이고 왕은 그러한 황제의 신하에 불과한 존재가 되었다. 고조선 왕은 아무 것도 하지 않았는데 졸지에 2등 군주로 전락한 것이다. 그리고 중국 황제와 대립하다가 목숨도 잃고 나라도 잃었다.

이후 삼국 시대의 군주들은 시기의 차이는 있지만 서서히 왕이란 호칭을 도입해 쓰고 중국 황제의 제후로 책봉되는 관계를 받아들였다. 왕이 황제의 제후라고 할 때 가해지는 제약은 여러 가지가 있다. 천자인 황제와 달리 하늘에 제사를 지내지 못하고, 하늘의 움직임을 관측한 기록인 역법을 제정하지 못하며, 연호를 쓰지 못한다. 이 모든 것은 중국이 정한 원칙으로, 삼국의 왕들이 이 모든 규정을 준수한 것 같지는 않다. 중국적 군주 체계와 독자적 군주 체계 사이에서 오랫동안 과도기를 거칠 수밖에 없었다.

앞서 살펴본 광개토대왕은 중국식 황제 호칭을 도입하지는 않고 황제와 대등한 것으로 해석될 수 있는 '태왕'이라는 호칭을 썼다. 또 '영락'이라는 연호도 썼다. 백제는 군주의 죽음을 표현하면서 황제의 죽음에나 쓰는 '붕'이란 말을 사용했다. 고구려와 백제에서도 왕실 조상을 모시는 방식으로 종묘 제도가 도입되었는지는 알 수 없다. 그런데 고구려에는 태조왕이라는 왕이 있었으니, 그 호칭이 '태조'라는 묘호가 아니라고 단정할 수도 없는 노릇이다.

이런 저런 기록으로 볼 때 우리나라에서 중국식 왕호를 쓰고 중국이 요구하는 조공-책봉 관계를 받아들일 뿐 아니라 중국식 종묘 제도를 수용해 군주제 전반의 중국화가 확실해진 것은 통일신라 때의 일인 것 같다. 당시 중국의 통일 왕조인 당이 동아시아뿐 아니라 서역까지 포괄하는 세계 제국이었다는 사실을 감안하면, 이는 군주제의 국제화라 해도 틀린 말은 아니다.

그런데 신라가 중국식 군주제를 완전히 수용해 당 중심의 국제 질서에 편입되려면, 당 황제의 제후인 신라의 왕이 황제가 쓴 묘호를 똑같이 쓴다면 문제가 될 수 있다. 실제로 신라인은 당의 위대한 황제였던 이세민의 묘호와 똑같은 '태종'을 김춘추에게 바쳤다.

신라의 종주국으로 자임하는 당이 이 사실을 알고도 그냥 넘어갈 리 없었다. 더욱이 신문왕 시기는 선왕 때 벌어진 나당 전쟁의 앙금이 남아 있을 때였다. 역대 중국 왕조는 때때로 한반도의 왕국에 대해 하찮아 보이는 일이라도 꼬투리를 잡아 확실하게 기를 꺾어 두려는 경향을 보였다. 당 역시 사신을 보내 신라와 같은 작은 나라의 군주가 감히 당 제국에서도 존경받는 천자와 똑같은 묘호를 쓴 것은 잘못이니 당장 바꾸라고 강경하게 요구했다. 신문왕은 짐짓 당황하며 당 사신들을 물리고 신하들과 이 문제를 상의했다. 사신들에게 돌아간 대답은 완곡한 거절이었다. 김유신처럼 훌륭한 신하를 거느리고 삼국을 통일한 군주인 만큼 온 신라인이 애모의 마음을 이기지 못해 추존한 묘호이니, 부디 헤아려 달라는 논리였다. 김유신은 당에서도 유명한 장군이었다. 당은 다시는 이 문제를 가지고 시비를 걸지 않았다.

이 기록만 놓고 보면 당과 신라의 기 싸움에서 이긴 쪽은 신라였다. 그렇다면 김춘추는 살아서 당과 동맹을 맺기 위해 당에 복종하고 중국 제도를 받아들였지만, 죽어서 바로 그러한 중국 제도를 이용해 자신의 지위를 '국제적으로' 드높인 군주인 셈이다. 이처럼 기본적으로는 중국식 전제군주제의 그늘 아래 자리 잡으면서도 그 속에서도 '절대 1인자'라는 군주의 정체성을 확보하려는 왕들의 투쟁은 태종 무열왕 이후로도 죽 이어지게 된다.

◎ 신라 왕실의 조상이 흉노라고? ◎

한 무제의 무덤인 무릉에는 흉노 출신으로 한의 포로가 되었다가 무제의 충신이 된 김일제의 묘가 배장配葬되어 있다. 그런데 2009년 경주에서 발견된 문무왕릉비의 비문에는 이 김일제가 신라 김씨의 선조로 추측될 수 있는 문구가 있다고 한다. 김일제는 무제로부터 투후秅候(투는 지금의 산둥성 성무현 지역)로 책봉되었는데, 바로 그 작위가 문무왕릉비문에 등장한다. '투후 제천지윤이 7대를 전하니'라는 문장 뒤에 닳아 없어진 몇 글자를 이어 '(문무왕의) 15대조 성한왕星漢王' 이야기가 나온다. 이를 두고 일각에서 투후 김일제가 곧 성한왕의 7대조이고 신라 김씨의 조상이라 추론하는 것이다. 그런데 비문에서 '秅(투)'라는 글자는 확인하기 어렵다. 설령 투후를 가리킨다고 하더라도 그것은 투후가 신라 왕실의 조상이어서가 아니라 신라 왕실의 권위를 드높이기 위해 중국 고사에 비유한 것뿐이라는 주장도 있다.

중국 시안 비림박물관에 있는 대당고김씨부인묘명大唐故金氏夫人墓銘도 거론된다. 864년 32세로 사망한 김씨 부인은 당으로 이주한 신라인 김충의金忠義의 손녀라고 한다. 묘지명에 따르면 김씨 부인의 가문은 중국 신화에 나오는 소호금천씨少昊金天氏에서 시작해 투후 김일제로 이어졌다. 전한이 망하고 세상이 혼란스러워지자 김일제의 후손들은 요동에 숨어 살다가 번성하게 되었다는 것이 비문의 요지이다. 투후의 후손은 전한을 멸하고 신新을 건국한 왕망과 외척 관계를 맺고 있었다. 그러다가 신이 멸망하고 후한이 들어서자 보복을 피해 여러 갈래로 흩어졌다. 그런데 그 가운데 일부가 신라 왕실인 경주 김씨의 조상이 되고 일부는 가야 왕실인 김해 김씨의 조상이 되었다는 주장도 있다. 이 흥미로운 추론은 중국에도 알려져 한국 김씨와 중국 곳곳에 흩어져 있는 김일제 후손들을 대상으로 유전자 감식을 해 보자는 제안까지 나오고 있는 실정이다.

왕과 황제 사이

발해의 건국자 대조영

　　한국사에 등장한 왕들의 가장 큰 문제 가운데 하나가 유일한 주권자라는 정체성이 중국 황제와의 관계에서는 훼손된다는 사실이다. 이 문제는 왕이라는 호칭 자체에 뚜렷이 아로새겨져 있다. 황제가 천자이고 왕은 그의 제후라는 중국적 관념을 수용하는 순간부터 한국의 통치자들은 황제와 왕 사이에서 갈등해야 했다. 황제라고 하자니 중국의 눈치가 보이고, 왕이라고 하면 주체성이 손상되는 걸 감수해야 했다. 세계 제국 당에 반기를 들고 건국한 발해의 군주 대조영에게 이 문제는 더욱 크게 다가왔을 것이다.

'대진'이라는 왕조

698년이면 고구려가 망한 지 30년째 되는 해였다. 이때 고구려를 계승한다고 주장하는 나라가 그 옛 땅에서 일어났다. 지도자는 '대조영'이고 나라 이름은 '대진'이었다. 기껏 요동의 골칫거리인 고구려를 없애고 동아시아를 평정했던 당으로서는 낭패가 아닐 수 없었다. 아니, 사실 이때 중국 왕조는 당이 아니라 주였다. 무측천(측천무후)이 아들인 황제 예종을 몰아내고 스스로 황제 자리에 오르면서 나라 이름을 바꿨기 때문이다.

무측천의 주, 즉 '무주'는 기껏 통일해 놓은 동북아시아 역내에서 대진이라는 독립 왕조가 서는 것을 용납할 수 없었다. 그래서 대조영이 동모산(지금의 중국 지린성 둔화시 부근)에서 대진의 건국을 선언할 때까지 집요하게 그의 뒤를 쫓았다. 대조영은 1천 킬로미터가 넘는 길을 행군한 끝에 가까스로 이해고가 이끄는 추격군을 격파하고 건국을 선포했다.

대조영이 고구려 유민을 이끌고 나라를 세우겠노라고 일어선 것은 696년의 일이었다. 그때 대조영은 영주(지금의 중국 랴오닝 성 차오양시)에서 아버지 걸걸중상과 함께 살고 있던 고구려 유민이었다.(대조영은 발해를 건국한 뒤 지배자를 뜻하는 '대'를 성으로 삼았다.) 그런데 주의 영주 자사(중국에서 각 주에 둔 감찰관)인 조문홰가 학정을 펼치자 먼저 거란족의 이진충, 손만영이 반란을 일으켰다. 그들은 조문홰를 죽이고 영주를 점령했지만, 주 왕조는 얼마 가지 않아 이 반란을 철저하게 진압했다. 그러나 거란족을 겨우 주저앉혔다고 생각한 다음 순간, 걸걸중상이 말갈인 걸사비우와 함께 고구려 유민과 말갈족*을 이끌고 반란을 일으켰다. 무측천은 당연히 군대를 보내 이들의 반란도 진압하려 했다.

걸걸중상과 대조영의 출신에 대해서는 말이 많다. 당의 역사책인 《구당서》는 이들을 '고려 별종高麗別種'이라는 알 듯 모를 듯한 말로 표현했고, 《신당서》는 '속말 말갈로서 고려에 붙은 자'라고 표현했다. 여기서 '고려'는 물론 고구려다. '별종'이라든가 '붙은 자'라는 표현이 무엇을 뜻하는지는 한국과 중국의 학자들 사이에 논쟁이 전개되어 왔다. 그러나 국적과 학문적 입지에 따른 차이 때문에 속 시원한 결론은 나지 않았다. 여기는 대조영이 근대의 어느 민족에 귀속되는가 하는 것을 따지는 자리가 아니기 때문에 이 정도로 넘어가자. 분명한 것은 대조영이

* 말갈 중국 수·당 때 만주와 한반도 북부에 거주한 퉁구스계의 여러 민족을 통틀어 이르는 말. 그 가운데 속말 말갈은 발해에 복속하고 흑수 말갈은 발해와 대립했다. 훗날 금을 세운 여진족, 청을 세운 만주족이 말갈의 후예이다.

고구려에 속했던 사람이라는 사실이다.

주 군대의 추격을 뿌리치며 고구려 옛 땅으로 이동하는 과정에서 걸걸중상은 병에 걸려 죽고, 아들인 대조영이 반란 집단의 지도자를 맡았다. 대조영은 이해고가 이끄는 추격군을 천문령에서 물리치고 '대진'을 세웠다. 국호를 대진이라 한 것은 중국 정통 왕조의 관행에 따른 것으로 보인다. 당도 '대당', 주도 '대주', 훗날의 원도 '대원'이라는 식으로 외자 이름에다 '큰 대大'자를 붙였다. 이런 관행을 따랐다는 것은 대조영이 주와 동등한 왕조를 세우려 했음을 알려 준다. 《신당서》에는 대조영이 '대진왕'을 칭했다고 기록되어 있으나, 정황상 '황제'를 칭했을 것으로 보아도 무리가 없다. 실제로 대조영은 황제나 쓸 수 있다고 하는 연호도 제정했다. '천통天統'이었다.

무측천으로서는 옛 고구려 땅을 내주는 것이야 어쩔 수 없게 되었다 하더라도 주 왕조와 맞먹는 독립 왕조가 수립되는 것을 내버려 둘 수는 없었다. 만주에 대한 대조영의 지배권은 인정하더라도 그를 무측천과 대등한 황제로 인정할 수는 없었고, 어떻게 해서든 황제의 신하인 '왕'으로 격하시켜야 했다. 그리하여 무측천과 대조영 사이에 국제 질서와 자존심을 건 2라운드가 시작된다.

밖으로는 왕, 안으로는 황제

천하를 호령하던 무측천은 결국 대조영을 무릎 꿇리지 못한
채 705년 세상을 떠났다. 무측천의 아들로 황제에서 쫓겨났던
중종이 다시 그 자리에 오르고 대당이라는 국호도 돌아왔다.
그리고 세월이 흘러 714년이 되었다. 당은 '개원의 치'로 잘 알
려진 영명한 군주 현종(재위 712~756)의 치세로 막 접어들었고,
진(대진)은 여전히 대조영의 통치를 받고 있었다.

현종은 진과 대립각을 세우기보다는 대조영을 잘 구슬려 당 중심의 국제 질서에 편입시키려 했다. 이처럼 군사적으로 완전히 점령하지 못할 때 중국 왕조는 차선책으로 조공–책봉 관계를 제시하곤 했다. 내용적으로는 영토와 주권의 독립을 허용하더라도 형식적으로는 중국의 제후국으로 묶어 두는 방법이었다. 그리하여 현종은 최흔을 사신으로 보내 대조영에게 '대진'이라는 왕조 이름을 포기하고 당의 책봉을 받으라고 설득했다.

대조영도 이를 받아들였다. 당이 대국임을 형식적으로 인정하는 대가로 옛 고구려 땅에 대한 사실상의 배타적 주권을 확보할 수 있기 때문이었으리라. 그때 대조영은 나라 이름을 '발해'로 정하고 현종으로부터 '좌효위대장군 발해군왕 홀한주도독'으로 책봉을 받았다. 여기서도 알 수 있는 것처럼 황제의 책봉을 받는 제후국 지배자는 '왕'의 지위보다 황제의 신하(좌효위대장군)라는 지위가 우선한다. 그렇게 함으로써 황제가 제후국의 왕을 자신의 신하로 삼는 형식이 완성되는 것이다. 그러한 군신 관계가 아무리 형식적인 것이라 하더라도 대조영의 처지에서는 완전한 주권자의 권위가 깎이는 것을 감수할 수밖에 없었다.

그런데 여기서 눈길이 가는 것은 '발해'라는 국호다. 중국 정통 왕조의 국호는 '대당', '대진' 등에서 볼 수 있듯이 '대' 자만 빼면 외자다. 그에 비해 황제의 책봉을 받는 주변국의 국호는 '고(구)려'*, '백제'처럼 두 자 이상으로 되어 있는 사례

* 옛 역사책에서 고구려高句麗는 고려高麗로 표기되는 사례가 더 많았다. 훗날 왕건이 세운 고려는 바로 이 '고려'라는 표기를 계승한 것이다.

가 많다. 그래서 두 글자인 발해를 택한 것은 이해할 수 있으나, 발해만이라는 바다가 이 나라와 직접 관계도 없는데 왜 그 이름으로 정했을까? 결정 과정에 관한 기록은 없다. 추측하건대 대조영은 고구려를 계승한다는 의미에서 '고려'를 주장했고 당은 말갈족의 나라라는 뜻에서 '말갈'을 요구했을 것으로 보인다. 그러다가 접점이 보이지 않자 당과 진 사이에 있는 바다 이름인 발해로 타협을 보지 않았을까 싶다.

대조영의 시호는 '고왕'이고 그의 후계자들에게도 '무왕', '문왕' 하는 식으로 '왕'이 시호로 추증되었다. 그러나 3대 문왕(재위 737~793)의 넷째 딸이었던 정효공주의 묘지墓誌에는 문왕을 '황상'으로 부르는 문구가 들어 있다. 또한 황제만이 쓸 수 있는 연호도 계속해서 사용했다. 이로 미루어 볼 때 발해의 군주들은 밖으로 당 황제의 제후라는 대외적 지위를 감수해 외교적·문화적 이익을 보는 대신, 안으로는 황제가 가질 수 있는 주권자로서의 권력과 권위를 온전히 누린 것 같다. 이처럼 중국에 대해서는 왕을 칭하고 안으로는 황제를 자임하는 전통을 '외왕내제外王內帝'라 한다.

현종과 고왕의 타협 이후에도 당과 발해의 관계는 완전히 평화롭지만은 않았다. 오히려 2대 무왕(재위 719~737) 때는 발해를 배신하고 당에 붙은 흑수말갈 때문에 두 나라 사이에 전쟁이 벌어지기도 했다. 그때 무왕의 명을 받은 장문휴는 군대를 이끌고 산둥반도까지 쳐들어가 당 군사들을 유린했는데, 당은 반격도 하지 못했다. 그 후 양국이 어색한 휴전 상태에 들어간

▥ 발해와 고구려 ▥

발해는 926년에 멸망할 때까지 만주에서 연해주에 걸친 광대한 영토를 지배한 대국이었다. 발해의 영토는 통일신라의 4~5배, 고구려의 1.5~2배에 이르렀다고 한다. 또 나라만 큰 것이 아니라 문화도 융성해 '해동성국'이라 불릴 정도였다. 이렇듯 크고 융성했던 발해의 주민은 건국 세력이 그랬던 것처럼 고구려인과 말갈인으로 구성되어 있었다. 특히 발해를 이끈 지배 세력에는 고구려 계통의 귀족이 많았다. 고구려계 귀족이 지배 계층의 다수를 차지하고 있었기 때문에 발해는 대외적으로 '고구려를 계승한 나라'를 표방했다. 발해의 2대 무왕은 일본에 보낸 국서에서 발해가 "고구려의 옛 터전을 되찾고 부여의 풍속을 소유하게 되었다."라고 썼고, 6대 강왕은 "교화를 따르는 부지런한 마음은 고씨에게서 이어받은 것"이라고 하여 발해가 고구려를 계승했다는 점을 분명히 밝혔다. 그뿐 아니라 일본의 역사책에도 발해를 '고려국'으로 부른 기록이 남아 있다.

뒤 발해의 세력이 점점 커지자 당은 발해의 왕을 '발해군왕'에서 '발해국왕'으로 한 단계 승격시켜 주었다. 이후 발해는 멸망할 무렵까지 당 중심의 동아시아 국제 질서 속에 편입되어 평화로운 가운데 문화 국가의 품격을 유지해 나갔다.

대진이 발해로 바뀌고 대조영이 발해군왕으로 책봉되는 과정은 한국사의 역대 왕들이 맞닥뜨려야 했던 고민의 지점을 알려 준다. 그들은 일정한 지역과 민에 대한 영유권이 침해되지 않는 한, 그리고 때로는 그러한 영유권을 인정받기 위해, 중국 황제에게 형식적으로 신하의 예를 갖추는 것을 감수했다. 그러나 무왕의 산둥반도 정벌에서 보듯 자신의 배타적 주권이 침해될 때는 결사 항전도 마다하지 않았다. 발해의 왕들은 중화주의를 내면화해 군주 주권의 핵심적 일부를 자발적으로 내줄 의사가 아직 없었던 것이다.

건국 시조의 조건

견훤과 왕건

고조선의 단군왕검, 고구려의 동명성왕, 신라의 박혁거세 등은 건국 과정이 신화로 포장되어 있다. 따라서 그들은 처음부터 신성한 혈통, 초인적 능력 따위를 타고난 존재로 나타난다. 그러나 건국 과정이 역사 기록으로 남아 있는 후백제·후고구려·고려 등을 보면, 시조들이라고 해도 그처럼 신비로운 이력과는 거리가 멀었다. 견훤과 궁예, 왕건의 사례를 통해 실제 역사 속에서 왕조를 세우는 데 필요한 시조의 조건은 무엇이었는지 살펴보자.

힘이 있어야 한다

견훤은 900년에 후백제를 세우고 궁예는 901년에 후고구려를 세웠다. 견훤은 신라의 해안 수비를 맡은 비장이었고, 궁예는 승려였다. 천년 왕국 신라가 건재했다면 일국의 왕은커녕 후세에 이름을 남기기도 어려웠을 사람들이다. 그들은 어떤 조건 아래에서 왕이 될 수 있었을까?

첫 번째로 꼽을 수 있는 조건은 '시운時運'이었다. 신라는 51대 진성여왕(재위 887~897) 때부터 급격히 국세가 기울었다. 중앙 정부는 귀족들의 왕권 다툼과 호화로운 생활로 흔들렸고, 지방 호족들은 중앙 정부의 통제를 무시한 채 저마다 지역민으로부터 세금을 뜯으며 세력을 키워 나갔다. 수도인 금성(지금의 경상북도 경주)과 가까운 사벌주(지금의 경상북도 상주)에서 원종과 애노가 일으킨 반란은 이러한 혼란과 분열을 더욱 부추겼다.

이처럼 한 나라가 분열과 혼란에 휩싸이자 약육강식의 법칙이 세상을 지배하게 되었다. 중앙 정부에 복종하기를 거부하는 지방 호족들은 저마다 힘자랑을 하며 세력을 키우기 위해 안간힘을 썼다. 신라의 골품제 아래 출세할 가능성을 찾지 못했던 육두품 지식인들은 새로운 희망을 품고 각지의 호족들에게 몸을 맡겼다.

두 번째로 꼽을 수 있는 조건은 '힘'이다. 견훤과 궁예는 처음부터 독자 세력을 이룬 호족은 아니었다. 그러나 견훤은 장군의 아들로 태어나 해안 수비전에서 능력을 발휘하며 두각을 나타냈다. 궁예는 오늘날의 강원도 원주 지방에서 큰 세력을 이루고 있던 양길의 휘하에 들어가 자신의 존재를 드러냈다. 분열과 혼란의 시기에는 싸움을 잘하는 것처럼 빛을 발하는 능력도 없다. 견훤과 궁예는 여기에 더해 부하들을 적절히 거느릴 줄 아는 지도력과 포용력을 지니고 세력을 키워 나갈 수 있었다.

그런데 그 지역에서 가장 강하다고 해서 모두 왕이 되는 것은 아니었다. 왕이 되기 위해서는 우선 신라의 중앙 정부에 대해 반란을 일으켜야 했다. 그 뒤 신라의 사직을 뒤엎어 스스로 왕이 되거나, 신라와 대등한 나라를 세워 맞서야 했다. 두 사람은 후자의 방법을 택했다. 견훤은 서남 해안을 장악해 국가를 세울 만한 영토와 통치력을 확보했고, 궁예는 양길을 타도한 뒤 송악 지역의 호족이던 왕건을 끌어들여 국가를 세울 만한 세력을 만들었다. 그리고 왕이 되는 길을 밟아 나갔다. 이때 반드시 있어야 할 것이 신라 왕조가 지배하는 땅에서 왜 굳이 새

⊪ 궁예가 승려가 된 까닭은? ⊪

궁예가 태어날 당시, 신라의 진골 귀족들은 치열한 왕위 쟁탈전을 벌이고 있었다. 따라서 신라의 왕족이었던 궁예는 자신의 의지와는 상관없이 태어나자마자 권력 다툼에 휩쓸려야 했다. 《삼국사기》에 따르면, 궁예는 "궁예를 죽이려던 사람이 포대기에 누워 있던 아기를 빼앗아 누각 아래로 던졌는데, 유모가 잘못 받아 손으로 찔러 애꾸가 되었다."고 한다. 그 뒤 그는 철원의 산골로 숨어 들어간 유모의 손에서 가난한 집 아이로 길러졌고, 시장 바닥에서 싸움이나 하면서 천방지축으로 살았다. 이를 보다 못한 유모가 궁예를 따끔하게 혼내자, 이에 궁예는 크게 깨달아 그 길로 절에 들어가 승려가 되었다. 하지만 답답한 승려 생활에 만족하지 못한 그는 절에서 나와 양길의 밑에 있으면서 군사적 능력을 발휘하기 시작했다. 그리고 마침내 독자 세력을 만들어 후고구려를 세우기에 이르렀다.

로운 왕조를 세워야 하는가 하는 명분이었다. 견훤과 궁예에게는 그러한 명분이 있었을까?

명분이 있어야 한다

신라가 이미 썩어 들어가고 있었기 때문에 새로운 나라가 세워질 명분은 충분했다. 그러나 견훤과 궁예가 바로 그런 나라를 세워도 되는 인물이라는 사실은 어떻게 증명할 것인가?

견훤과 궁예는 나라의 이름을 정하면서 그 명분을 찾았다. 200여 년 전에 신라에 멸망당한 나라들의 이름을 되살리면서 스스로 복수의 화신이 되기로 한 것이다. 견훤은 백제, 궁예는 고구려를 나라 이름으로 삼았다. 놀라운 것은 200년이나 지났는데도 그 이름들이 해당 지역 백성으로부터 지지를 받으면서 두 사람의 왕권을 지탱해 주었다는 사실이다.

고구려, 백제, 신라 삼국의 나라 이름은 어떤 개인의 작품이 아니다. 오랫동안 공동체나 지역 이름으로 사용되어 오던 이름이 다듬어져 왕조의 이름으로 정해진 것으로 보인다. 예를 들어 신라는 마을이라는 뜻을 가진 신로, 서라, 서라벌 따위로 불리다가 발음이 비슷한 한자 이름으로 바뀌었다. 지증왕 때 '덕업을 새롭게 하고 사방을 아우른다'는 뜻을 가진 '덕업일신 망라사방德業日新網羅四方'에서 '신'과 '라'를 따서 '신라'라고 했다는 것이다. 고구려는 성이나 산을 뜻하는 말에서 왔다 하고, 백제는 삼한 중 하나인 마한의 소국 이름에서 유래했다고 한다.

이 세 나라의 역대 군주들은 만주와 한반도에서 명멸한 여러 나라를 흡수 통합해 각각 수백 년씩 가는 왕조를 건설했다. 따라서 그 이름의 권위도 막강했다. 그런 세 나라가 서로 싸우던 끝에 신라로 통일됐으니 신라의 권위가 하늘을 찌를 듯이 높아진 것은 두말할 나위도 없다. 삼국 통일 이후 200여 년 동안 신라는 동아시아의 문화 강국으로 중국, 일본뿐 아니라 멀리 서아시아의 이슬람 세계에까지 명성을 떨쳤다. '신라'라는 이름은 국제적으로 인정받으면서 56명의 왕이 1천 년 가까이 군림한 왕조를 떠받쳤다.

그렇다면 고구려와 백제라는 이름은 만주와 한반도에서 완전히 잊혔을까? 부자가 망해도 3년은 간다는데 수백 년을 군림했던 나라들의 자취가 그렇게 쉽게 사라질 리는 없다. 특히 만주에서 이름을 떨쳤던 고구려는 그 지역에 깊고 큰 그림자를 남겼다. 고구려는 원래 '고려'로 더 많이 불렸다. 옛 고구려 땅에서 일어나 독립한 발해는 스스로 고구려의 후예를 자처하며 '고려'를 나라 이름으로 쓰기도 했다. 또 9세기 무렵에는 고구려 유민이 세운 '고려'라는 나라가 당에 사신을 보낸 기록도 있다. 후세의 역사가들은 이 '고려'를 원래의 고구려와 구별하기 위해 '소고구려'라 부른다. 이처럼 고구려는 동북아시아의 강대국으로 우뚝 섰던 역사 때문에 망한 뒤로도 많은 창업자들이 즐겨 쓴 나라 이름이었다.

그렇다면 백제는 어떨까? 한반도 서남부에 자리 잡은 백제는 삼국 통일 뒤 옛 영역 전체가 신라의 지배를 받았기 때문에 200여 년 동안 온전히 잊혔다. 10년이면 강산도 변한다는데 200년이 넘었다면 백제의 그림자는 완전히 사라졌다고 해도 과언이 아닐 것이다. 그러나 옛 백제의 백성들은 그렇지 않았던 모양이다. 견훤이 옛 백제 지역의 호족들을 모아 완주(지금의 전라북도 전주)에서 나라를 세우고 나라 이름을 '백제'라 하자 백성들이 이에 호응했다. 본래의 백제와 구별하기 위해 '후백제'라고도 하지만, 견훤이 백제의 후광을 입으려 한 것은 틀림없다. 왜 새 나라의 창업자가 진작 망해 버린 나라 이름을 빌려 썼을까? 비록 신라에 정복당해 나라는 없어졌지만 백제라는 이름의 권위는 그 지역에 자취를 남기고 있었기 때문일 것이다.

견훤이 후백제를 세운 이듬해, 옛 고구려 땅인 송악에서는 궁예가 '후고구려'를 세웠다. 궁예가 정한 나라 이름은 옛 고구려의 나라 이름을 그대로 되살린 '고려'였다. 견훤이 옛 백제 땅에서 그랬던 것처럼 궁예도 옛 고구려의 후광을 받아 북쪽으로 땅을 넓히고 신라에 복수한다는 생각을 품고 있었다. 그래서 200여 년 전에 망한 나라 이름을 쓴 것이다.

견훤이나 궁예나 창의적인 건국자는 아니었지만 먼 옛날의 권위를 빌려 온 그들의 전략은 주효했다. 그러나 복수가 국가의 이념이 될 수는 없다. 그들은 고구려, 백제를 부활시켜 신라에 복수하는 것보다 더 위대한 전망을 갖고 있어야 했다. 그래야 천년 왕국 신라를 넘어서는 지속성을 가진 나라를 이룰 수 있을 테니까.

전망이 있어야 한다

옛 백제 지역을 되찾은 후백제, 한반도 중북부를 장악한 후고구려, 지금의 경상남북도 지역으로 축소된 신라. 이 세 나라를 가리켜 후삼국이라 하고 이 때를 후삼국 시대라 한다. 당시 대부분의 사람들은 후삼국 시대가 언제까지나 계속되지 않을 것임을 내다보고 있었다. 신라는 견훤과 궁예의 반란을 잠재우려 했으나 힘이 없었고, 견훤과 궁예는 상대방을 제압한 뒤 신라까지 차지해 후삼국 통일의 주인공이 되고자 했다. 이 통일 전쟁에서 최후의 승자가 되려면 힘과 명분에 더해 한반도 전체를 이끌고 나갈 전망이 있어야 했다.

견훤은 국가를 세우는 데서도 궁예보다 한 걸음 더 빨랐지만, 세력을 넓히고 국가 체제를 정비하는 데서도 앞서 나갔다. 그가 세운 후백제 지역은 예나 지금이나 한반도의 곡창 지대로 유명하다. 풍부한 물산을 바탕으로 백제는 기술을 발달시키고 앞선 문화를 이룩했다. 백제의 장인들은 이웃 나라 신라에 가서 석가탑을 세워 주고 바다 건너 일본에 사찰과 성을 지어 주었다. 나아가 백제는 황해와 현해탄을 오가며 중국, 일본과 긴밀한 외교 관계를 맺은 국제 국가였다. 견훤은 그러한 백제의 옛 모습을 빠른 속도로 되찾았다. 중국의 오월에 사신을 보내 외교 관계를 맺었고, 군사력으로도 후고구려를 능가하는 면모를 보였다. 그대로 가면 견훤이 후삼국 통일의 주인공이 될 가능성이 매우 높았다.

그런데 그때 새로운 인물이 등장했다. 궁예의 신하로 후백제와 군사 대결 현장에 항상 나타나는 왕건이었다. 그는 903년 금성(지금의 전라남도 나주)을 공격해 후백제군에 대승을 거두면서 역사의 전면에 화려하게 등장했다. 송악의 해상 세력을 기반으로 하는 왕건의 대활약으로 궁예는 수세에서 벗어나 권력을 반석 위에 올려놓을 수 있었다.

그런데 궁예는 그때부터 초심을 잃고 나라를 비정상적인 방향으로 끌고 가기 시작했다. 904년에는 후고구려라는 좋은 이름을 '마진'으로 바꾸고 철원으로 도읍을 옮기더니, 911년에는 '태봉'으로 바꿨다. 마진과 태봉은 둘 다 불교적인 의미를 담은 이름이었다. 승려였던 궁예는 살아 있는 미륵으로 자처하며 나라를 불교적 이상 국가로 끌어가려 했다. 그러나 이것은 후고구려가 갖고 있던 상징성과 힘의 원천을 스스로 포기하는 결과를 가져왔고, 궁예는 비현실적인 이상을 추구하는 비현실적인 군주로 변해 갔다. 그렇게 된 밑바탕에는 송악에 확고한 기반을 가진 데다 능력도 출중했던 왕건에 대한 견제 심리가 있었다.

궁예는 갈수록 흉포한 독재 정치를 자행하며 신하와 백성을 공포 속으로 몰아넣었다. 심지어는 스스로 남의 마음을 읽는 관심법을 행한다면서 왕건마저도 역심을 품은 자로 몰아붙이기까지 했다. 결국 918년에 이르러 신숭겸, 복지겸 등 태봉의 신하들은 뜻을 모아 궁예를 몰아내고 왕건을 새로운 군주로 옹립했다. 왕건은 자신의 세력 기반인 송악으로 다시 도읍을 옮기고 나라 이름도 '고려'로 돌려놓았다. 그는 현실적인 힘을 갖춘 것은 물론 먼 옛날 고구려의 영광을 되찾는다는 원대한 전망을 활용할 줄도 알았다. 함께 고구려를 계승한 발해를 형제의 나라로 여겼고, 발해를 멸망시킨 거란을 원수로 규정했다. 훗날 반드시 거란을 물리치고 고구려 옛 땅을 되찾겠다고 다짐하며 '북진정책'을 국가 정책의 기본 방침으로 내걸었다. 거란이 사신과 함께 낙타들을 보내오자 그 낙타들을 만부교라

연천 숭의전
조선 시대에 고려 태조 왕건을 비롯한 네 왕과 고려의 충신 16인의 위패를 모시고 제사를 지내던 곳이다. 원래 건물은 한국전쟁 때 소실되고 1970년대부터 복원하여 지금의 모습을 갖추었다.

는 다리 밑에 몰아넣어 굶겨 죽인 일은 유명하다.

왕건은 또한 견훤과 달리 신라를 포용하는 태도를 취했다. 그러한 태도는 그에게 덕망과 의리를 갖춘 군주라는 평판을 안겨 주었다. 그에 비해 견훤은 신라를 공격해 포석정에서 경애왕(재위 924~927)을 죽이고 경순왕(재위 927~935)을 왕위에 올렸다. 그때 신라의 구원 요청을 받은 왕건은 즉시 군대를 이끌고 견훤을 공격하러 갔지만 역공을 당했다. 왕건 자신은 죽을 위기를 간신히 넘겼으나 김낙, 신숭겸 등 충신들을 잃었다. 목숨을 걸고 신라를 지원한 왕건의 태도는 신라 왕실의 신망을 받았고, 결국 국세가 기운 신라 조정이 귀부를 결정했을 때(935) 그 상대는 견훤이 아닌 왕건이었다.

천년 왕국 신라가 사라지고 고려와 후백제의 최후 대결만 남아 있을 때, 후백제 조정에서는 예기치 못한 변이 일어났다. 아들 신검의 반란이 일어나 견훤이 금산사에 갇혔다. 야심 많은 장남 신검 대신 4남인 금강에게 왕위를 물려주려 하다가 신검에게 역공을 당한 것이다. 가족과 왕위를 다 잃은 견훤은 모든 것을 포기하고 오직 아들에게 복수하겠다는 일념으로 금산사를 탈출해 왕건에게 귀부했다. 왕건은 견훤을 받아들이고 그를 앞세워 신검을 공격했다. 내분 끝에 부자가 적이 된 후백제의 패망은 불을 보듯 뻔한 일이었다. 그리하여 왕건은 신라를 잇는 새로운 나라의 주인으로 확실하게 등극할 수 있었다. 힘과 명분, 전망에서 궁예와 견훤을 능가한 결과였다.

견훤과 궁예, 그리고 왕건이 권력을 손에 넣고 왕위에 오르는 과정을 보면, 왕조의 현실적인 탄생 과정을 알 수 있다. 건국의 시조는 고대의 건국신화에 나오는 영웅들처럼 신비로운 혈통을 타고난 초인적인 존재가 아니다. 오히려 그들은 남들보다 더 많은 피를 손에 묻히고, 더 많은 죽을 고비를 넘기고, 더 많은 시기와 질투를 하고, 배신과 음모를 자행하는 길을 간다. 신비롭기는커녕 눈 뜨고 보지 못할 만큼 추한 모습도 많다. 이런 모습은 결국 한 사람에게 권력이 집중되어야 하는 왕조 시대의 성격에서 비롯된 것이리라.

칭제건원의 정치학

광종

민족주의 역사학자 신채호는 '칭제건원'을 주장하며 일어난 묘청의 서경 천도 운동을 "조선 역사상 일천년래 제일 대사건"이라고 했다. 칭제건원이란 황제를 칭하고 연호를 세우는 것을 말한다. 그때 묘청의 칭제건원 운동이 좌절하면서 한국사에서 자주파 대신 사대파가 득세했다고 본 것이다. 이상한 것은 고려가 묘청 이전에 이미 칭제건원을 하고 개경을 '황제의 도시[皇都]'라 부른 적이 있다는 사실이다. 그런데 왜 새삼 칭제건원 운동이 일어났을까? 이 질문에 고려 왕권의 비밀이 있다.

연호의 숨바꼭질

이미 밝혔듯이 중화 질서에서는 천자만이 연호를 쓸 수 있다. 그런데 발해의 왕들이 이미 연호를 썼고, 고려를 건국한 왕건도 '천수天授'라는 연호를 써서 천자의 위엄을 떨치려 했다. 당시에는 왕건만 그랬던 것이 아니라 그의 선임자인 궁예도 독자적인 연호를 사용했다.

어떻게 이런 일이 가능했을까? 발해나 궁예의 후고구려, 왕건의 고려는 모두 고구려를 계승하겠다며 일어난 왕조들이다. 따라서 이 왕조들의 건설자들은 자주성이 강하고 배포가 컸다. 물론 칭제건원은 배포만 가지고 되는 것이 아니라 국제적 환경의 도움이 필요하다. 발해가 현실적인 독립을 확보한 뒤 당의 요구를 받아들여 황제의 책봉을 받은 것처럼 중국에 강력한 중화주의 왕조가 있으면 칭제건원을 대외적으로 지속하기 어려웠다.

후고구려, 고려가 세워진 10세기 초는 발해가 건국한 7세기 말과 사정이 달랐다. 동아시아뿐 아니라 서역까지 아우르는 절대 강자 당이 907년 멸망하고 동아시아가 분열기로 접어들었기 때문이다. 중국에 오대로 불리는 다섯 왕조가 명멸하는 동안 한반도에 들어선 왕조들에게는 자주성을 내세울 수 있는 일정한 공간이 있었다. 그것이 궁예와 왕건이 칭제건원할 수 있었던 배경이다.

그러나 왕건은 후삼국을 통일하기 직전인 933년(태조 16)부터 독자적인 연호를 포기하고 오대의 한 왕조인 후당의 연호 장흥長興을 받아들여 사용했다. 한반도의 왕조가 중국 왕조와 외교

ⅲ 5대 10국 ⅲ

중국은 넓은 땅만큼이나 많은 나라가 생겼다가 사라지곤 했다. 5대 10국도 그 가운데 하나로, 70년이라는 별로 길지 않은 세월 동안 자그마치 15개나 되는 나라(아주 짧은 기간 번성했던 나라까지 합하면 훨씬 더 많았다.)가 세워졌다가 역사의 뒤안길로 사라졌다. '5대 10국'이란 중국에서 당이 멸망한 907년부터 송나라가 중국을 통일한 979년까지, 약 70년에 걸쳐 흥망한 여러 나라와 그 시대를 말한다. 5대는 화북의 중심 지대를 지배하고 정통 왕조의 계열로 볼 수 있는 다섯 왕조를, 10국은 화남과 기타 주변 각 지방에서 일어났던 지방 정권을 가리킨다. 5대에 속하는 나라는 후량·후당·후진·후한·후주로, 원래는 이름 앞에 '후' 자가 붙지 않지만 역사가들이 그 이전에 존재했던 같은 이름의 왕조와 구별하기 위해 이처럼 불렀다. 그리고 10국은 오·남당·오월·민·형남·초·남한·전촉·후촉·북한을 말한다.

관계를 맺는 것은 중국의 선진 문물을 도입하고 정치적 안전을 보장받기 위해서다. 이때 중국은 전통적인 조공-책봉 관계를 상대방에게 요구하게 마련이고, 이를 받아들이지 않는 한 외교 관계는 성립되기 어렵다. 따라서 중국 왕조와 맺는 외교 관계의 실익이 손해보다 큰 이상 이 요구를 거부하기는 어렵다.

그렇다고 해서 고려가 훗날의 조선처럼 명실상부한 중국의 제후국이 되었다는 데는 의문이 남는다. 고려의 역대 왕들은 안으로 여전히 천자의 지위를 잃지 않으려 했던 것으로 보인다. 4대 광종(재위 949~975)이 왕위에 오르면서 다시 독자적 연호인 '광덕光德'을 쓴 데서 그 사실을 알 수 있다.

그렇다면 태조 왕건이 바로 꼬리를 내렸는데 그 아들인 광종이 다시 독자적 연호를 제정한 것은 무슨 이유에서일까? 우선 국내 상황으로 눈을 돌려 보면, 광종은 흔히 고려 초기에 왕권을 확립한 왕으로 꼽힌다. 왕건이 수많은 호족과 혼인 관계를 맺으면서까지 왕권을 안정시키려 한 시도는 완전히 성공하지 못했다. 왕건이 죽은 뒤에도 피비린내 나는 왕권 다툼이 벌어진 끝에 왕건의 아들 가운데 마지막으로 왕위에 오른 사람이 광종이다. 그는 개국 초의 혼란을 야기한 귀족과 호족의 세력을 잠재우고 왕권을 튼튼히 하기 위한 조치 중 하나로 독자적 연호를 내세웠던 것이다.

광종이 중국 연호를 쓰지 않고 독자적인 연호를 내세웠다고 해서 고려가 중국 왕조에 맞먹는 국력을 이루었다고 보기는 어렵다. 그 당시는 태조 왕건이 연호를 받아다 쓴 후당이 이미 망하고 그 뒤를 이은 후진 역시 거란에 멸망한 뒤였다. 정세가 불안한 틈을 타 후한이 등장했지만, 정치적 상황이 무척 불안했기 때문에 후한 역시 고려를 챙길 여력이 없었다.

광종이 독자적 연호를 쓴 것은 이처럼 중국이 혼란에 빠져 있던 4년간뿐이었다. 후한은 곧 멸망하고 좀 더 강력한 왕조인 후주가 중국을 평정해 나갔다. 그러자 광종은 후주와 외교 관계를 맺고 그 왕조의 연호인 '광순廣順'을 받아들였다. 953년의 일이다. 태조 왕건이 그랬던 것처럼 이것을 두고 고려가 울며 겨자 먹기로 독자 연호를 포기했다고만 볼 수는 없다. 당시의 국제 관계에서는 중국에 강력한 왕조가 들어서면 그 나라와 '정상적인' 조공—책봉 관계를 맺는 것이 고려에 최선은 아니라도 차선책은 되었을 것이다. 따라서 국제 정세가 혼란에 빠져 있는 동안 임시 조치로 독자적 연호를 썼다가 '정상적인' 국제 질서가 회복되면 내치와 외교의 안정을 위해 현실적인 조공—책봉 관계로 돌아간 것이리라.

후주는 5대 10국의 혼란을 거의 극복하고 중국을 평정해 나간 왕조였다. 광종이 본격적인 왕권 강화에 나섰을 때 후주에서 전해 준 선진적인 중앙 집권적 관료 체제는 그에게 큰 도움을 주었다. 특히 후주의 사신으로 고려에 왔다가 광종의 요청으로 귀화해 한림학사° 벼슬을 받은 쌍기는 광종에게 없어서는 안 될 정치적 동지였다. 쌍기가 귀화한 956년은 광종이 노비안검법을 실시하면서 귀족들에게 선전 포고를 한

• 한림학사 고려 시대에, 학사원·한림원에 속한 정사품 벼슬. 임금의 조서를 짓는 일을 맡아보았다.

왕권 강화 원년이었다. 이를 이해하기 위해서는 우선 광종 앞에 놓여 있던 고려의 국내 정세가 어떠했는지 살펴볼 필요가 있다.

광종의 역사적 임무

태조 왕건은 죽기 전에 신하들과 왕자들을 모아 놓고 이런 유언을 남겼다.

"왕위 계승은 맏아들이 해야 하느니라. 만약 맏아들이 능력이 없으면 둘째가, 둘째 역시 능력이 없으면 다른 아들 가운데 뛰어난 이가 왕위를 맡도록 해라."

왕건은 이 유언을 포함하여 불교를 위하고 서경(지금의 평양)을 중요하게 여기라는 등 열 가지 가르침을 남기고 세상을 떠났다. 이렇게 왕건이 남긴 열 가지 가르침을 '훈요십조'라고 한다.

943년 왕건이 세상을 떠나고 맏아들인 혜종(재위 943~945)이 왕위에 올랐다. 그러나 왕건이 걱정한 대로 고려는 곧 왕권 다툼 속으로 빠져들어 갔다. 혜종의 두 동생인 요와 소는 왕이 되려는 욕심을 품고 있었고, 두 딸을 왕건에게 시집보냈던 귀족 왕규도 자기의 외손자인 광주원군을 왕위에 앉히고 싶어 했다.

왕규는 경쟁자인 왕자 요와 소를 없애기 위해 혜종에게 두 사람이 왕위를 욕심내고 있다고 일러 바쳤다. 하지만 혜종은 오히려 왕규를 경계하면서 두 왕자를 더 가까이했다. 그러자 왕규는 자기 뜻을 이루기 위해 호시탐탐 혜종의 목숨을 노렸다. 한번은 혜종의 침실에 자객을 들여보내기까지 했는데, 무예 실력이 뛰어난 혜종이 자객을 무찔러 버렸다. 태조 왕건의 충신이었던 박술희는 궁중에 군사를 풀어 항상 혜종을 지키게 했다.

혜종은 하루가 멀다 하고 터지는 암살 음모에 신경이 쇠약해져서 그만 2년 만에 세상을 뜨고 말았다. 이때 혜종의 동생인 왕자 요는 서경에 있던 숙부 왕식렴 장군에게 전령을 보내 자기를 도와 달라고 요청했다. 태조 왕건의 동생인 왕식렴 장군은 얼른 군대를 몰고 와서 왕자 요가 왕위에 오르도록 지켜 주었다. 이렇게 해서 고려의 3대 왕에 오른 요 왕자가 정종(재위 945~949)이다.

정종은 왕위를 위협하는 세력을 제거하기 위해 왕규와 박술희를 모두 귀양 보냈다. 박술희는 왕규의 위협으로부터 혜종을 지키기 위해 군사를 움직였던 것뿐인데 억울하게 된 것이다. 게다가 왕규는 박술희 때문에 자신의 뜻을 이루지 못했다고 생각해서 자객을 보내 박술희를 죽여 버렸다. 그러자 정종은 왕규가 드디어 본색을 드러냈다며 왕규에게 사약을 내렸다. 정종으로서는 이이제이*를 한 셈이다.

이렇게 왕규가 죽고 나서야 고려 왕실은 비로소 안정을 찾았다. 949년 정종이 죽자 그 동생인 왕자 소가 24세의 나이로 순조롭게 왕위에 오르니 그가 바로 광종이다. 지긋지

* 이이제이以夷制夷 오랑캐로 오랑캐를 무찌른다는 뜻으로, 한 세력을 이용하여 다른 세력을 제어함을 이르는 말이다.

굿한 왕권 다툼을 지켜보고 그 와중에 자칫 희생될 뻔했던 광종은 3천2백 명에 이르는 개국 공신 등 귀족 세력을 억누르고 왕권을 강화해야 했다.

956년 후주의 쌍기를 등용한 광종이 찾아낸 방법은 '노비안검법'이었다. 귀족들이 힘을 쓸 수 있는 바탕 가운데 하나는 막대한 수의 노비였다. 노비는 세금을 내지 않기 때문에 귀족들이 노비를 많이 데리고 있으면 나라에 내는 세금을 줄일 수 있었다. 게다가 노비들 중에는 힘깨나 쓰는 장정들도 있어서 귀족들에게 무력을 제공해 주었다.

노비안검법은 귀족들이 데리고 있는 노비들을 검사해서 이전에 노비가 아니었던 사람들은 다시 양민으로 풀어 주는 제도였다. 광종이 이 법을 시행하자 귀족들은 수많은 노비들을 풀어 주고 힘을 잃게 되었다. 귀족들은 분노했지만 대부분의 백성은 환호했다. 성종 때의 재상인 최승로는 "광종 8년 동안의 다스림은 가히 삼대*에 견줄 만하다."라고 광종을 칭찬하기도 했다.

2년 뒤 광종은 한 걸음 더 나아가 과거 시험을 치러 귀족 대신 왕을 위해 나랏일을 맡아 줄 인재를 뽑았다. 과거 시험은 귀족이 아닌 사람이라도 실력만 있으면 치를 수 있었고, 합격하면 벼슬길에 나아갈 수 있었다. 중국의 예를 따라 과거 시험을 실시하라고 건의한 사람은 쌍기였다. 그의 건의를 받아들여 과거 시험을 실시하자 귀

* 삼대 고대 중국의 세 왕조인 하·상·주를 가리킨다. 이 세 왕조는 국가 발전의 단계를 명확히 보여 주는 '중국 문명의 원류'라 할 수 있으며, 태평성대를 이루었다고 전해진다.

족의 자제가 아니라도 실력을 쌓아 벼슬을 하는 사람들이 늘어났다. 과거 시험은 유학에 대한 지식과 글쓰기 능력을 평가했다. 그러니까 과거 시험에 합격한 이들은 학문 실력이 뛰어난 사람들이었다. 이들은 귀족의 힘을 억누르려는 광종의 든든한 지원 세력이 되었다.

그것만이 아니었다. 960년에는 그동안 제멋대로였던 관리들의 관복을 등급에 따라 일정한 색깔로 나누도록 했다(공복 제도). 귀족이든 아니든 왕 밑에서는 등급에 따라 똑같은 관복을 입어야 한다는 것이었다. 이 역시 중국의 강력한 중앙 집권 체제를 본뜬 것이다.

그래도 '짐'은 '황제'다

일련의 왕권 강화책을 통해 자신감을 얻었기 때문일까? 광종은 960년부터 개성을 황도, 서경을 서도라 칭하고 중국 연호 대신 '준풍峻豐'이라는 연호를 사용하기 시작했다. 다시 칭제건원이었다.

밖으로는 중국과 조공—책봉 관계를 맺고 중국 황제로부터 왕으로 책봉 받더라도 안으로는 황제라고 자처한 예는 발해에서도 찾아볼 수 있다. 또 고려는 조선처럼 완전한 유교 국가가 아니었다. 유교를 국가 이념으로 숭배하고 있다면, 중국 황제를 중심으로 한 중화 질서를 당연하게 여길 것이다. 그러나 고려는 불교 국가였기 때문에 중화 질서를 내면화하고 있지 않았다. 고려의 왕은 '해동 천자(동쪽의 황제)', '제불(황제이면서 부처)' 등으로 불리면서 중국 황제에 종속되지 않은 독자적 권력자로 행세했다. 매년 정월에는 개경의 원구단에서 하늘에 제사를 지냈는데, 이러한 제사는 천자만이 지낼 수 있는 것이었다.

그런데 후주의 연호를 쓰다가 다시 독자적 연호를 사용하는 쪽으로 돌아선 것은 무슨 이유에서였을까? 어느 정도 국가 체제가 정비되자 중국에 대한 종속적 관계를 청산하려 했던 것일까? 960년이면 중국에서 후주가 망하고 송이 일어난 해였다.

그해에 후주의 장군이던 조광윤이 황제 자리에 오르면서 세운 왕조가 바로 송이다. 후주와 돈독한 관계를 맺고 있던 고려는 그 후주를 폐하고 들어선 송과 외교 관계를 맺는 데 3년의 시간이 걸렸다. 광종이 용도 폐기된 후주의 연호를 버리고 독자적 연호를 쓴 시기는 바로 이 3년 동안이었다. 963년 송과 국교를 수립한 광종은 그 당시 송의 연호인 '건덕乾德'을 사용하면서 준풍 연호를 폐지하게 된다.*

이후 고려는 중국에서 거란이 강대해지면 거란의 연호를 쓰고, 금이 커지면 금의 연호를 쓰면서 대외 관계의 안정을 꾀했다. 그러나 13세기 말 몽골의 간섭을 받아들이기까지 고려의 지배자들은 형식적인 조공−책봉 관계에

• 광종이 준풍 연호를 쓴 내력에 대해서는 다른 해석도 있다. 송 태조 조광윤의 연호는 건륭建隆이었는데, 이 가운데 '건'은 태조 왕건의 휘諱였고 '융'은 태조 아버지의 휘였다. 당시에는 연호를 쓸 때 선왕들의 휘와 같은 글자는 피하는 것이 관례였다. 그래서 광종은 송 태조의 연호인 건륭을 쓰지 못하고 '준풍'으로 바꿔 썼다는 것이다. 이 해석을 내놓은 사람은 일제 강점기 식민 사학을 주도한 이마니시 류[今西龍]였다. 그러한 해석이 고려 왕조, 나아가 한국사 자체의 주체성을 훼손하는 효과를 낳으리라는 것은 당연한 일이었다.

흔히 광종은 왕권 강화를 위해 힘쓴 왕으로 알려져 있다. 노비안검법과 과거제를 실시하고 관복을 제정하는 등 역사적으로 의미 있고 중요한 업적을 남겼다. 하지만 그에 대한 평가는 '개혁 군주'와 '미친 폭군'으로 크게 엇갈린다. 사실 광종이 시행한 개혁 작업만을 놓고 보면 그는 훌륭한 왕임에 틀림없다. 그런데 그가 왕권 강화를 하는 동안, 과연 고려를 건국할 때 많은 공을 세운 공신들이 그냥 보고만 있었을까? 그들은 광종의 정책에 강하게 반대했고, 그 결과는 처참한 죽음으로 돌아왔다. 어쩌면 이는 광종으로선 고려 왕조의 기틀을 다지기 위해 불가피한 선택이었는지도 모른다. 그는 왕권이 취약했던 혜종과 정종이 비참하게 몰락하는 과정을 모두 지켜본 인물이었다. 이처럼 피도 눈물도 없을 것만 같은 광종도 왕위에서 물러날 무렵에는 자신이 죽인 사람들을 위해 절에서 불공을 드리며 세월을 보냈다고 한다.

도 불구하고 내용적으로는 독자적 '황제 권력'을 잃지 않으려고 애썼다. 묘청, 정지상 등의 서경 천도 세력이 금에 대한 사대에 반대하고 칭제건원을 주장한 것은 바로 이러한 고려의 자주적 전통이 있었기에 가능했다고 볼 수 있다.

왕이면서 신하인 존재

충忠 자 돌림 왕들

|

고려의 24대 원종과 25대 충렬왕은 같은 왕이면서도 지위나 호칭, 예우 등에서 완전히 다른 삶을 살았다. 죽은 뒤 받은 호칭도 원종은 선조들처럼 종宗 자 돌림인 반면, 충렬왕 이후 30대 충정왕까지는 앞에 충忠이 오는 충 자 돌림이었다. 부자지간인 원종과 충렬왕은 과연 얼마나 다른 왕이었을까?

원종, 몽골의 품에 안겨 무신 정권의 숨통을 끊다

문벌귀족이라 불리는 문신 세력의 주도 아래 고급문화를 뽐내던 고려는 1170년 정중부 일파가 일으킨 무신란과 함께 다른 시대를 맞이했다. 무신 권력은 정중부, 경대승, 이의민으로 이어진 끝에 최충헌이 집권하면서 4대에 걸친 최씨 천하로 귀결되었다. 무신 집권자들은 고려 왕조를 폐하고 스스로 왕이 되지는 않았지만, 왕들을 마음대로 갈아치우는 힘을 과시하며 사실상 최고의 권력을 누렸다.

이처럼 권력이 사실상 왕으로부터 무신에게 넘어간 상황에서 고려를 덮친 것이 몽골 제국의 침략이었다. 1231년 몽골의 1차 침입이 시작되자 집권자 최우는 도성을 강화도로 옮기고 장기 항전 태세에 들어갔다. 이후 최씨 정권은 강경한 의지로 대몽 항쟁을 벌여 나갔지만, 30년 가까이 여섯 차례에 걸쳐 계속된 몽골의 침략으로 국토는 유린되고 백성은 이루 말할 수 없는 곤경을 겪어야 했다.

그러던 1258년, 무신 김준이 고려의 최고 권력자 최의를 죽였다. 이로써 대몽 항쟁을 주도하던 최씨 정권이 무너지고, 고려 조정 내에서 몽골과 화친을 맺으려는 움직임이 탄력을 받게 되었다. 몽골 대칸 몽케(재위 1251~1259)도 고려의 왕 대신 태자(훗날의 원종)가 입조하면 침략군을 물릴 수 있다는 신호를 보냈다.

고려 조정은 몽골과 화친하고 개경으로 돌아가야 한다는 세력과 현상을 유지하려는 세력으로 나뉘었다. 고종(재위 1213~1259)을 중심으로 한 궁중 세력이 '화친파'라면 김준을 비롯한 무신 세력은 대몽 항쟁을 계속하려는 '강경파'였다. 살얼음판 같은 정국 속에서도 기나긴 전쟁에 대한 염증 때문에 대세는 조금씩 화친 쪽으로 기울었다.

이듬해 1259년 고려 왕실은 마침내 몽골의 제안을 받아들여 태자를 몽골로 보냈다. 그런데 태자가 중국의 옛 도읍인 경조부(지금의 산시성 시안)를 거쳐 몽골의 수도 카라코룸으로 가던 중 문제가 생겼다. 몽골 대칸인 몽케가 죽은 것이다. 몽골 제국의 대권 계승이 순조롭게 이루어져 후계자가 바로 섰다면 별문제가 없었겠지만, 공교롭게도 다음 대칸 자리를 놓고 몽케의 두 동생 쿠빌라이와 아리크부카가 맞섰다.

태자는 물론이고 몽골 제국의 제후들조차 쿠빌라이와 아리크부카 가운데 누구한테 줄을 서야 할지 몰라 갈팡질팡했다. 그때 태자는 몽골 초원을 장악한 아리크부카보다는 중국에

강화도 고려 궁성 터
고려가 몽골군의 침략에 대항하기 위해 고종 19년(1232)에 강화도로 수도를 옮기고 1234년에 세운 궁궐과 관아건물(복원)이다. 1270년에 고려 조정은 몽골의 요구에 개경으로 환도했다.

서 세력을 떨치고 있던 쿠빌라이를 화친 협상의 파트너로 선택했다. 그리고 발길을 남쪽으로 돌려 때마침 남쪽에서 군사를 이끌고 북상하던 쿠빌라이와 만났다.

태자는 소매가 넓은 자줏빛 비단 도포에 물소 띠를 두르고 상아홀*을 든 채 폐백(임금에게 바치거나 제사 때 신에게 바치는 물건)을 받들고 길가에서 쿠빌라이를 알현했다. 쿠빌라이는 깜짝 놀라면서 흥분을 감추지 않고 말했다.

"고려는 만 리나 되는 나라로, 과거 친히 정벌에 나섰던 당 태종조차도 굴복시키지 못한 나라다. 이제 그 나라의 세자가 스스로 와서 내게 귀부하니 이는 하늘의 뜻이로다."

'당 태종조차도 굴복시키지 못한' 나라는 고구려다. 쿠빌라이는 고구려와 고려를 같은 나라로 여겼으며, 그런 위대한 나라의 태자가 아리크부카 대신 자신을 선택한 것을 '하늘의 뜻'으로 포장하며 적극적으로 이용했다. 덕분에 태자는 쿠빌라이로부터 제국의 제후에 준하는 대접을 받을 수 있었다.

그러던 중 고려에서 고종이 죽었다는 전갈이 왔다. 쿠빌라이는 서둘러 태자를 고려로 돌려보내 왕위를 잇게 했다. 태자가 돌아가던 도중 서경에 오랫동안 머물러 있다는 소식을 듣고는 하루빨리 강화도로 들어가 왕위에 오르라고 재촉하는 편지를 보내기도 했다. 자신에게 입조한 태자가 고려의 왕이 되어야 몽골 내전에서나 고려와의 관계에서나 유리할 것이기 때문이었다.

* 상아홀 '홀'이란 예전에 벼슬아치가 임금을 만날 때에 손에 쥐던 물건을 말한다. 조선 시대의 경우, 1~4품은 코끼리 상아로 만든 상아홀을, 5품 이하는 나무로 만든 목홀을 썼다.

태자가 귀국해 24대 왕(원종, 재위 1260~1274)으로 즉위한 1260년, 쿠빌라이는 아리크부카를 제압하고 몽골 제국의 대권을 장악했다. 몽골과 고려의 전쟁은 사실상 끝나 고려는 몽골의 제후국이 되었다. 그때부터 고려는 몽골의 연호를 쓰기 시작했고, 쿠빌라이는 원종을 번국(제후의 나라)의 신하로 여겨 조서를 통한 원격 통치를 시도했다. 그러나 두 나라의 전쟁이 완전히 종식되고 상하 관계가 안정적으로 작동하려면 한 가지가 더 이행되어야 했다. 고려 조정이 강화도에서 나와 본래의 수도인 개경으로 환도하는 것이었다.

원종이 귀국한 1260년부터 10년 동안 이 문제는 끈질기게 이어졌다. 쿠빌라이는 때로는 강하게 질책하고 압박하면서, 때로는 여유롭게 회유하면서 고려 조정이 강화도에서 나오기를 재촉했다. 그러나 원종은 온갖 핑계를 대며 환도를 차일피일 미뤘다. 그것은 원종의 뜻이 아니라 무신 권력자 김준의 의지였다. 김준은 몽골의 간섭이나 병력 차출에는 협조했다. 그 당시 몽골은 남송*을 정벌하는 데 고려의 군사를 요구하고 있었기 때문에 적지 않은 고려군이 몽골에 파견되었던 것이다. 하지만 김준은 강화도를 떠나지 않으려고 했다. 그곳이 무신 권력의 기반이었기 때문이다.

1268년, 쿠빌라이는 참다못해 김준을 몽골로 소환했다. 김준은 바쁘다는 핑계로 소환에 불응했지만 몽골의 압박은 거셌다. 그런 와중에 내란이 일어

* 남송 중국의 통일 왕조 송의 후반기 (1127~1279)를 이르는 말. 금에 밀려 남쪽으로 내려가 임안으로 천도한 때부터 1279년 원에 망할 때까지를 이른다. 이에 대하여 송의 전반기를 북송이라 한다.

나 김준의 부장이던 임연이 김준을 죽였다. 새로 집권한 임연도 무신이었기에 친몽골로 돌아서지 않았다. 그 역시 강화도성을 사수하고 몽골에 저항하려 했다. 이듬해에는 환도를 서두르는 원종을 왕위에서 끌어내리고 원종의 동생인 안경공 왕창을 허수아비 왕으로 옹립하기까지 했다.

갈등은 극단으로 치달았다. 쿠빌라이는 임연에게 폐위된 원종과 함께 몽골로 들어와 왕을 바꿀 만한 이유를 설명하라고 요구했다. 그러지 않으면 무력으로 응징하겠다는 위협이 이어졌다. 그러자 임연은 어쩔 수 없이 원종에게 왕위를 돌려주었고, 원종은 몽골에 들어가 무신 정권을 제거하기 위한 쿠빌라이의 지원을 요청했다.

1270년, 원종이 몽골군의 호위를 받으며 귀국길에 오르자 극심한 스트레스에 시달리던 임연은 등창이 나서 죽었다. 원종은 강화도에 들어가지 않고 전령을 보내 문무백관에게 즉시 개경으로 돌아올 것을 명령했다. 그러나 임연의 혈기왕성한 아들 임유무는 강화도성에 방어벽을 쌓고 몽골군과 맞서 싸울 태세를 갖추었다. 일촉즉발의 위기는 원종에게 회유된 자들이 임유무를 죽이면서 막을 내렸다. 태자 시절부터 파란만장한 세월을 보낸 원종은 마침내 몽골 제국을 등에 업고 100년 무신 정권의 숨통을 끊을 수 있었다.

충렬왕, 세계 제국의 부마가 되다

25대 충렬왕(재위 1274~1308)은 원종의 아들이다. 원종은 즉위하자마자 그를 세자로 책봉했다. 고려에서 왕위 계승권자를 '세자'로 부른 것은 이때가 처음이었다. 원종만 해도 몽골에 입조할 때 '태자'로 불렸다. 태자와 세자 사이에는 큰 차이가 있다. 태자는 황제가 될 사람을 부르는 말이고, 세자는 황제의 제후인 왕이 될 사람이기 때문이다. 원종 때까지 차기 왕을 태자라 부른 것은 고려의 왕권이 밖으로 송, 요, 금 등에 사대를 하면서도 안으로는 황제 같은 지존의 지위를 추구했다는 사실을 보여 준다. 그러나 원종이 쿠빌라이에게 입조하고 상하 관계를 맺은 뒤로는 더 이상 그럴 수 없었다.

원종은 이처럼 몽골을 상국(섬겨야 할 큰 나라)으로 받드는 데서 한 걸음 더 나아가 왕권을 확실하게 보장받기 위한 방법을 추진했다. 그가 임연에 의해 왕위에서 쫓겨났다가 쿠빌라이의 지원 덕분에 복위한 뒤 몽골을 방문했을 때였다. 당시 세자(충렬왕)는 몽골에 체류 중이었다. 원종은 쿠빌라이에게 파병을 요청하면서 한 가지 중대한 청원을 덧붙였다. 자신의 세자와 황실의 공주를 혼인시키자는 것, 즉 고려 왕실과 몽골 황실이 사돈 관계를 맺자는 것이었다. 쿠빌라이는 파병 요청은 받아들이면서도 통혼은 유보했다.

원종은 포기하지 않았다. 무신 정권을 타도하고 개경으로 환도한 뒤인 1271년에 다시 한 번 통혼을 재촉했다. 원종의 집요

쿠빌라이 칸

한 요청을 마주한 쿠빌라이는 끝내 이를 허락했다. 3년 후 세자는 쿠빌라이의 막내딸인 제국대장공주와 혼인한 뒤 귀국해 왕위에 올랐다. 쿠빌라이는 1271년 국호를 중국식 왕조 이름인 대원大元으로 정했으니, 이제 고려의 왕은 원 황제의 부마가 된 것이다. 이후 고려의 세자가 원 황실에서 황실의 공주와 혼인한 뒤 귀국해 왕이 되는 관행은 계속되었다.

황제의 부마가 되는 것은 세계 제국의 질서 속에서 고려 왕의 지위를 한 단계 격상시키는 계기가 되었다. 원종은 몽골 제국에서 '대왕', '왕'으로 불리던 제후들과 동등한 지위를 누린 반면, 충렬왕은 황제의 사위가 된 덕분에 일반적인 제후보다는 한 단계 더 높은 지위를 누리게 되었다. 원의 제후가 고려에 사신으로 오면, 충렬왕은 황제가 있는 서쪽을 바라보며 앉고 제후는 왕을 바라보고 앉는다. 제후 자신이 황제의 부마인 충렬왕보다 한 등급 아래라는 것을 인정했기 때문이다.

어려서부터 원 황제의 총애와 보호를 한 몸에 받으며 자란 충렬왕은 이러한 지위에 걸맞게 행동했다. 세자 시절인 1272년, 몽골에서 귀국하는 충렬왕은 몸소 몽골식으로 변발을 하고 몽골식 호복을 입고 있었다. 고려 사람들은 그 모습을 보고 충격을 받아 눈물을 흘렸다고 한다. 그러나 충렬왕은 왕위에 오른 뒤에도 그러한 습관을 바꾸지 않았을 뿐 아니라 신하들이 자기처럼 변발을 하지 않는다고 화를 내기도 했다.

이러한 충렬왕의 태도는 원이 강요한 것이 아니다. 원종이 태자 시절 쿠빌라이와 만났을 때 받아 낸 약속 가운데 '불개토풍'이란 조항이 있었다. 고려의 풍습은 바꾸지 않는다는 것이었다. 이 말은 고려의 영토와 주권을 인정해 준다는 뜻 외에도 고려의 의복이나 관습을 몽골식으로 바꾸지 않는다는 뜻을 품고 있었다. 원종도 죽을 때까지 변발이나 몽골식 복식을 하지 않았다. 그러나 충렬왕은 고려의 왕이자 몽골 황실의 일원이라는 의식을 가지고 있었기 때문에 자발적으로 몽골식 풍습을 받아들인 것이다.

원을 중심으로 한 세계 제국 체제에서 고려는 확실히 독보적 지위를 지닌 제후국이었다. 몽골의 침략을 받고 복속한 나라 가운데 고려처럼 영토와 주권을 유지하면서 제후국 노릇을 한 곳은 찾기 어렵다. 이러한 사실은 원의 황제가 1310년에 보낸 조서에서 다음과 같이 인정하고 있다.

"짐이 보건대 지금 천하에 백성과 사직을 소유하고 왕 노릇 하는 것은 오직 고려뿐이다. 우리 선조대로부터 신하로 복속해 온 지 근 백 년에 아버지와 아들이 서로 대를 이어 우리 황실과 장인 사위 관계를 맺고 있으니 우리의 훈척(공을 세운 임금의 친척)은 마땅히 부귀를 누려야 할 것이다."

충렬왕의 묘호는?

1274년 원종이 죽자 문무백관이 모여 순효順孝라는 시호를 올리고 묘호를 원종元宗으로 정했다. 이는 태조 왕건 이래 내원 간섭기에 인기 있던 직업 중 하나는 바로 몽골어 통역관이었다. 대표적인 인물이 그 당시 세자인 충렬왕을 따라 원에 갔던 조인규였다. 조인규는 어릴 적에 국가에서 영민하고 재능 있는 아이를 뽑아 몽골어를 가르친다는 소식을 듣고 선발 시험에 응시했다가 떨어졌다. 하지만 좌절하지 않고 3년 동안 밤낮으로 몽골어 학습에 전념한 끝에 마침내 시험에 합격할 수 있었다. 몽골어 역관으로 충렬왕과 친분을 쌓은 조인규의 일생은 탄탄대로였다. 충렬왕이 즉위하자 그는 장군의 자리에 올랐고, 4년 뒤에는 궁궐에서 중요한 기밀 업무를 맡아보는 '필도치'라는 관리로 임명되기까지 했다. 조인규의 출세 가도는 고려 안에서만 그치지 않았다. 원 세조 쿠빌라이는 그에게 '선무장군'이라는 원의 관직까지 내렸다. 강대국의 언어가 출세의 수단이 되는 것은 어제오늘의 일이 아니다.

려온 관행을 그대로 따른 것이었다. 시호는 죽은 이의 공덕을 기려 바치는 이름이고, 묘호는 왕실의 사당인 태묘(종묘)에 안치할 위패에 붙이는 이름이다. 묘호에는 '조祖'나 '종宗'을 붙이는 것이 전통이다. 고려의 역대 왕은 시조인 왕건만이 '태조'라는 묘호를 받았고, 2대 혜종부터 24대 원종에 이르기까지 모두 '종' 자 돌림의 묘호를 받았다. 시호에는 통상 '대왕'을 붙였으니 원종은 사후에 '순효 대왕'으로도 불렸다.

　그런데 1308년 충렬왕이 죽었을 때는 이러한 관행이 이어지지 않았다. 백관이 모여 시호를 바치지도 않았고, 묘호를 정하지도 않았다. 신하들이 충렬왕에게 시호를 올리자고 건의했을 때, 충렬왕의 아들이자 새 왕인 충선왕은 이렇게 대답했다.

"엄연히 상국이 있으니 나로서는 그저 시호를 요청해야 할 따름이오."

오늘날 우리가 고려의 25대 왕을 충렬왕이라고 부르는 것은 훗날 상국인 원이 '충렬忠烈'이라는 시호를 보내온 데 기인한다. 그뿐 아니라 원은 충렬왕의 할아버지인 고종에게는 '충헌忠憲', 아버지인 원종에게는 '충경忠敬'이라는 시호를 사후에 내려 주었다. 왕들의 시호에 일괄적으로 '충' 자를 붙인 것은 원에 충성을 바치라고 고려의 왕과 신하들에게 종용하는 효과가 있었다. 또 예전처럼 시호에 '대왕'을 붙이지 못하고 그저 '왕'이라고만 부르게 되었다. 나아가 원 황제들에게 사용하는 조종의 묘호는 아예 만들지도 못했다.

이처럼 호칭은 한 단계 격하되었지만 정작 '충' 자 돌림 왕들은 오늘날 우리가 생각하는 것처럼 이를 굴욕으로 여기지만은 않았다. 이미 충렬왕의 예에서 본 것처럼 그들은 오히려 세계 제국의 심장부와 피로써 연결된 자신의 존재를 안정적으로 즐겼다. 호칭은 격하되었지만 세계 속에서 고려의 왕이 갖는 지위는 오히려 격상되었다는 게 당시 그들의 판단이었을 것이다.

이런 점에서 원종이 무신 정권을 물리치고 왕권을 회복하기 위해 몽골 제국에 귀부한 것은 고려 왕실의 입장에서 나쁘지 않은 선택이었다. 만약 몽골 제국과 끝까지 싸웠다면 최악의 경우 고려인이 전멸할 수도 있었다는 점에서, 고려 백성의 입장에서도 최악의 선택은 아니었다. 그러나 고려의 왕과 권문세족은 원의 간섭을 받으며 자기 힘으로 나라를 다스리는 능력과 방법을 잊어버렸고, 고려의 백성은 원의 강요에 따라 엄청난 세금과 노역, 무력을 제공하거나 노예로 끌려가야 했다.

100년 동안 계속된 '충' 자 돌림 왕들의 치세는 개인이나 국가에 왜 '독립'이란 것이 그토록 소중한 가치인지 두고두고 생각하게 해 주는 역사적 경험이 아닐 수 없다.

왕의 독립운동

공민왕

    고려의 31대 공민왕은 앞선 여섯 명의 왕과 달리 '충' 자 돌림 시호를 받지 않았다. 그렇다고 24대 원종까지 받았던 '종' 자 돌림 묘호를 받은 것도 아니다. 그는 고려의 후손과 신하들로부터는 '경효敬孝'라는 시호를, 원이 아닌 명으로부터는 '공민恭愍'이라는 시호를 받았다. 그러한 그를 경효왕이나 경효 대왕이라 부르지 않고 공민왕이라 부르는 것은 옳은 일일까? 파란만장했던 그의 생애를 따라가며 이 물음에 대한 답을 찾아보자.

원의 도움으로 왕위에 올라 원을 배격하다

공민왕(재위 1351~1374)은 태조 왕건과 더불어 가장 널리 알려진 고려의 왕이다. 그는 무엇보다도 100년에 걸쳐 고려의 자주성을 훼손했던 원의 간섭을 물리친 반원 개혁의 기수로 알려져 있다.

왕이란 군주정 체제의 유일한 주권자다. 그런 왕이 또 다른 누군가의 신하가 된다는 것은 대단히 부자연스러운 일이다. 물론 한 나라의 왕이 그 누구의 통제도 받지 않는 절대 주권자가 되어 영토와 민을 한 손에 쥔다는 것이 그 민에게 반드시 좋은 일만은 아니다. 온전한 주권을 손에 쥔 왕이 폭군이라면 민이 겪을 고초는 보지 않아도 눈에 선하다. 고려의 왕을 신하로 삼았던 원의 황제가 선정을 펼치고 왕에 대한 감시를 제대로 한다면, 그것이 고려의 민에게는 오히려 더 좋은 일일 수도 있다. 물론 그런 일이 실제로 일어날 가능성은 거의 없었지만.

어쨌든 우리가 공민왕의 반원 개혁을 제대로 평가하려면 단지 그가 얼마나 자주적이었던가를 살피는 것만으로는 부족하다. 한 걸음 더 나아가 그러한 반원 개혁이 민에게도 더 좋은 일이었던가를 살펴야 한다.

공민왕은 27대 충숙왕의 둘째 아들로 태어났다. 형인 충혜왕이 아버지의 대를 이었으므로 공민왕은 특별한 사정이 없는 한 왕이 될 일이 없는 왕자였다. '강릉대군'으로 불린 공민왕은 열두 살 때 원의 수도인 연경(지금의 베이징)으로 들어가 인질 노릇을 했다. 바이앤티무르[伯顔帖木兒]라는 몽골 이름도 받고, 원 황실의 공주인 노국공주와 혼인도 했다.

그때 공민왕의 눈에 비친 원은 쇠약해 가는 늙은 호랑이였다. 세조 쿠빌라이 이래 반세기 동안 황제가 11명이나 바뀌었고, 황제가 없는 공위空位 상태가 서너 차례나 되풀이되는 혼란기가 이어지고 있었다. 백성은 온갖 부역과 자연재해로 지칠 대로 지치고, 여기저기서 반란이 일어났다. 천자국의 이러한 혼란 상태는 그대로 제후국에도 영향을 미쳐, 고려의 정세는 한 치 앞을 내다볼 수 없는 불안과 혼란에 빠져 있었다. 충렬왕, 충선왕, 충숙왕은 중간에 한 번씩 폐위되었다가 복위하는가 하면, 충혜왕과 충목왕은 왕위에 오른 지 5년도 안 되어 쫓겨났다. 공민왕이 신하들과 원 황실의 지원을 받아 왕위에 오를 기회를 잡은 것도 조카인 충정왕이 너무 어려 혼란스러운 국정을 제대로 살피지 못했기 때문이다. 왕위에서 쫓겨난 충정왕은 강화도로 유배되었다가 1년 만에 독살당했다.

공민왕을 고려 왕으로 책봉한 것은 선왕들과 마찬가지로 원 황제였다. 공민왕 주위에는 원 황실과 연결되어 권세를 누리는 부원배*들이 많았다. 조일신은 연경에서 공민왕을 모시다가 함께 고려로 돌아온 인물로, 그 공을 내세워 권력을 손에 넣고 조정을 좌지우지했다. 기철은 당시 원 혜종(재위 1333~1370)의 제2 황후인 기황후의 오빠로, 누이의 권력을 믿고 왕 앞에서 '신ᾙ'이라 말하지도 않을 만큼 오만불손하게 굴었다. 공민왕은 왕이 되었어도 왕이 아니었다.

공민왕이 제대로 왕 노릇을 하려면 원과 대립각을 세우지 않으면 안 되었다. 그는 그런 모험을 감수했다. 먼저 조일신을 치고 몽골식 변발과 호복을 금지해 버렸다. 기철이 이런 공민왕을 폐위하려는 음모를 꾸미자 선수를 쳐서 기철뿐 아니라 그 일당을 모조리 죽였다. 그리고 원이 자기 땅으로 편입시켰던 함경도 일대의 쌍성총관부를 공격해 고려의 영토로 되돌려 놓았다. 이 모든 일은 공민왕이 즉위한 지 5년 안에 일어났다.

원이 이런 공민왕을 가만히 내버려 둘 리 없었다. 더구나 당시 원 조정은 황제의 총애를 받으며 자기 아들을 황태자로 만든 기황후가 좌지우지하고 있었다. 기황후는 오빠를 죽인 공민왕에게 복수하기 위해 이를 갈았고, 원에는 이 기회를 틈타 득세하려는 고려인이 적지 않았다. 평소 공민왕과 사이가 좋지 않았던 최유도 그중 한 명이었다. 그는 기황후의 속내를 읽고 충선왕의 서자인 덕흥군을 고

* 부원배 고려 시대에 원의 힘을 등에 업어 출세한 이들 가운데, 고려를 배반하거나 고려 왕실을 부정하는 등 고려의 정통성을 손상시키고 자신의 부귀영화만을 꾀한 부류를 일컫는다.

려 왕으로 추천했다. 1363년 원 황실은 그의 뜻을 받아들여 공민왕을 폐하고 덕흥군을 새 왕으로 책봉했다. 이듬해 최유와 덕흥군은 원 군사 1만 명을 이끌고 정권을 인수하기 위해 고려로 떠났다. 그러나 공민왕의 고려는 더 이상 원을 두려워하지 않았다. 이성계가 이끄는 1천 명의 정예군이 원 군대를 거의 전멸시키고, 공민왕은 원으로부터 최유를 넘겨받아 처형했다. 원은 더 이상 공민왕을 건드릴 힘이 없었다. 공민왕은 원의 간섭으로부터 완벽하게 벗어난 것이다.

반원 정책의 진짜 목적은 고려 사회의 개혁

1356년, 공민왕은 궁궐 안에서 잔치를 열어 기철 일당을 초대해 놓고 밀명을 내려 그들을 기습 처단했다. 그 뒤 기철의 아들 기유걸은 수많은 구경꾼 앞에서 공개 처형되었다. 그때 기유걸이 죽는 것을 보고 슬퍼한 사람은 단 한 명도 없었다고 한다. 이것은 기철을 비롯한 부원배들이 얼마나 백성들의 미움을 받고 있었는지 잘 알려 준다.

100년 동안 계속된 원 간섭기는 부원배를 비롯한 일부 권문세족에게만 이익을 안겨주었을 뿐 대다수 고려인에게는 달갑지 않았다. 1259년 태자였던 원종이 몽골과 화친하려고 쿠빌라이를 방문했을 때 백성은 오랜 전쟁에 지쳐 있었다. 무신 정권은 강화도로 피신해 버티기만 할 뿐 내륙에서 몽골군에게 시달리는 백성은 돌보지 않았다. 그렇다고 해서 몽골의 강압에 의해 되찾은 평화가 진정한 평화일 리는 없었다. 고려의 백성은 몽골이 벌이는 송, 일본 등과의 전쟁에 군사로 징발되거나 몽골 제국이 요구하는 공녀로 끌려가야 했다. 고국에 남아 생업에 종사하는 백성도 몽골의 조정과 군대에 바치는 공물을 생산하기 위해 피땀을 흘렸다. 고려 왕의 가장 중요한 임무는 원 황제에게 말을 잘해서 백성의 고초를 조금이라도 덜어 주는 데 있었다.

몽골 제국의 중심 국가인 원과 긴밀한 관계를 맺게 된 것이 일부 고려인에게는 새로운 기회를 열어 주었다. 원 황제의 사위가 된 고려 왕은 세계 제국에서도 손색없는 지위를 누렸고, 왕을 따라 원에 드나들던 귀족들은 고려의 관직과는 비교도 되지 않는 제국의 벼슬을 받아 나라 안팎에서 떵떵거릴 수 있었다. 이제 고려를 지배하는 것은 더 이상 순수한 고려인이 아니라 '변발을 한 고려인'이었다.

권력이 고려 자체에서가 아니라 대도(원의 수도)에서 나왔기 때문에 변발의 고려인은 고려 백성의 처지를 고려하지 않았다. 그들은 닥치는 대로 땅을 사들이고 농민을 노비로 삼았다. '대토지 겸병'이라 불리는 이 현상은 일부 부원배에 그치지 않고 그들과 연결된 고관대작이나 승려에게로 번져 나갔다. 무신 정권 아래에서 싹이 트고 원 간섭기에 번성한 이 권세가들을 '권문세족'이라 하고, 그들이 지방에 소유한 드넓은 경작지를 '농장'이라 한다. 권문세족이 농장을 겸병하는 바람에 수많은 농민이 땅을 잃고 떠돌며 걸식을 하거나 산에 들어가 도적이 되곤 했다.

대토지 겸병의 폐단은 백성의 삶을 궁핍하게 하는 데서 그치지 않았다. 고려에서 노비는 국역을 지지도 않고 세금을 내지도 않았다. 세금을 내고 군대에 가거나 국가가 벌이는 대규모 공사에 나가는 사람들은 농민을 비롯한 일반 백성이었다. 그런데 권문세족은 대토지를 겸병하면서 농민을 노비로 삼아 농장을 경작하게 하는 한편 나라에 내는 세금을 피했다. 그에 따라 권문세족은 나날이 부유해지는데 나라 살림은 갈수록 거덜이 났다.

공민왕이 반원 개혁에 나선 진짜 목적은 백성의 적이자 왕권의 적이었던 부원배를 처단해 부패의 고리를 차단하는 데 있었다. 자신을 폐위하려는 원의 계획을 좌절시킨 공민왕은 개혁의 칼끝을 내정으로 돌렸다. 당시 고려에서 권문세족과 맞설 수 있는 힘을 가진 세력은 없었다. 중소 지주나 자영농 출신으로 과거 시험을 거쳐 벼슬길에 오른 신진 사대부는 아직 세력이 미약했다. 1365년 12월, 공민왕은 특별한 세력 기반이 없는 승려 신돈을 등용해 내정 개혁의 전권을 맡겼다. 신돈은 공민왕의 신임을 바탕으로 신진 사대부를 끌어들여 토지 개혁을 시도하고 중앙 권력에서 권문세족을 배제해 나갔다.

왕의 권력에 대해 책임질 자는 왕뿐이다

공민왕의 반원 개혁은 고려 사회를 되살리기 위한 내정 개혁으로 이어졌다는 점에서 좋은 평가를 받을 수 있다. 그러나 내정 개혁은 반원 개혁만큼 성공적이지 못했다. 무신 정권 시절부터 200년 가까이 세력을 키워 온 권문세족의 뿌리는 깊고 단단했다. 공민왕의 개혁 의지는 그런 무서운 세력을 도려낼 만큼 강하지 않았다. 게다가 신돈에게 개혁의 전권을 맡기기 전 사랑하던 노국공주가 죽자 공민왕은 점차 정치에 흥미를 잃어 갔다.

정치적 혼란기에 왕이 직접 챙기지 않는 개혁이 성공할 수는 없다. 권문세족과 신진 사대부가 대립하는 정가에서는 물론 불교 교단에서조차 확고한 입지가 없었던 신돈은 오로지 개인적 역량으로 개혁을 추진했다. 왕의 전폭적인 신임이 있었으므로 신돈은 마음껏 권력을 휘둘렀다. 그러다 보니 교만해지면서 자기 세력을 형성하고 부를 축적하게 되었다. 신돈의 개혁으로 불안해진 권문세족은 앞 다퉈 신돈의 흠결을 찾아내 탄핵했다.

1371년에 이르러 공민왕도 신돈에게 의심의 눈길을 보내기 시작했다. 그러자 신돈이 먼저 공민왕을 시해하려는 음모를 꾸몄고, 공민왕은 그런 신돈의 음모를 눈치 채고 반격을 가해 그를 수원으로 귀양 보냈다. 공민왕은 일찍이 신돈이 자신에게 맹약한 글을 대사성* 임박에게 들려 신돈에게 보냈다. 그리고 임박을 통해 신돈을 다음과 같이 꾸짖고 그의 목을 베도록 했다.

"네가 일찍이 부녀자와 몰래 정을 통하지 않겠다고 했는데 아이까지 낳았다 하니, 이것이 맹약한 글에 있는 것이냐? 도성 안에 너의 좋은 집이 일곱 군데 있다 하니, 이것도 맹약한 글에 있는 것이냐?"

신돈의 실패는 곧 공민왕의 실패였다. 그는 신돈을 죽인 뒤 더 이상 개혁을 추진할 동력을 잃어버렸다. 노국공주를 잃은 이래 점점 변태적으로 변해 가던 공민왕은 신돈마저 떠나보낸 뒤에는 타락의 늪에 빠졌다. 젊고 잘생긴 청년들을

* 대사성 고려·조선 시대에 둔, 성균관의 으뜸 벼슬. 유학과 문묘(공자를 모신 사당)의 관리에 관한 일을 담당했다.

공민왕과 노국대장공주의 영정

뽑아 궁중 안에 자제위라는 관청을 만들고, 이들과 향락을 벌이는 데 대부분의 시간을 보냈다. 여성과의 잠자리를 좋아하지 않아 후사가 없었던 공민왕은 후계자를 얻기 위해 패륜적인 범죄까지 저질렀다. 자제위 청년들에게 왕비들과 잠자리를 갖게 해 거기서 생긴 아이를 자기 자식으로 위장하려는 계획을 세운 것이다. 왕비들이 죽기로 이를 거부했으나 네 번째 왕비인 익비는 강제로 자제위 소속의 홍륜과 관계해 임신을 했다. 그러자 공민왕은 이 사실을 영원히 감추기 위해 홍륜을 없애려 했다. 이에 홍륜이 환관이던 최만생과 모의해 먼저 공민왕을 시해했다. 1374년의 일이다.

공민왕이 죽자 그가 신돈의 첩 반야와 관계를 맺어 낳았다는 아들 우가 왕위에 올랐다. 그런데 우가 실제로는 신돈의 아들이라는 소문이 파다했다. 당시 원을 몰아내고 중국의 주인이 된 명은 이런 소문을 빌미로 삼아 우를 고려 왕으로 책봉하지 않고 공민왕에게도 시호를 내리지 않았다. 그러다가 거듭된 우왕(재위 1374~1388)의 요청에 따라 11년이나 지난 1385년에 이르러서야 마지못해 '공민'이라는 시호를 내리면서 죽은 공민왕을 이렇게 꾸짖었다.

"고려국왕 왕전(공민왕)이 생전에 정사에 태만하고 그저 안일하게 행동한 결과 자신을 비참한 죽음으로 몰아넣은 이후 천명은 단절되고 세월만 자꾸 흘러갔다. 오호라! 지세가 험준한 것만 믿고 태평하게 지내다가 그런 지경에 이르렀는가?"

명의 이런 태도는 생전에 반원 개혁의 기수였던 공민왕이 새로운 강자인 명과도 썩 우호적인 관계를 맺지 못했다는 것을 알려 준다. 그런데도 오늘날 우리는 명이 내려 준 시호를 사용해 그를 부르고 있다. 명과 사대 관계를 맺은 조선의 영향이다. 그러나 공민왕은 반원 개혁에 나선 덕분에 앞선 여섯 명의 왕과는 달리 고려의 왕과 신하들로부터 시호를 받았다. '인문의무용지명렬경효대왕仁文義武勇智明烈敬孝大王', 줄여서 '경효대왕'이 그것이다. 비록 원 간섭기 이전의 왕들처럼 '종' 자가 붙는 묘호는 아니라도 그에게는 고려인이 바친 시호가 있다. 그런데도 명이 던져 준 마땅치 않은 시호를 사용하는 것은 원 황실에 넘겨줬던 자주성을 되찾으려 노력했던 왕에 대한 예의가 아니지 않을까?

'고려권지국사'와 '조선 국왕' 사이

태조 이성계

태조 이성계가 왕위에 올랐을 때 대외적 호칭은 '고려권지국사'였고, 왕조 이름은 여전히 고려였으며, 도읍 역시 개경이었다. 국호를 조선으로 바꾸고, 도읍을 한양으로 옮긴 뒤의 이성계는 개경에서 권좌에 오르던 때와는 매우 다른 종류의 권력자가 되어 있었다. 명으로부터 왕으로 책봉된 이방원은 더 말할 것도 없다. 이성계로부터 비롯된 조선의 왕은 어떤 존재들이었을까?

최영과 함께 구국의 영웅으로 떠오르다

1세기 이상 유라시아 대륙을 통합하고 동서 교류를 주도했던 몽골 제국은 14세기 후반 들어 급격히 해체의 길을 갔다. 세계 제국의 그늘 아래 있던 여러 민족은 각자의 방식대로 새로운 삶을 살아 나갈 준비를 해야 했다. 제국의 중심부인 원과 밀착되어 있던 고려에도 제국 해체의 물결은 일찌감치 밀려들었다. 공민왕은 그 물결 속에서 새로운 삶의 방식을 모색하는 노력의 선봉이었다.

공민왕은 세계 제국의 중심 국가였던 원의 몰락을 내다보고 홀로서기를 시도했으며, 중원에서 새로 일어난 명에 한 박자 빨리 다가갔다. 고려 내부에 암 덩어리처럼 퍼져 있던 대토지 겸병과 부정부패를 일소하고, 새로운 환경에 적응할 힘을 고려 사회에 불어넣고자 했다.

그러나 공민왕 한 사람이 거대한 시대 조류를 다 읽어 낼 수는 없을 뿐 아니라 그의 대에 시대 조류에 걸맞은 개혁을 모두 이루어 낼 수도 없었다. 안에서는 무신 정권과 원 간섭기에 길들여진 보수 세력(권문세족)이 거세게 저항했고, 밖에서는 몽골 제국이 완전히 영향력을 잃어버린 것도 아니었다. 이러한 안팎의 장애 요인들은 공민왕의 개혁을 꼬이게 만들었다.

공민왕이 만년의 기행을 뒤로하고 숨을 거두었을 때 고려 왕조는 표류하기 시작했다. 공민왕의 뒤를 이은 우왕은 권신 이인임에게 휘둘리며 갈팡질팡했다. 밖으로는 원·명 교체의 큰 흐름을 읽지 못하고 명과 북원* 사이에서 흔들렸고, 안으로는 이인임에게 휘둘려 권문세족을 청산하는 개혁은 엄두도 내지 못했다. 게다가 남쪽에서는 끊임없는 왜구의 침입으로 국가 안보가 밑바닥에서부터 뒤흔들렸다.

이러한 시기에 홍건적과 왜구의 침입을 물리치며 고려 백성의 희망으로 떠오른 두 영웅이 최영(1316~1388)과 이성계(1335~1408)였다. 최영은 개국 공신의 후손일 정도로 뼈대 있는 엘리트 가문 출신이었다. 반면 이성계는 오랫동안 원의 직할령이었던 쌍성총관부**에서 천호***를 지낸 이자춘의 아들로, 변방 출신에다 비주류였다.

이러한 출신이 말해 주듯 최영은 권문세족의 편에 서서 보수적인 노선을 걸었고, 이성계는 고려 사회를 개혁하

* 북원 중국 명 초에, 몽골 지방으로 물러났던 원 때의 잔존 세력이 세운 나라. 명군의 여러 차례에 걸친 공격으로 곧 붕괴했다.

** 쌍성총관부 고려 고종 45년(1258)에 중국 원이 지금의 함경남도 영흥인 화주 이북을 통치하기 위하여 둔 관아. 공민왕 5년(1356)에 고려 군대가 탈환하면서 폐지되었다.

*** 천호 고려 후기 몽골의 영향을 받아 나타난 관직. 만호·백호와 더불어 다스리는 민호의 수에 따라 붙여진 명칭이다.

려는 신진 사대부들과 친분을 맺어 나갔다. 두 사람은 우왕을 쥐락펴락하며 공민왕 개혁의 성과를 파괴하던 이인임을 권좌에서 끌어내리고 고려 조정을 정상화시켰다. 그러나 역사의 흐름에 어떻게 대처할 것인가 하는 점에서 두 사람은 생각이 달랐고, 이는 곧 현실로 나타나게 된다.

위화도에서 대군을 돌려 고려의 숨통을 조이다

이인임을 경산부(지금의 경상북도 성주)에 유배 보내고 최영과 이성계가 고려의 두 기둥으로 우뚝 선 1388년의 일이었다. 명에 사신으로 갔던 설장수*가 청천벽력과도 같은 홍무제의 명령을 전했다.

"철령 이북 지역은 애당초 원에 속했으니 함께 요동으로 귀속시키도록 하라."

일찍이 공민왕은 중국을 차지한 명에 대해 친화적인 태도를 취했다. 원의 연호를 버리고 명의 연호를 썼으며, 원 대신 명에 조공을 바쳤다. 그러나 명은 고려가 원과 손을 잡고 뒤통수를 칠 수도 있다고 여겨 끊임없는 경계의 시선을 보냈다. 고려 안에서도 여전히 명보다는 원과 친하게 지내려는 친원파가 세력을 형성하고 있었다. 특히 최영을 비롯한 보수적인 권문세족들이 그러했다. 반면에 이성계를

* 설장수 고려 말기와 조선 초기의 문신으로 위구르족 출신의 귀화인이다. 중국어와 몽골어에 모두 능통해 중국과의 외교와 사역원의 교육을 체계화하는 데 크게 기여했다.

지지하는 신진 사대부는 명과 좋은 관계를 맺고 싶어 했다.

명이 철령 이북을 내놓으라고 요구한 것은 친원파에게 울고 싶은데 뺨 때려 준 격이었다. 철령은 개경에서 얼마 떨어지지 않은 땅이고, 공민왕이 반원 개혁의 기치를 내걸고 되찾은 땅이었다. 그런 땅을 명이 욕심내는 것은 친명파가 보기에도 지나친 행위였다.

명이 철령위*를 설치하기 위해 사신을 파견했다는 소식이 들리자 우왕과 친원파는 기다렸다는 듯이 강경한 대책을 내놓았다. 그들이 택한 방법은 요동 정벌, 즉 명과 전쟁을 벌이는 것이었다. 이에 대해 이성계는 저 유명한 '4불가론'을 제시하며 요동 정벌에 극력 반대했다.

"첫째, 작은 나라가 큰 나라를 치는 것은 안 될 일입니다. 둘째, 여름철에 군사를 동원해서는 안 됩니다. 셋째, 온 나라의 군사들이 원정에 나서면 왜적이 허점을 노려 쳐들어올 것입니다. 넷째, 장마철이라 활을 붙여 놓은 아교가 녹고 대군이 전염병에 걸릴 것입니다."

그러나 우왕은 이성계의 조언을 받아들이지 않았다. 최영을 최고 사령관으로 하고 이성계와 조민수를 좌우 도통사로 삼아 서경(평양)에 진을 쳤다. 전쟁 준비로 온 나라가 요동쳤다. 우왕은 자신의 신변을 보호해 줄 사람이 필요하다며 최영을 서경에 머물도록 하고, 이성계와 조민수에게 4만 군사를 이끌고 압록강을 건너라고 명령했다.

* 철령위 철령의 위치에 관해서는 논란이 있다. 지금의 강원도 원산 부근의 고개라는 것이 학계의 정설이지만, 요동 지역에 있었다는 설도 있다.

때마침 비가 퍼부어 압록강의 물살이 거세지면서, 뗏목을 타고 강을 건너던 군사 수백 명이 죽었다. 이성계는 회군을 요청했으나 우왕과 최영은 듣지 않았다. 빗속에 군량미를 잃고 굶어 죽는 군사가 속출하자, 이성계는 마침내 우왕의 명령을 어기고 회군을 결정했다. 위화도에 주둔하고 있던 4만 대군은 이성계의 명령에 따라 일제히 평양을 향해 남하하기 시작했다. 반란이었다.

최영은 평양에 남겨 두었던 군사를 수습해 개경으로 내려가 일전을 준비했다. 그러나 제아무리 최영이라도 이성계가 이끄는 4만 대군을 당해 낼 수는 없었다. 최영은 몇 차례 전투에서 승리를 거두었지만, 끝내 대군을 당해 내지 못하고 팔각전(고려 후기 개성의 궁전에 있던 전각의 하나)에 포위되었다가 잡히는 신세가 되었다. 존경하는 선배 장군을 귀양 보내면서 이성계는 정중히 말했다.

"이번 사태는 제 뜻이 아닙니다. 대의에 거역하는 요동 정벌로 고통을 겪은 백성의 원한이 하늘에 사무쳐서 부득이 일을 일으켰습니다. 부디 잘 가십시오."

이때 최영은 언젠가 이인임이 "이성계가 필시 나라의 주인이 될 것이오."라고 했던 말을 떠올리며 탄식했다고 한다. 그러나 때는 늦었다. 고려 곳곳에 "목자(木子, 이성계의 성인 '李'를 풀어 쓴 글자)가 나라를 얻는다."라는 노래가 퍼져 나갔다. 천하의 최영이라 해도 막을 수 없는 역사의 물결이 도도하게 밀려오고 있었던 것이다. 그해 12월, 최영은 유배지에서 목숨을 잃었다.

전혀 다른 왕으로 등극하다

이성계는 위화도 회군으로 권력을 손에 넣었지만 바로 왕이
되지는 않았다. 만약 그랬다면 기껏해야 성공한 반역자, 왕위
찬탈자에 불과했을 것이다. 그는 고려의 왕통을 인정하고 보호
하는 태도를 보였다. 우왕은 퇴진시켰지만 그의 아들인 창왕(재
위 1388~1389)에게 왕위를 계승하게 했다. 그런 모습은 200여
년 전 문관들을 죽이고 권력을 손에 넣은 정중부와 비슷한 점
도 있었다. 정중부도 무신이고 이성계도 무신이었으니까.

하지만 정중부의 주변에는 권력에 굶주린 무신들뿐이었으나
이성계의 뒤에는 새로운 세상을 열고 싶은 세련된 사대부들이
있었다. 정중부와 그의 뒤를 이은 무신 권력자들은 도방이니
정방이니 하는 자신들만의 권력 기구를 두고 국가의 대사를
농단했지만, 이성계는 사대부들과 손잡고 개혁에 대한 그들의
열망을 적극 수용했다. 이성계가 왕위에 오르지 않았다 하더라
도 고려는 이전과는 다른 사회가 되었을 것이다. 그것은 공민
왕이 시작했지만 공민왕 자신도 미처 내다보지 못한 사회였을
것이다.

결국 조선으로 현실화된 그 사회는 어떤 사회였을까? 그것은
농업에 바탕을 두고 12세기 송에서 일어난 성리학을 지도 원
리로 신봉하는 사회였다. 세계 제국과 밀접한 관계를 맺고 대
외 교류와 상업을 중시하며 다양성을 존중하던 이전의 고려와
는 분명 다른 사회였다. 그러한 사회를 건설하기 위해 신진 사

태조 어진

대부는 권문세족의 대토지를 환수해 농민에게 고루 나눠 주려 했고, 불교를 중심으로 다양한 사상과 문화가 공존하던 고려 사회를 성리학에 입각한 유교 사회로 바꾸려 했다.

이성계는 권력을 추구하는 데 신진 사대부의 지지를 활용했고, 신진 사대부는 자신들이 원하는 개혁을 달성하기 위한 지렛대로 이성계를 활용했다. 그들 중에는 이성계의 힘을 빌려 권문세족의 힘을 누르고 고려 사회를 개혁하는 데서 그치려는 이도 있었고, 이성계를 권좌에 올려 새 왕조를 세우려는 이도 있었다. 전자의 대표인 정몽주(1337~1392)와 후자의 대표인 정도전(1342~1398)은 뜻이 맞는 선후배였다. 그들은 비록 정치적으로 다른 노선을 택했지만 지향하는 사회는 큰 틀에서 같았다.

1389년 우왕과 창왕이 정치적 음모에 말려 죽임을 당하고 공양왕(재위 1389~1392)이 왕위에 오르자, 신진 사대부들은 정몽주 세력과 정도전 세력으로 갈려 최후의 대결을 벌였다. 3년 뒤 정몽주가 이성계 세력을 제거하려다 역습을 당해 선죽교에서 살해당하면서 이 대결의 승부는 갈렸다.

1392년 7월, 이성계는 신하들의 추대를 받는 형식으로 공양왕으로부터 양위를 받았다. 이때 이성계는 명에 대해 '고려권지국사'라는 칭호를 사용했다. '권'은 '임시'를 뜻하고 '지'는 '맡는다'는 뜻이다. 그해 말, 명은 이성계가 역성혁명을 일으켰으니 나라 이름을 바꿔야 하지 않느냐고 채근했고, 이성계는 바로 사신을 보내 '조선'과 '화령(이성계의 고향)' 가운데 하나로 정

⫶ 절친에서 적으로 – 정몽주와 정도전 ⫶

정몽주와 정도전은 성리학의 대가인 목은 이색에게 가르침을 받은 인연으로, 다섯 살이라는 적지 않은 나이 차이에도 친구가 되었다. 그들은 공민왕이 펼친 반원 자주 개혁에 동조해 국정에 적극 참여했다. 하지만 개혁의 방법과 속도를 놓고 의견이 엇갈리면서 두 사람의 사이는 차츰 벌어지기 시작했다. 그러다 정도전이 주도한 급진파 사대부들이 스승인 이색마저 몰아내자, 정몽주는 결국 정도전에 정면으로 대응하게 된다. 둘의 대립은 정몽주의 탄핵으로 정도전이 투옥되면서 정몽주 쪽의 승리로 끝나는 듯 보였다. 그러나 군사력이 없었던 정몽주는 이성계 일파를 제거할 수 없었고, 결국 이성계의 다섯째 아들인 이방원의 부하들에게 선죽교에서 살해당하고 말았다. 한편 정도전은 이성계와 더불어 조선 왕조를 세웠지만, 아버지의 뒤를 이어 왕이 되고자 했던 이방원과 갈등을 벌이다 그의 세력에 의해 무참히 살해되었다.

해 줄 것을 홍무제에게 청원했다. 이때 홍무제가 '조선'을 택함으로써 한국사상 마지막 왕조의 이름이 결정되었다.

이처럼 국호를 바꾼 뒤에도 명은 명시적으로 이성계를 조선 국왕에 책봉하지 않았다. 이성계는 외교 문서에서 여전히 '고려권지국사'라는 칭호를 사용했는데, 명은 도리어 이미 국호를 바꾼 마당에 '조선 국왕'이라 하지 않는 저의가 무엇이냐고 힐문하기까지 했다. 일국의 왕이 되고도 이러지도 저러지도 못하는 이성계의 모습이 안타까움을 자아내기까지 한다.

결국 이성계는 죽을 때까지 명의 책봉을 받지 못했다. 명 황제의 고명(중국 황제가 제후국의 국왕을 인준하는 문서)과 금인(황제가 하사하는 도장)을 받은 것은 3대 태종(재위 1400~1418)이 처음이었다. 이처럼 명과 공식적인 조공–책봉 관계를 맺기까지 우여곡절을 겪으면서 이성계와 그의 후손들은 이전의 어떤 왕과도 다른 존재가 되어 갔다. 삼국 시대, 남북국 시대, 고려 시대에도 중화 질서에 편입되어 중국에 조공을 바치고 제후의 작위를 받은 왕은 많았다. 그러나 중화 질서를 내면적으로 받아들인 왕은 사실상 이성계가 처음이 아닐까? 조선이야말로 처음으로 중화 질서의 이데올로기인 유학을 국가와 사회의 유일 지도 이념으로 내면화한 왕조였기 때문이다.

몽골 제국의 해체 이래 여러 민족이 새로운 삶을 시작하는 가운데, 이성계가 새로운 유형의 군주로 탄생하는 것과 더불어 이 나라의 새로운 삶도 결정되었다. 그것은 적극적으로 중화 문명을 습득해 중화 질서 속의 우등생이 되는 것을 목표로 하는 삶이었다. 500여 년 뒤 일제의 침략으로 인해 그 삶이 파괴되기 전까지 조선의 왕과 사대부들은 한 번도 그 목표를 포기하지 않았다.

'성군'의 역사학

대왕 세종

한국인에게 세종은 역사를 초월해 존경받는 인물이다. 그는 조선 시대의 군주였으나 현대 한국인에게 자부심의 근거가 되는 수많은 업적을 남겼다. 세종은 조선 시대의 사대부들에게는 오히려 최고의 군주가 아니었으나, 현대 한국에 들어와 그 누구도 감히 비교될 수 없는 '성군'의 반열에 올랐다. 문제는 세종도 조선 시대의 다른 왕과 마찬가지로 세습 전제 군주였고 천자의 제후였다는 사실이다. 그런 역사적 조건에서 어떻게 현대 한국인도 우러러 마지않는 성군이 탄생했을까? 이 의문을 풀기 위해서는 불편하더라도 600년 전의 역사 속으로 들어갈 수밖에 없다.

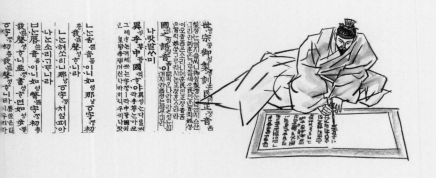

'제후' 세종과 '대왕' 세종

세종은 1397년(태조 6)에 태어나 22세 되던 1418년 조선의 4대 왕으로 즉위했고, 54세 때인 1450년 세상을 떠났다. 조선 역사상 가장 위대한 군주로 꼽히는 그의 업적은 이루 헤아릴 수조차 없을 정도로 많다. 백성을 괴롭히던 남쪽의 왜구와 북쪽의 여진족을 정벌하고 변경을 안정시켰다. 경제 분야에서는 농민을 괴롭히던 불합리한 전세(논밭에 부과되는 조세) 제도를 개혁해 농지의 비옥함과 한 해의 풍흉 정도에 따라 세금을 차등 있게 걷는 공법*을 실시했다. 이것은 이후 수백 년 동안의 조세 제도를 규정짓는 중요한 제도 개혁이었다. 이러한 개혁을 실시하기에 앞서 세종은 농업 생산력을 높이기 위해 농업 현장에서 이루어지던 농법을 망라해《농사직설》을 펴내기도 했다.

• 공법 1444년(세종 26)에 실시한 토지 세금 제도. 종래의 답험 손실법의 폐해를 바로잡고자 전국 각 도의 토지를 질에 따라 나누고, 모두 27종의 토지 등급에 따라 각각 다른 세율을 적용해 조세를 거두어들였다.

세종은 이처럼 정치 외교, 군사, 경제 등 많은 분야에서 두드러진 업적을 세웠지만, 무엇보다 문화 분야에서 인상적인 발자취를 남겼다. 중국의 역법을 받아쓰기에 급급하던 처지에서 벗어나, 직접 천문 관측기구를 만들어 조선의 하늘을 관측하고 조선의 역법을 만들었다. 또한 이 과정에서 자동 시보(표준 시간을 알리는 일) 물시계인 자격루를 비롯한 각종 시계와 세계 최초의 측우기를 만들어 백성과 하늘을 이어 주는 군주의 역할을 다했다. 유교 경전과 역사책을 널리 보급하고자 인쇄술 개량에도 힘써 세종 때의 인쇄 속도는 이전보다 10배 이상 향상되었다. 유교 국가의 근간이 되는 예악(예법과 음악을 아울러 이르는 말)을 정비하는 데도 관심을 가져 《삼강행실도》*를 펴내고, 송에서 정비된 아악을 궁중 음악의 표준으로 삼는 한편 민간 음악도 향악으로 정리했다.

뭐니 뭐니 해도 세종이 현대 한국인에게 의미 있는 것은 한글 창제라는 업적이 있기 때문이다. 한글은 인류 사회가 보유한 주요 문자 가운데 비교적 최근에 만들어진 것으로 과학적인 제자 원리와 자모 구성으로 인해 우수한 문자로 손꼽힌다. 세종은 한문을 이해하지 못하는 백성들에게 중국으로부터 비롯된 유교 문명의 혜택을 더 많이 주기 위해 한글을 만들었다. 이러한 세종의 의도를 넘어 한글은 한국인이 현대 세계에서 주체성과 독자적인 문화를 가진 민족으로 우뚝 서는 데 큰 기여를 했다. 그 덕분에 오늘날 세종은 독자성을 자랑

* 《삼강행실도》 우리나라와 중국의 서적에서 군신, 부자, 부부간에 모범이 될 충신, 효자, 열녀들을 각각 35명씩 뽑아 그 행적을 그림과 글로 칭송한 책이다.

하는 한국인의 민족적 영웅으로 시대를 넘어 뜨거운 사랑을 받고 있다.

그러나 세종 자신은 중국의 문화를 뜻하는 중화로부터 벗어난 독자적인 조선 문화를 꿈꾸었던 적이 없었다. 그가 이룩한 문화적 업적들은 할아버지 태조, 아버지 태종의 뒤를 이어 조선을 제대로 된 유교 국가로 만들겠다는 의지의 산물이었다. 그러니까 중국에 사대의 예를 다하던 조선에서, 세종만이 사막의 오아시스처럼 홀로 자주적인 조선을 일으켜 세우려 한 것은 아니라는 말이다. 역사에서 그런 일은 있을 수 없다.

그렇다면 도대체 중화에 더욱 충실하기 위해 문화적 업적을 쌓은 '제후' 세종과 현대 한국인의 민족적 영웅인 '대왕' 세종이라는 양면적 특성은 어디에서 비롯된 것일까? 혹시 현대 한국인이 세종을 잘못 이해하고 있는 것은 아닐까? 이 문제를 이해하기 위해서는 그의 시대와 문화적 업적을 좀 더 자세히 들여다볼 필요가 있다.

조선의 특색을 가진 중화를 위하여

세종은 천문, 예악, 문자 등에서 괄목할 만한 업적을 쌓는 동안 늘 중국과는 다른 조선을 염두에 두었다. 중국에서 관측하는 천체의 움직임과 서울에서 관측하는 천체의 움직임은 다를 수밖에 없었다. 그러나 조선은 제후국으로서 중국이 주는 역법에 의해 천체의 운행을 예상하고 그에 따라 움직여야 했다. 그러다 보니 중국과 조선 사이의 시차만큼 천체 현상을 예측하는 데 차이가 생기곤 했다. 일식 예보에 1각(15분)의 착오가 생기는 바람에 담당 관리가 벌을 받은 일도 있었다.

세종은 이런 상황을 방치한 채 중국이 주는 역법에만 만족할 사람이 아니었다. 그는 신하들에게 중국의 수시력을 면밀히 연구해 거기에 담긴 계산법을 터득하라는 명령을 내렸다. 그리고 간의, 규표, 일성정시의* 등 천문 관측기구를 만들고 서울의 시점에서 하늘을 살폈다. 그렇게 얻은 데이터를 가지고 천문 담당 관리들이 터득한 계산법에 따라 만들어 낸 조선의 역법이 '칠정산**이다. 천자의 나라인 중국은 조선과 같은 제후국에 계산의 결과에 따른 역법만 내려 주곤 했는데, 세종과 신하들은 스스로 계산법을 터득해 조선만의 역법을 완성한 것이다.

그렇다고 해서 세종이 중국에 대한 사대를 거부하고 독자적인 천문 관측 체제와 역법을 가진 천자의 나라를 만들려 했던 것은 아니다. 당대의 보편 문화로 여겨졌던 중화를 조선의 처지에서 더욱 능동적으로 받아들여 조선에서 중화를 제대로 구현하려 했다. 그러니까 중화를 거부하고 중화와 다른 문화를 추구한 것이 아니라, 중화에 더욱 충실하고자 조선에 맞는 천문 체계를 추구했던 것이다.

한글 창제도 천문 역법의 사례와 크

* 간의, 규표, 일성정시의 '간의'란 천체의 운행과 현상을 관측하던 기구이며, '규표'는 방위·절기·시각을 측정하던 천문 관측기구이고, '일성정시의'는 밤낮으로 시각을 잴 수 있도록 만든 시계를 가리킨다.

** 칠정산 우리 실정에 맞게 만든 역법으로, 칠정이란 해와 달, 수성, 화성, 목성, 토성, 금성을 가리킨다. 이는 천체의 운항을 정사에 비유한 것이다.

▲ **세종대왕** 서울 광화문 앞 광장에 세워진 세종대왕 동상. 세종대왕은 우리나라 역사상 가장 뛰어난 업적을 남긴 왕으로 꼽힌다.

▲ **천상열차분야지도** 조선 태조 때 1,464개의 별자리와 적도·황도 등을 돌판에 새긴 것이다. 세종 때 뒷면에 다시 새겼다.

◀ **측우기** 세종 때 만들어진 것으로 강우량을 측정하는 기구이다.

게 다르지 않다. 조선은 명과 똑같이 성리학을 국가의 기본 이념으로 선택한 나라였고, 세종도 성리학에 충실한 군주였다. 성리학이 조선에서 뿌리내리도록 하기 위해 《삼강행실도》를 펴내고 《주자가례》*에 따른 예법도 강조했다. 혼인하면 신랑이 신부 집에 가서 사는 것이 일반적이었던 전통 풍습을 《주자가례》에 맞게 바꾸려고 중국식 친영(신랑이 신부를 맞아들여 자기 집에서 사는 것)을 권장하기도 했다.

그런 세종이 성리학에 기반한 유교 문명을 거부하고 독자적인 문명을 세우기 위해 한글을 창제했을 리는 만무하다. 그는 정반대로 조선을 더욱 유교적인 국가로 만들기 위해 한글을 창제하고자 했다.

천문 역법에서도 나타났듯이 그의 고민은 조선이 중국과 다른 나라라는 데 있었다. 중국에서 시작된 유교 문명을 중국과 풍토, 관습, 언어 등이 다른 조선에서 활짝 꽃피우려면 당연히 여러 가지 어려움이 뒤따랐다. 그중 하나가 언어의 차이였다. 어려서부터 한문 공부를 많이 해 유교 경전을 줄줄 읽는 사대부들은 문제가 없지만, 일반 백성을 유교적으로 교화하는 것은 쉬운 일이 아니었다. 한문 문서로 운영되는 국가의 각종 제도에 백성들을 끌어들이기도 어려웠다. 그래서 삼국 시대부터 이두처럼 한자를 빌려 우리말을 표현하기 위한 방법이 개발되어 왔다. 세종은 아예 한자를 빌리지 않고 우리말을 표현할 수 있는 새로운 문자를 만들겠다고 결심했고, 이를 실

• 주자가례 송대의 성리학자인 주자가 가정에서 지켜야 할 예의범절에 대해 저술한 책으로, 관혼상제에 관한 내용이 자세히 수록되어 있다.

천에 옮겼다. 그렇게 탄생한 한글은 일반 백성도 쉽게 유교 문화에 접할 수 있게 해 줄 뿐 아니라, 사대부들이 한문을 읽을 때도 좀 더 정확하게 뜻을 새길 수 있도록 도와주었다.

세종이 그저 충실한 중화 제국의 제후로 만족하려 했다면 굳이 조선의 특수성을 감안한 역법 창안, 한글 창제 따위를 고민할 필요가 없었을 것이다. 오늘날 미국이나 유럽에서 유학하고 돌아온 석학들이 한글의 매개 없이 세계적인 학문적 성과들을 원어로 읽어 치우는 것처럼 세종도 당대 최첨단의 중국 서적들을 아무 어려움 없이 읽어 낼 수 있었다. 그러나 그는 이와 같은 수동적인 수용에 만족하지 않고 조선 사람의 입장에서 능동적으로 최고 수준의 문화를 재창조하려고 했다. 세종의 뜻에 따라 조선이 수시력의 계산법을 터득한 것은 수시력이 반포된 지 150년 만의 일이었다. 조선이 스스로의 힘으로 최첨단의 세계적인 문화 수준에 오르기까지 걸린 시간이 150년이라는 뜻이다. 그것도 세종이 아니었다면 얼마나 더 걸렸을지 모르는 일이다.

민주주의 시대의 '세종'을 기다리며

세종이 세계 최고의 보편 문화라고 여겼던 중화가 오늘날 서구에서 비롯된 과학 기술 중심의 현대 문화에 해당한다고 생각해 보자. 현대 한국인 중에 세종과 그의 신하들처럼 그러한 현대 문화의 핵심에 도달하고 이를 주체적으로 재창조할 준비에 이른 사람들이 얼마나 있을까? 21세기 전반의 한국 사회가 15세기 중반의 조선 사회 이상으로 보편적인 세계 문명의 중심에 다가서 있다고 자신 있게 말할 수 있을까?

이런 문제의식에서 보았을 때 확실히 세종은 탁월한 지도자이자 지식인이었다. 그는 단지 한국인에게 자신의 문자를 안겨준 것뿐 아니라 조선 문화를 당대 보편 문화의 수준으로 끌어올리고자 노력하고 실제로 일정한 성취를 이룩했다. 현대 한국에서 민주적인 방식으로 선출된 각급 지도자들 중에도 세종 같은 식견과 능력을 가진 사람을 찾기는 결코 쉽지 않다.

여기서 두 가지 문제점이 떠오른다. 우선 세종이 위대한 군주이기는 했으나 그도 다른 왕들처럼 역사적 한계를 안고 있었다. 그는 만약 민주국가의 지도자였다면 야당 정치인과 비판적 지식인들로부터 독단이니 불통이니 하는 비난을 수도 없이 받았을 것이다. 또한 세종은 유교적 원리에 입각한 세습이 국가를 위해 최선이라고 생각한 봉건 군주였다. 그래서 자신의 아들 가운데 능력도 있고 야심도 큰 둘째 아들 수양대군을 주저앉히고, 병약한 장남 문종(재위 1450~1452)을 후계자로 임명했다. 이 선택이 결국은 조선 왕조를 피로 물들인 계유정난(1453)을 낳았다고 해도 틀린 말이 아니다.

따라서 세종이 조선 시대의 군주로서 이룩한 업적을 찬양하는 것과는 별도로 현대 사회에서 그의 리더십을 거론할 때는 매우 신중해야 한다. 청와대에서 내려다보이는 곳에 세종의 동

Ⅲ 독서의 나의 힘 - 독서왕 세종 Ⅲ

태종은 세종을 왕세자로 책봉한 두 달 뒤, 왕위를 물려주고 상왕의 자리로 물러났다. 갑작스레 왕의 자리에 오른 세종은 준비가 부족한 탓에 늘 태종에게 의견을 물어 일을 처리해야 했다. 하지만 4년 뒤 태종이 서거하자, 그는 자신의 능력을 맘껏 펼치기 시작했다. 정치, 외교, 경제, 문화, 과학 등 많은 분야에서 큰 업적을 쌓으며 나라를 훌륭하게 이끌어 갔다. 이렇듯 세종이 훌륭한 업적을 남긴 데에는 '독서'가 큰 힘이 되었다. 세종은 어렸을 때부터 무척 많은 책을 읽었다. 태종이 "충녕은 천성이 총명하고 민첩하며, 자못 학문을 좋아해 몹시 추운 때나 더운 때도 밤새 독서하므로, 나는 그가 병이 날까 두려워 야간 독서를 금지했으나 나의 큰 책은 모두 청하여 가져갔다."라고 말할 정도였다. 특히 경서는 같은 책을 100번씩이나 읽고, 다른 책들은 반드시 30번씩은 읽었다고 한다. 지도자의 꿈을 꾸는 사람들은 반드시 마음에 새겨야 할 일화가 아닐 수 없다.

상을 세워 놓은 것은 한글을 창제한 업적을 기리자는 것이지 청와대의 주인이 그의 '군주적' 리더십을 따라 배우라는 의미일 수는 없다. 군주의 리더십과 민주적 지도자의 리더십은 그 문법부터가 완전히 다를 수밖에 없기 때문이다.

또 한 가지 생각해 볼 점은 세종이 왕위 계승권자가 아니었는데 천재일우의 계기를 만나 왕이 되었다는 것이다. 그가 평생 왕의 동생으로 살았어도 한글 창제, 천문 역법 개정 등의 업적이 실현되었을 것이라고는 장담할 수 없다. 이것을 거꾸로 보면 얼마나 많은 왕조 시대의 '세종'들이 타고난 능력을 발휘하지 못하고 사라져 갔을까 하는 상념을 불러일으킨다. 수천 년 역사에서 최고 지도자가 되어 마땅한 자질을 갖고도 이름 없이 살다 간 사람들은 강가의 자갈보다 더 많을 것이다.

그렇다면 오늘날 우리는 가장 적합한 지도자를 발탁해 내는 시스템을 갖추고 있는 것일까? 민주주의 선거 제도는 국민의 총의에 의해 지도자를 선출하는 시스템이기 때문에 세습 체제에 비해 근본적으로 우월한 것은 분명하다. 그러나 종종 언론, 방송, 소셜미디어 등이 여론을 흔들어 대면서 국민이 공정한 판단의 기회를 놓치곤 하는 것도 사실이다. 또 더 많은 사람의 이익을 대변하면서도 선거 자금, 조직 따위의 벽에 가로막혀 꿈을 이루지 못하는 정치 지망생들도 많았다.

이런 문제를 생각해 보면 민주주의도 하늘에서 뚝 떨어지는 것이 아니라 역사적으로 형성되어 가는 것이라고 말할 수 있다. 투명한 정보 공개와 열린 토론 문화의 확립, 정치 활동에 대한 사회 경제적 제약의 철폐 등 보완되어야 할 점이 한두 가지가 아니다. 이런 문제들을 해결하며 민주주의 제도를 완성해 나갈 때 우리가 반드시 염두에 둬야 할 점은 무엇일까? 단 한 명의 '세종'도 놓치지 않겠다는 마음가짐이 아닐까?

'왕이 된 가장'의 저주

세조

태조 이성계처럼 본래 한 가문을 이끌던 가장이 왕이 되어 대대로 나라의 대통을 이어나가게 되는 것을 '화가위국化家爲國'이라 한다. 이것은 혈통에 따른 세습을 기초로 하는 왕권의 본질을 알려주는 말이기도 하다. 일개 대군으로 살아갈 운명이던 세조가 조카를 몰아내고 왕이 된 것도 역시 화가위국으로 일컬어진다. 형인 문종의 핏줄로 이어지도록 설계되었던 왕통은 이제 세조의 혈통으로 바뀌었다. 그러나 이후 세종의 증손자인 연산군에 이르기까지 세조 가문에 일어난, 고대 그리스 비극을 연상시키는 잔혹극은 화가위국이 어떤 저주를 품고 있는지 잘 보여 주는 극적인 사례였다.

정순왕후의 한 맺힌 울음

　1457년(세조 3) 초겨울, 서울 낙산 부근의 동쪽을 바라보고 봉긋이 솟아 있는 동망봉에서 열여덟 어린 처자가 구슬피 울고 있었다. 가슴을 후벼 파는 애끓는 울음소리에 인근 지역의 여인들도 덩달아 울었다.

　그 여인은 2년 전까지만 해도 일국을 호령하던 임금의 부인, 곧 한 나라의 국모였던 사람이다. 그러나 그녀의 남편은 임금 자리를 내놓고 상왕으로 물러났다. 그리고 역모에 휘말려 노산 군으로 강등되더니 200킬로미터나 떨어진 강원도 영월로 유배를 떠났다. 여인도 왕비에서 부인으로 강등되어 동망봉 아래에 있는 정업원이라는 절에 들어갔다. 왕의 여인이 궁중에서 쫓겨나면 절에 들어가 평생을 비구니처럼 사는 것이 당대의 법도였기 때문이다.

　그런데 여인은 오늘 하늘이 무너지는 비보를 들었다. 남편을 왕위에서 끌어내린 자들은 그를 영월로 쫓아 보낸 것도 모자라 목숨까지 빼앗아 버렸다. 여인보다 한 살 아래인 열일곱 꽃다운 나이의 소년이 좌불안석의 나날을 보내다 억울하게 간 것이다.

여인은 유배지로 떠나는 남편과 청계천(당시 이름은 '개천')의 영도교에서 생이별할 때 꼭 다시 만날 것을 다짐하던 기억을 소중히 간직하고 있었다. 그러나 그 다리는 결국 '영영 돌아올 수 없는 길을 가기 위해 건넌 다리'요, '영영 이별'하고 만 슬픔의 다리가 되고 말았다. 여인은 눈에 핏발이 선 채 식음을 전폐하고 울었다. 울고 또 울었다.

여인에게서 왕비의 지위와 남편을 한꺼번에 빼앗아 간 사람은 다른 어느 누구도 아닌 남편의 작은아버지, 즉 그녀의 시삼촌이었다. 남편이 선왕 문종을 여의고 열두 살 어린 나이로 왕위에 올랐을 때 누구보다 앞장서서 조카를 지켜 주겠다고 약속하던 시삼촌은 문종의 바로 아래 동생 수양대군이었다. 그랬던 시삼촌으로부터 왕위와 목숨을 빼앗긴 비운의 어린 남편은 훗날 단종(재위 1452~1455)으로 추존되고, 비보 앞에서 피맺힌 오열을 토하고 있는 여인은 정순왕후로 불리게 된다.

이 가족의 비극은 워낙 유명해서 시시콜콜하게 다시 나열할 것도 없다. 단종의 할아버지인 세종은 성리학을 철저히 신봉하는 임금이었고, 성리학이 존중하는 종법의 원칙에 따라 장자 세습 제도를 확립하려 했다. 그래서 병약한 첫째 아들(문종)을 세자로 책봉하면서 야심만만한 둘째 아들 수양에게 형을 잘 보

영월 청령포 포구
영월 청령포는 서쪽으로는 험준한 암벽이 솟아 있고 나머지 삼면이 강으로 둘러싸여 있어 섬과 같은
곳이다. 어린 나이에 세조에게 왕위를 빼앗긴 단종은 이곳에서 유명을 달리했다.

필하라고 신신당부했다. 문종은 아버지의 정신을 이어받아 장자인 단종을 세자로 책봉한 뒤 얼마 안 가 병으로 죽었다.

어린 단종 주변에는 세종과 문종을 모시던 노회한 신하들이 많았다. 그들은 수양대군을 비롯한 왕족들을 경계하고, 수양대군도 살아남기 위해 그들을 견제했다. 그러다가 결국 수양대군이 선수를 쳐서 황보인, 김종서 등 권신들을 제거했다. 수양대군은 겁에 질린 단종으로부터 왕위를 넘겨받았으니, 그가 훗날 세조(재위 1455~1468)로 불리게 되는 조선의 7대 국왕이다. 사육신의 단종 복위 운동이 일어나자 세조는 유사한 사건의 재발을 막으려고 조카를 영월로 유배 보냈고, 동생인 금성대군이 다시 조카의 복위를 도모하자 동생과 조카를 한꺼번에 죽여 버렸다.

남편의 죽음과 함께 부인(왕족·종친의 딸과 아내 및 문무관의 아내)에서 서인으로 한 단계 더 강등된 정순왕후는 이제 남은 세월을 어떻게 살아갈지 막막하기만 했다. 어쩌면 그녀는 핏발 선 눈으로 세조에 대한 저주를 퍼붓고 있었을지도 모른다. 내 반드시 살아서 당신과 당신 자손들의 파멸을 두 눈으로 똑똑히 보겠다고 말이다.

대를 이은 비극

정순왕후의 저주였을까? 세조는 왕이 되기 위해 몹쓸 짓을 했다는 양심의 가책 때문에 환영을 보고 잠을 제대로 이루지 못하는 고통을 겪다가 등창(등에 나는 큰 부스럼)이 나서 죽었다. 엄청나게 많은 적을 만들었기에 죽은 뒤 폭군으로 낙인찍힐까 봐 그는 직계 후손에게로 왕통이 이어지도록 신경을 썼다.

그러나 세조의 비극은 말년에 겪은 자기 일신의 고통에서 그치지 않았다. 맏아들 의경세자는 아버지의 악업 탓인지 병에 걸려 시름시름 앓다가, 스무 살 젊은 나이에 죽었다. 스물한 명의 승려들이 경회루에서 재를 올리기까지 했지만 소용이 없었다. 세조는 부랴부랴 둘째 아들인 해양대군을 세자로 임명했다. 그러나 해양대군도 건강이 좋지 않아 임금으로 즉위한 지 1년 만에 저세상으로 떠났다. 그가 8대 예종(재위 1468~1469)이다.

예종에게는 제안대군, 인성대군 등 두 아들이 있었지만, 후계자의 자리는 앞서 죽은 의경세자의 둘째 아들에게 돌아갔다. 여기에는 의경세자의 미망인인 소혜왕후와 권신 한명회가 결탁해 벌인 정치적 책략이 작용했다고 한다. 어쨌든 이렇게 9대 임금의 자리에 오른 이가 성종(재위 1469~1494)이다. 그는 할아버지인 세조의 과단성과 증조할아버지인 세종의 지성을 함께 갖추어, 조선 시대를 통틀어도 명군 중 한 사람으로 손꼽힌다.

세종이 다져 놓은 성리학 국가 조선의 기초 위에서 성종은 쉽게 흔들리지 않을 왕국의 틀을 완성했다. 영원토록 고칠 수 없는 조선의 근간으로 규정된 《경국대전》을 완성해 반포했고, 《동국통감》《동문선》《오례의》《악학궤범》 등 이 땅의 역사와 문화, 예와 악을 망라하고 정리하는 편찬 작업을 완료했다. 그뿐 아니라 향촌 사회에 은둔해 있던 선비들을 등용해 정변과 공신들의 전횡으로 얼룩진 정치를 정화하려는 노력도 기울였다.

손자인 성종이 이 같은 업적을 쌓았기 때문에 세조가 지은 피비린내 나는 죄업은 어느 정도 씻겼다고 할 수 있을까? 그렇지 않은 것 같다. 세조와 그의 자손에게 닥친 비극은 아직 끝나지 않았다. 도학 군주로 명성이 높은 성종이지만 여자 문제에서는 그다지 지조가 높지 않았던 듯하다. 아니, 더 많은 씨를 뿌려 왕통의 기반을 폭넓게 다져야 한다는 군주의 의무를 다한 것인지도 모른다. 그는 왕비인 제헌왕후를 제쳐 두고 후궁인 소용* 엄씨, 귀인 정씨를 가까이 했다. 이것이 제헌왕후의 투기를 불러일으켜, 그녀는 부부 싸움을 하다가 성종의 얼굴을 할퀴어 상처를 내기도 한 것으로 전한다.

제헌왕후는 두 후궁이 시어머니인 소혜왕후의 총애를 받고 있다는 사실을 알게 되었다. 제헌왕후는 두 후궁의 처소로 가는 길목에 죽은 사람의 뼈를 묻고, 그녀들이 자신과 원자**를 죽이려 한다는 투서를 써서 감찰 상궁 명의로 숙의 권씨에게 보냈다고 한다. 그것이 정말 제헌왕후의 소행이었는지는 알 수 없지만, 이 행위는 오래가지 않아 대궐에서 큰 문제가 되었다. 진노한 소혜왕후는 성종을 움직여 제헌왕후를 궁궐 밖으로 쫓아냈다. 그리고 사약을 내려 목숨까지 빼앗게 했다. 이렇게 사사된 제헌왕후가 바로 그 유명한 '폐비 윤씨'다.

한국인에게 알려진 그 후일담은 다

* 소용 조선 시대에 왕의 후궁에게 내린 품계. 빈·귀인·소의·숙의 다음가는 5번째 자리이며, 정3품이다.

** 원자 아직 왕세자에 책봉되지 않은 임금의 맏아들

음과 같다. 폐비 윤씨의 아들인 세자 융은 어머니의 비극적인 최후를 알지 못한 채 할머니인 소혜왕후, 의붓어머니인 정현왕후의 보살핌을 받으며 자라났다. 그리고 아버지 성종을 이어 조선의 10대 국왕으로 즉위하니, 그가 연산군(재위 1494~1506)이다. 연산군은 처음에는 아버지를 닮아 성군의 싹을 보였다고 한다. 그러나 서서히 태만해지다가 어머니의 최후를 알게 되자 광기 어린 폭군으로 변해 갔다. 연산군은 폐비 윤씨를 죽음으로 몰고 간 엄씨와 정씨를 때려죽이고, 병상에 있던 할머니 소혜왕후를 몰아붙여 그녀의 죽음을 앞당겼다. 폐비 윤씨의 죽음에 책임이 있거나 방관했던 사람들은 죽음을 면치 못했고, 한명회처럼 이미 죽은 자들은 관 속에서 시신이 파헤쳐져 목을 베였다. 우리는 이 묵시록적 비극에 숨어 있는 정치적 맥락, 역사적 함의를 다음 장에서 좀 더 자세히 살펴보게 될 것이다.

아무튼 연산군의 패륜 행위를 두고 보지 못한 신하들은 들고일어나 못된 임금을 몰아냈다. 그리고 연산군의 이복동생인 진성 대군을 옹립하니, 그가 중종(재위 1506~1544)이다. 역사에 '중종반정'으로 기록된 이 사건은 단종 비 정순왕후가 열여덟에 청상과부가 된 지 50년 만인 1506년에 일어났다. 이제 칠순을 바라보는 정순왕후는 욕된 목숨을 끈질기게 이어 간 끝에 이와 같은 인과응보를 똑똑히 지켜보았다. 그뿐 아니라 그 뒤로도 15년을 더 살아 자신과 남편을 능욕한 시삼촌에게 철저히 복수했다.

화가위국의 저주

　세조로부터 연산군에 이르는 한 가족의 비극은 그것이 일
가의 비극으로 끝나지 않았다는 데 더 큰 문제가 있다. 이러한
비극 자체는 그들이 남들과 똑같은 가족이면서도 온 나라를
대표하는 존재로 군림한 데서 비롯되었다. 왕권이라는 공적인
권위가 이들의 머리 위를 짓누르지만 않았어도 천륜을 어기는
범죄는 벌어지지 않았을 것이다.

　'화가위국'이라는 말을 다시 한 번 새겨 보자. 왕정 시대에는
어떤 인물이 왕이 되면 그가 속한 가문이 대대로 왕위를 이어
간다. 이것은 사실상 공적인 권력을 사유화하는 것인데도 왕
실이 된 가문이나 그들의 지배를 받는 다른 가문 모두 그것을
마치 하늘이 내려 준 공적인 권위인 것처럼 착각한다. 이러한
착각이 인류 사회에서 수천 년씩이나 계속되었다는 것은 어쩌
면 인류의 무슨 원죄에 대한 벌이 아닐까 하는 생각마저 들게
한다.

　그런 점에서 왕이라는 지위를 이용해 마음껏 개인적인 복수
의 칼날을 휘두른 연산군이 차라리 솔직하고 사태의 본질을
적나라하게 드러내 준 존재라고 볼 수도 있다. 세조는 무너지
는 왕권을 지키기 위해 어쩔 수 없이 조카를 죽였다고 변명했
고, 많은 역사책에도 그렇게 쓰여 있다. 그러나 본질은 자기가
왕이 되기 위해 하늘이 용서치 않을 범죄를 저지른 것이다. 그
가 지키려 한 왕권은 공적인 것이 아니라 이씨가, 나아가 세조

자신의 혈통이 다른 가문 위에 군림해야 한다는 사리사욕의 표상일 뿐이었다. 그러한 세조의 위선은 증손자에 의해 적나라하게 드러났다.

세조가 왕위에 오르는 과정은 분명히 문제가 있었지만 그가 왕으로서는 훌륭한 정치를 했다는 평가도 있다. 그러나 이런 평가는 자칫 악용될 가능성이 높다. 같은 논리로 현대사에서 민주주의를 파괴한 독재자마저도 뭔가 잘한 일이 있다며 미화될 수 있기 때문이다.

왕정 시대가 됐든 민주 시대가 됐든 권력은 공동체의 삶을 좌우하는 것이므로 철저히 공적이라야 한다. 그러나 실제로는 권력을 사유화하는 사람들과 이를 용인하는 사람들에 의해 역사는 수도 없이 왜곡돼 왔다. 우리는 여든이 넘도록 오욕의 세월을 살아 내면서 그러한 범죄자들의 말로를 지켜본 정순왕후처럼 두 눈을 똑바로 뜨고, 위선의 가면을 쓴 채 권력을 농단하며 범죄를 저지르는 자들을 끝까지 감시해야 하지 않을까?

권력 사유화의 아이콘

연산군

군주 국가에서 왕이 유일한 주권자로 버틸 수 있는 것은 그가 공공성을 대표한다는 믿음이 사람들에게 퍼져 있기 때문이다. 왕이 실제로는 만인의 이익을 대변하는 공적 존재가 아니라 사리사욕에 근거한 지배자일 뿐이라는 사실이 드러나면 가만있을 백성은 없다. 따라서 왕들은 어떻게든 사적 권력을 공적인 것으로 포장하려 애썼는데, 이를 노골적으로 거부하고 왕권의 본질을 만천하에 폭로해 버린 이가 있었다. 앞에서도 잠시 살펴보았던 조선의 10대 국왕 연산군이 바로 그런 사람이었다.

삼사가 왕에게 공공성을 강요하다

세조는 천륜을 거스르는 정변을 일으켜 왕위를 찬탈하고 조카를 죽였다. 세조는 자신이 정변을 일으킨 것은 사리사욕 때문이 아니라, 공공성의 보루인 왕권을 흔드는 세력들이 있었기 때문에 이를 바로잡고자 함이었다고 강변했다. 그래서 재위 내내 아무도 도전할 수 없는 강력한 왕권을 다지는 데 힘썼다.

세조의 범죄 행위는 왕위가 그의 직계인 아들 예종, 손자 성종으로 이어지면서 일단 잊히는 것처럼 보였다. 그러나 한 번 훼손된 왕의 도덕성은 아무리 대를 이어 세탁하려 해도 깨끗이 지워지지 않았다. 세조가 죽고, 그와 함께 계유정난을 일으켰던 한명회 등 공신들이 죽자 그들이 훼손한 권력의 공공성 문제가 도마 위에 올랐다.

군주 체제에서 왕과 신하는 한배를 탄 공동 운명체다. 왕은 유일한 주권자로서 만백성 위에 군림하고, 신하들은 그 왕을 보필하며 기득권을 누린다. 신하들 입장에서도 왕이 공공성의 대변자라는 권위를 백성들 앞에서 계속 유지해야 그 기득권을 놓치지 않고 누릴 수 있다. 그런데 세조의 집권 이래 가장 중요한 왕권의 공공성이 훼손된 채 몇 십 년이 흘렀다. 세조와 정난공신*들은 정변으로 얻은 서슬 퍼런 위엄으로 이러한 공공성의 상처를 틀어막으며 그럭저럭 버텼다. 그러나 손자인 성종 대까지 그런 위압이 통할 수는 없었다.

세조가 훼손한 왕권의 공공성을 회복하고 군주국 조선의 생명을 연장하는 길은 성리학의 원칙에서 어긋나지 않는 왕권을 만드는 것뿐이었다. 성종은 세종 이래 처음 나타난 호학의 군주였다. 그는 누구보다도 정력적으로 유교 경전을 읽었고, 젊은 신하들과 아침저녁으로 경연을 열어 성현들의 가르침에 대해 토론을 벌였다. 안 해도 되는 낮 경연까지 열어 신하들을 귀찮게 할 정도였다. 경연이 길어지면 나이 든 고관들에게는 중간에 퇴근해도 된다고 '선처'를 베풀기도 했다.

유교 경전을 열심히 공부해 성군이 되겠다는 성종의 의지에 신하들은 '삼사의 강화'로 화답했다. 삼사란 사간원, 사헌부, 홍문관을 가리키는 말로 조선 시대에 언론과 감찰을 담당하는 기관들이었다. 여기서 언론이라는 것은 임금과 신하들의 일거수일투족을 감시해 잘잘못을 따지는 일을 말했다. 세조의 정변으로 인해 왕의 공신력이 추락했으니 신하들이 삼사 시스템을 제대로 가동해 왕이 잘못

• 정난공신 조선 단종 때, 계유정난을 일으키는 데 공을 세운 사람들에게 내려 준 칭호. 계유정난 이후 실권을 잡은 수양 대군이 단종에게 요청하여 내려진 것이다.

된 길을 가지 못하도록 감시하겠다는 것이다. 실제로 삼사의 젊은 관헌들은 상관들의 배려 아래 마음을 다부지게 먹고 왕의 사소한 잘못까지도 눈에 불을 켜고 찾아내려 했으며, 왕과 생각이 다르면 사표를 써 갖고 다니면서 따지고 반대했다.

제아무리 성군이 되기로 결심한 성종이라 하더라도 삼사의 감시와 간쟁이 지나치다고 생각할 때가 있었다. 그러나 그것은 할아버지 세조가 파 놓은 구덩이였고, 일국의 군주라 하더라도 함부로 물릴 수 있는 상황이 아니었다.

왕이라는 자가 스스로 공공성을 훼손했으니 신하들이 삼사라는 특단의 시스템을 가동해 왕의 공공성을 회복하겠다! 이것이 성종 대에 기틀이 마련된 조선 특유의 삼사 체제였다. 본질적으로 사적 권력인 왕을 공공의 대변자처럼 보이게 만들겠다고 사대부들이 발 벗고 나선 것이다. 그러나 문제는 그들이 직접 권력을 행사하겠다는 것이 아니라 왕이 권력을 제대로 행사하게끔 도와주겠다는 데 있었다. 성종처럼 그런 도움을 싫어하지 않는 군주라면 문제가 없을 테지만, 세조를 닮아 의심과 욕심이 많은 군주가 왕위에 오르면 어떤 일이 일어날 것인가?

연산군, 삼사에 짜증이 나다

앞에서 삼사가 조선 특유의 체제라고 했다. 조선의 정치 체제는 중국 것을 많이 모방했다. 따라서 명에도 당연히 언론과 감찰을 담당하는 기관이 있었다. 그러나 명의 언론 기관은 조선의 삼사처럼 막강하지 않았다. 명의 황제는 조선의 왕보다 더 강력한 권력을 갖고 있었기 때문이다. 명의 황제들이 조선의 왕들보다 더 도덕적이어서 삼사의 간섭을 받지 않은 것은 아니었다. 명의 3대 황제 영락제(재위 1402~1424)도 세조처럼 조카를 몰아내고 황위를 찬탈한 사람이다. 그런데 명의 황제는 훨씬 더 강력한 무력과 경찰력으로 신하들 위에 군림했다. 그에 비하면 조선의 국왕은 성종 이래 삼사의 감시와 비판을 더 많이 포용한 것으로 보인다.

연산군은 익히 알려진 것처럼 폐비 윤씨의 아들이다. 그의 어머니는 왕비였다가 죄를 짓고 쫓겨나 사약을 받고 죽었다. 그러나 성종은 폐비 윤씨가 쫓겨나기 전에 세자로 책봉된 연산군을 끝까지 자신의 후계자로 밀어붙였다. 그 대신 신하들에게 폐비의 일은 절대로 거론하지 말라는 유언을 남겼다.

연산군이 임금 이전에 인간으로서 생모에 대한 연민이 있을 수밖에 없고, 그 생모의 명예를 회복해 주고 싶은 마음이 생기리라는 것은 자연스레 예상할 수 있다. 그러나 감시의 눈을 부라리고 있는 삼사는 그런 일이 생겨도 타협하지 않을 만반의 준비가 되어 있었다. 반면에 연산군은 그러한 신하들의 경계와 간섭을 버겁게 여길 소지가 충분히 있는 왕이었다. 둘 사이에는 언제든지 불꽃 튀는 대결이 벌어질 가능성이 농후했다.

연산군이 처음 삼사와 부딪친 것은 아버지 성종을 위해 왕실의 관례대로 불교식 제사인 재를 올리는 문제에서였다. 성리학

▲ 연산군묘
연산군은 강화도에 유배돼 그곳에서 세상을 떠났다.
이후 묘가 중종 때 양주(지금의 서울 도봉구 방학동)로
이장되었다.

◀ 연산군 금표비
임금의 사냥터임을 표시하여 백성들의 출입을 금지하
는 표지석이다.

에 충실하고 불교를 배척하는 삼사 관리들은 벌 떼처럼 일어나 재를 반대했다. 물론 그런다고 뜻을 굽힐 연산군이 아니었다. 게다가 강인한 성격의 할머니 소혜왕후가 연산군 뒤에 버티고 있었다. 연산군은 소혜왕후의 뜻을 받들어 삼사의 반대를 물리치고 재를 강행했다. 연산군은 내친 김에 폐비 윤씨를 왕비로 추숭(죽은 뒤 관직 등을 올림)하는 문제를 꺼내 삼사와 격돌했다. 그러나 이 문제에서는 폐비 윤씨를 사사하는 데 관여한 소혜왕후가 연산군 편이 아니었다. 따라서 연산군은 자신의 뜻을 쉽게 관철시킬 수 없었다.

연산군과 삼사의 신경전은 날이 갈수록 날카로워졌다. 삼사의 젊은 관료들은 연산군에 대한 간쟁의 수위를 높여 나갔고, 연산군의 편을 드는 일부 대신들에 대해서도 목청을 높였다. 사간원 정언 자리에 있던 조순은 심지어 삼사의 젊은 관료들을 비난한 노사신이라는 대신을 향해 차마 입에 담지 못할 말까지 퍼부었다.

"춘추의 법을 말하면 노사신의 죄는 비록 극형에 처해도 도리어 부족하옵니다. 신 등은 그의 살덩이를 씹고 싶습니다."《연산군일기》

나이가 자신의 할아버지뻘이고 직위도 까마득하게 높은 대신의 살을 씹고 싶다는 이 극언은 연산군에게 올리는 상소에 들어 있는 말이다. 연산군은 조순을 향해 "네가 이런 말까지 하는 것은 대간*이 된 너를 임금인 나도 어찌할 수

• 대간 관료를 감찰 탄핵하는 임무를 가진 사헌부의 대관과 국왕의 잘못을 논하는 간쟁의 임무를 가진 사간원의 간관을 합쳐 부른 말이다.

없을 거라고 생각해서겠지."라고 전교하며 분을 삼켰다. 이 같은 일이 반복되자 연산군은 임금을 능멸하는 행위, 즉 '능상'의 풍조가 만연해 있다며 이를 갈았다. 성종과 달리 연산군은 글공부를 그다지 좋아하지 않았고, 국왕이 된 뒤에도 경연을 싫어했다. 그런 연산군이 국왕으로서 하고 싶어 하는 일마다 삼사로부터 지나치다 싶을 만큼 간섭을 받고 있었다. 이 상황은 그리 오래 갈 수 있는 성격의 것이 아니었다.

연산군, 왕권의 본질을 드러내다

조선 시대에 신하들이 왕의 행동을 규제하는 방법 가운데 하나가 '역사'였다. 왕 옆에는 늘 사관이 붙어 왕의 일거수일투족을 기록했다. 그런 기록은 나중에 그 왕이 죽은 뒤에 만드는 실록의 초고, 즉 사초가 됐다. 왕은 자신의 행적에 대한 포폄(옳고 그름이나 선하고 악함을 판단하여 결정함)의 근거가 될 이 사초를 절대로 볼 수 없었다. 왕이 사초를 볼 수 있다고 생각하면, 사관이 소신껏 사초를 기록할 수 없기 때문이다. 게다가 그렇게 완성된 실록은 후대의 왕도 볼 수 없었다. 그저 사관이 알려 주는 대로 참고하고 자신의 통치에 경계로 삼을 뿐이었다.

따라서 왕은 자신과 후계자들이 절대로 볼 수 없는 역사책을 의식하면서 하루하루 긴장된 삶을 살아갈 수밖에 없었다.

어차피 사관들을 빼면 아무도 못 볼 역사책을 무엇 하러 그토록 정성껏 만들었을까? 조선 시대에 역사는 종교였다. 신앙심 깊은 신도들이 평생 만나지 못하는 신을 의식하며 경건하게 살아가듯, 왕들도 평생 보지 못할 사초를 의식하며 경건한 삶을 살아야 했다.

그런데 이 사초를 보려고 한 왕이 있었다. 연산군이었다. 그 원인을 제공한 사람은 선왕인 성종의 실록을 편찬할 실록청이 꾸려졌을 때 실록청 당상관이 된 이극돈이었다. 이극돈은 평소 사이가 나빴던 다른 사관 김일손이 사초에 김종직의 〈조의제문〉*을 삽입한 것을 보았다. 김종직은 김일손의 스승으로 강직한 선비였는데, 그가 쓴 〈조의제문〉은 항우가 의제를 몰아내고 왕이 된 것을 비판한 글이었다. 누가 봐도 세조의 왕위 찬탈을 비판한 내용이었다. 이극돈은 이 사실을 유자광에게 말했고, 일찍이 김종직에게 감정이 좋지 않았던 유자광은 이극돈으로 하여금 연산군에게 이 문제를 고하게 했다. 안 그래도 '능상'의 풍조에 불만을 품고 있던 연산군은 크게 화를 내며 사초를 가져오라고 했다. 그러나 왕은 사초를 볼 수 없으므로 사관인 이극돈이 사초의 내용을 발췌해서 보여 주었다.

연산군은 〈조의제문〉의 삽입을 반역으로 몰아 김일손을 처형하고 이미 죽은 김종직은 무덤에서 시체를 꺼내 베었다. 부관참시라는 이 형벌은 사람들

* 〈조의제문〉 항우에게 죽은 초 회왕(의제)을 조문하는 글로, 의제가 꿈에 나타나 자신이 항우에게 죽임을 당한 뒤 강에 버려졌다고 했다는 이야기를 중심으로 한다. 기원전 208년, 항우는 군사를 일으켜 무너진 초를 다시 세운 뒤 초왕의 후손인 회왕을 옹립했다가, 진을 멸망시킨 뒤 스스로 왕위에 올라 그를 시해했다.

▥ 김종직과 유자광의 악연 ▥

김종직과 유자광은 여러 면에서 다른 사람이었다. 김종직이 정통 엘리트 관원 출신이라면, 유자광은 명문 사대부가의 서얼 출신으로 온갖 차별을 받았다. 하지만 유자광은 결국 뛰어난 능력으로 높은 벼슬을 얻고, 탁월한 처세술로 이 자리를 지켜 나갔다. 김종직과 유자광의 악연은 경남 함양에서 시작되었다. 어느 날 유자광은 처가가 있는 경상도 함양에 놀러 갔다가 자신이 지은 시를 현판에 새겨 '학사루'라는 누각에 걸어 두도록 군수에게 부탁했다. 그 뒤 김종직이 함양 군수로 부임했다. 김종직은 예전부터 유자광이 죄 없는 남이 장군을 반역죄로 모함해 죽게 만들었다는 이유로 그를 경멸하고 있었다. 따라서 누각에서 유자광의 시를 새긴 현판을 보자마자 떼어 내 불태워 버렸다. 이 일로 유자광은 김종직에게 원한을 품게 되고, 이것이 무오사화의 원인이 되었다. 무오사화 이후 유자광은 중종반정에도 참여해 반정 공신이 되었지만, 사림의 거센 비판으로 귀양을 떠나 5년 뒤 숨을 거두었다.

이 이름만 들었을 뿐 처음 당하는 것이라 모두들 크게 놀랐다. 이것이 조선 중기를 피로 물들인 네 차례의 사화 가운데 첫 번째인 1498년의 무오사화였다. 무오사화의 계기는 사초였으나, 연산군에게는 사사건건 왕의 권위를 치고 들어오는 삼사에 대한 무자비한 복수나 다름없었다.

그러나 무오사화는 6년 뒤에 일어난 갑자사화에 비하면 피해자의 숫자가 적은 편이었다. 연산군이 폐비 윤씨의 죽음을 문제 삼아 일으킨 갑자사화(1504)에서는 도대체 살아남은 신하가 누구냐고 할 만큼 끔찍한 대살육이 벌어졌다. 이미 앞에서 서술한 것처럼 어머니의 죽음에 조금이라도 관련된 자들은 살아 있건 이미 죽었건 관계없이 연산군 앞에 불려 나와 칼을 맞았다. 무오사화가 그나마 왕권의 공공성을 둘러싼 명분이라도 내건 사단이었다면, 갑자사화는 거의 순전히 개인적인 감정을 앞세운 복수극이었다. 그것은 왕이 공공의 대변자라야 한다면서 끊임없이 스트레스를 주는 사대부들에 대해, 그런 논리는 사기이며 아무리 그럴 듯한 공공성으로 포장되어 있어도 모든 왕권은 사적 소유물일 뿐이라는 것을 만천하에 폭로한 행위였다.

연산군이 이렇게 왕권의 본질을 폭로했을 때 그토록 공공성을 강조하던 신하들은 무엇을 해야 했을까? 죽은 자는 어쩔 수 없지만 산 자들은 문제를 분명히 깨닫고 스스로 공공성의 대변자가 되겠다며 들고일어나야 하지 않았을까? 분명히 들고일어난 신하들은 있었다. 그러나 그들은 양대 사화를 연산군 개인의 문제로만 보았다. 그리하여 연산군을 몰아내고 좀 더 괜찮은 다른 왕을 옹립하는 것으로 문제를 풀고자 했다. 그것이 중종반정(1506)이었다. 하지만 이후의 역사가 보여 주는 것처럼 중종반정은 문제를 해결한 것이 아니라 문제의 해결을 몇백 년 더 미룬 것뿐이었다.

왕과 신하가 권력을
나눌 수 있을까?

중종

권력은 부자지간에도 나눌 수 없다는 말이 있다. 권력 분산을 금과옥조로 하는 민주주의 시대의 이야기가 아니라 절대 권력을 전제로 하는 왕정 시대의 이야기다. 왕과 왕자 사이에도 권력을 나눌 수 없다면 왕과 신하가 권력을 나눈다는 것은 더군다나 있을 수 없다. 그러나 권력을 위해 끊임없이 신하의 눈치를 보고 신하를 견제해야 하는 왕들이 있었다. '군신 공치'라는 말까지 듣는 조선 시대에는 그런 처지에 놓인 왕들이 종종 있었는데, 특히 신하들의 반정으로 추대된 중종이 대표적인 존재였다.

준비되지 않은 왕

연산군을 쫓아낸 중종반정(1506)이 일어났을 때 연산군을 끝까지 지킨 사람들은 장녹수를 비롯한 연산군의 여인들과 혈연이나 인척 관계로 얽힌 몇몇 벼슬아치뿐이었다. 항상 왕의 곁을 지켜야 하는 승지*들조차 상황을 살펴보다 뒤도 돌아보지 않고 대궐을 빠져나갔다. 수챗구멍으로 나갔다가 훗날 반정공신** 목록에 이름을 올려놓은 자들도 있었다. 반정군은 싸움다운 싸움 한 번 치르지 않고 경복궁에 무혈 입성했다. 궁궐을 지키는 병사들이 일찌감치 사세가 기운 것을 알고 병장기를 내버려 둔 채 줄행랑을 쳤기 때문이다.

무오사화와 갑자사화라는 전대미문의 살육극을 펼치며 절대 권력을 행사하던 군주가 하극상의 사태 앞에서 이처럼 초라한 모습을 보였다는 것은 언

* 승지 조선 시대, 승정원에 속하여 왕명의 출납을 맡아보던 정삼품의 벼슬아치.

** 반정공신 반정 때에 공이 많은 사람에게 내리던 공신의 칭호로, 중종반정 때 공을 세운 공신은 '정국공신'이라 부른다.

뜻 이해가 안 된다. 결국 연산군은 이렇다 할 세력도 없이 만민 위에 군림하며 왕권이라는 이름의 폭력을 휘둘렀던 셈이다. 그것은 16세기 초의 조선이 왕 한 사람에게 이유 여하를 막론하고 충성을 다 바칠 준비가 되어 있는 전제군주 체제였음을 의미한다. 태종의 공이든 세조의 공이든 그런 권력 구조가 자리 잡혀 있었기에, 연산군은 사람을 함부로 순장하던 고대의 군주나 되는 것처럼 마구잡이로 칼을 휘두를 수 있었다.

그러나 군주 주권의 원리 위에서 움직이는 왕조라 하더라도 만백성 위에 군림하는 군주의 권력은 연산군이 착각했던 것처럼 저절로 주어지는 것이 아니었다. 태종과 세조는 모든 것을 잃어버릴 수도 있는 위험한 승부 끝에 그 권력을 획득했고, 사력을 다해 그 권력을 지켜 내기 위한 세력을 구축했다.

그리고 가장 중요한 것은 그들이 절대 권력자의 자격을 입증하기 위해 부단히 노력했다는 점이다. 조선 사회는 성리학을 지도 이념으로 삼고 사대부를 지배 계층으로 하는 신분 사회였다. 그런 사회의 권력자는 자신이 행사하는 권력이 궁극적으로는 성리학 이념에 맞고 사대부 전체의 이익에 부합한다는 것을 보여 주어야 했다. 그러나 연산군은 권력을 떠받치고 있는 이 같은 사회적 토대를 보려 하지 않고 권력이 훼손되는 것처럼 보이는 현상에만 분노했던 것이다.

이제 문제는 연산군이 아니라 그를 대신해 왕위에 오른 중종(재위 1506~1544)이었다. 연산군의 이복동생인 중종은 애초에 왕위에 오를 준비가 되어 있지 않은 인물이었다. 그의 어머니인 정현왕후는 친모를 여읜 연산군을 지극정성으로 돌보아 연산군도 그녀가 친모인 줄 알았다는 일화마저 있다. 따라서 중종은 연산군을 밀어내고 자신이 왕위에 올라야 한다는 절박함도 없었고, 실제로 중종반정에 개입하지도 않았다. 그저 박원종, 성희안 등 반정 공신들에게 떠밀려 왕위에 올랐을 뿐이다. 연산군이 군주권의 신성함만을 믿고 폭정을 행사하다 사대부들에게 쫓겨난 뒤, 그 사대부들의 추대를 받아 아무런 준비도 없이 즉위한 중종. 그는 과연 무엇을 어떻게 해야 했을까?

좋든 싫든 권력을 쥐어라

중종은 왕위에 오르자마자 신하들에게 떠밀려 즉위한 대가를 톡톡히 치러야 했다. 그의 왕비 단경왕후는 연산군의 처남인 신수근의 딸이었다. 중종반정을 일으키기 전, 박원종은 신수근을 찾아가 "누이(연산군의 왕비)와 딸 중에 누가 더 중하냐?"라는 질문을 던졌다. 이것이 반정에 가담하라는 뜻임을 안 신수근은 자리를 차고 일어나며, "금상(현재 왕위에 있는 임금)은 포악하나 세자가 총명하니 믿고 살겠다."라고 했다.

박원종은 신수근의 마음을 움직일 수 없다고 판단해 그를 제거했다. 그랬기에 반정 세력은 중종을 옹립하고도 신수근의 딸이 왕비가 된 것이 못내 불안했다. 그래서 중종을 압박해 단경왕후를 폐위시키고 본가로 쫓아 보냈다. 중종은 왕후를 내칠 생각이 전혀 없었으나 서슬 퍼런 신하들의 기세를 거스를 수 없었다.

신하의 눈치를 보는 왕. 이것은 조선 개국 이래 110여 년 만에 처음 있는 일이었다. 태종과 세조도 신하들을 의식하지 않은 것은 아니지만, 그것은 권력관계에서 밀렸기 때문이 아니라 권력을 독점할 명분을 쌓기 위해서였다. 그런데 중종은 아예 힘에서 박원종, 성희안 등 반정 공신에게 밀렸다. 이복형인 연산군이 권좌에서 쫓겨나는 모습을 똑똑히 보았기에 자기 자신도 언제 그런 꼴을 당할지 모른다는 생각을 할 수밖에 없었고, 그래서 더욱 위축되었다. 이전에도 왕위에서 쫓겨난 단종의 사례가 있었지만 그것은 어디까지나 다른 왕족에 의한 것이었다. 중종반정은 신하가 언제든 왕을 쫓아낼 수 있다는, 살아 있는 전례를 만들어 놓았다.

그렇다면 박원종은 왕보다 더한 권력을 손에 쥐고서도 왜 스스로 왕이 되거나 왕정과는 다른 정치 체제를 만들어 최고 권력자가 되지 않았을까? 군이 중종을 모시고 그의 신하가 되어야 할 필요가 있었을까? 역사적으로 선례가 없는 것도 아니었다. 그보다 300여 년 전 고려 시대에 반란을 일으킨 정중부와 무신 세력은 왕을 밀어내고 권력을 자신들의 손에 넣었다. 교정도감이니 정방이니 하는 무신들의 기구에서 주요 정책이 결정되던 무신 정권 시대는 사실상 이전의 고려와는 완전히 다른 나라였다. 왕씨의 혈통을 이어받은 왕이 허수아비로 존재하기는 했지만, 그것은 왕정이 아니라 귀족정이라 해야 맞을 것이다. 이러한 무신들의 귀족정이 좀 더 체계화되고 장기화된 것이 일본의 무신 정권인 막부였다.

박원종은 그처럼 담대한 사람도 아니었겠지만 무엇보다도 전제군주제에 대한 신념이 강한 사대부였을 것이다. 군주에게 모든 권력을 몰아주되 그 군주가 연산군처럼 엇나가지 않고 사대부들의 이익만 지켜 준다면, 전제군주제야말로 사대부들을 위한 최상의 체제라고 믿어 의심치 않았으리라. 이는 박원종 같은 중종반정의 공신뿐 아니라 당시 초야에 묻혀 있던 선비들도 대부분 동의하는 일이었다.

따라서 중종은 좋든 싫든 자신의 손에 권력을 집중시켜야 했다. 다시 말해 자신을 위해서든 사대부들을 위해서든 스스로 권력자가 되어야 했다. 그러기 위해서는 스스로를 사대부들이 원하는 군주상에 가깝도록 만드는 일이 중요했다. 연산군 이전의 군주들은 사대부들이 군주를 도와야 한다고 생각했지만, 중종부터는 왕들이 스스로 사대부들의 바람에 맞추는 쪽으로 노력하기 시작했다.

박원종, 성희안 등 반정의 주요 공신이 살아 있는 동안은 그들의 강력한 카리스마에 적당히 묻어가면 되었다. 왕비를 내치라면 내치고 공신을 더 늘려 달라면 늘려 주었다. 그러면 공신들이 알아서 중종을 받들어 모셔 주었다. 그러나 그들이 죽고 나자 아직 젊은 중종은 홀로서기에 나서야 했다. 물론 그러한 홀로서기도 사대부들의 마음에 드는 것이라야 했다. 당연히 권력의 파트너가 되어 줄 사대부가 필요했다. 그러한 사대부로 중종에게 간택된 이가 조광조(1482~1519)였다.

내가 왕이냐, 네가 왕이냐

1510년에 박원종이 죽고, 이어서 1513년에는 성희안이 세상을 떠났다. 그로부터 2년 뒤 중종은 이조 판서 안당에게 훌륭한 인재를 추천해 달라고 부탁했다. 안당은 성균관 유생 200여 명이 입을 모아 추천하는 인재가 있다면서 선뜻 임금의 요청에 응했다. 그가 추천한 인재는 조광조라는 인물이었다.

개국 공신 조온의 5대손인 조광조는 지방 관리로 나간 아버지의 임지인 평안도 희천에서, 당시 무오사화로 유배 중이던 김굉필을 찾아가 성리학을 철저하게 배운 인물이었다. 성리학을 가리키는 말에는 여러 가지가 있는데 김굉필, 조광조 등은 이를 '도학'이라 했다. '도덕을 익히고 실천하는 학문'이라는 뜻이다. 그만큼 학문에 임하는 자세가 경건하고 현실을 바라보는 태도가 꼿꼿했다.

중종은 조광조를 만나보고 마음에 들어 종이 만드는 일을 담당하는 조지서사지에 임명하고 자신을 돕게 했다. 조광조도 중종의 명을 받들어 도학 정치를 펼쳐 보이겠다고 다짐했다. 그 해 1515년(중종 10), 그는 증광 문과*에 급제해 홍문관에 들어갔으며, 1518년에는 부제학(홍문관의 정삼품 벼슬)을 거

* 증광 문과　조선 시대에, 나라에 큰 경사가 있을 때 실시하던 임시 과거 시험인 증광시의 문과 시험을 말한다.

쳐 사헌부의 장관인 대사헌이 되었다. 그리고 성균관 유생을 중심으로 한 사림의 절대적 지지를 바탕으로 도학 정치의 실현을 위해 적극적으로 활동했다.

조광조는 도학의 뿌리를 굳건히 하기 위해 고려의 충신 정몽주를 문묘*에 모시자고 건의했다. 정몽주는 고려를 지키려고 태조 이성계를 없앨 생각까지 했던 사람이다. 하지만 조광조와 같은 사림들은 정몽주를 위대한 유학자로 깊이 존경하고 있었다. 중종은 조광조의 말대로 했다.

조광조는 또 북송에서 성리학자들이 향촌을 교화 선도하기 위해 만든 자치 규약인 《여씨향약》을 간행해 전국에 반포하도록 했다. 성리학을 단지 국가 운영의 도구로 사용하는 데에 그치지 않고 조선 사회 전체를 운영하는 원리로 보급하겠다는 뜻이었다. 그리고 향촌에 숨어 있는 인재들을 널리 등용하기 위해 현량과라는 새로운 시험을 실시하게 했다. 천거를 통해 인재를 모으고 그들 가운데서 시험을 통해 관리를 뽑는 방식이었다. 1519년(중종 14), 천거로 올라온 120명을 대책**으로 시험해 28인을 선발했다. 그들은 모두 조광조를 중심으로 한 세력의 든든한 지원군이 되었다.

정승도 아니고 판서도 아니었던 30대 중반의 젊은 관리가 어떻게 해서 내놓는 정책마다 관철시키고 수백 명의 관료를 거느린 권력자로 떠오를 수 있었을까? 중종이 적극적으로 밀어주었으니

* 문묘 성균관과 지방 향교에서 공자와 주자를 비롯한 유학의 성인들을 모시는 사당.

** 대책 과거 시험 과목의 하나로, 당면한 정치적 과제에 대한 문제를 제시하고 그 대책을 논하게 하는 시험을 말한다. 이때 문제를 써 놓은 글이 '책'이다.

까? 그것만으로는 부족하다. 중종 자신이 그렇게 강력한 왕이 아니었기 때문이다. 그보다는 조광조가 거친 홍문관·사헌부라는 기관이 그의 권력을 더 잘 설명해 준다. 두 기관과 사간원은 삼사라고 불리며 언론과 감찰을 담당한다. 오늘날 언론과 검찰이 최고 권력 기관은 아니면서도 남부럽지 않은 권력을 누리는 것처럼, 삼사도 성종 대를 거치면서 권력 기관으로 떠올랐다.

중종이 삼사의 도움을 받아 도학 군주가 됨으로써 반정 공신들을 제어하고 왕권을 회복하려 한 것은 올바른 전략처럼 보였다. 조광조가 공신 세력을 향해 칼을 빼들었기 때문이다. 당초 1515년에 조광조의 우군인 박상과 김정은 폐위된 단경왕후 신씨를 복위시키고, 폐위를 주도한 박원종, 성희안 등의 관직을 박탈하라는 상소를 올렸다. 이 상소는 받아들여지지 않고 박상과 김정은 유배를 떠나야 했지만, 조광조 세력은 초기부터 날을 세우고 있었던 것이다.

그로부터 4년 뒤, 대사헌이 된 조광조는 공신들이 너무 많을 뿐 아니라 부당하게 공신으로 기록된 사람들이 있다면서 117명의 공신 중 2등 공신 이하 76명의 훈작을 삭제하는 '위훈 삭제'를 추진했다. 부당하게 기득권을 누리는 공신 세력을 무력화시키고 도학 정치를 관철하려는 승부수였다. 피해가 막심해진 공신 세력은 '위훈 삭제'를 되돌리기 위해 갖은 애를 썼다.

훈작을 삭제당하게 된 남곤과 심정이 '走肖爲王(주초위왕)'*이라는 글자 모양으로 벌레 먹은 나뭇잎을 중종에게

• 주초위왕走肖爲王 '走(주)'와 '肖(초)' 두 글자를 합치면 趙(조)가 되어, '조광조가 왕이 되려 한다'는 뜻이 된다.

보여 주며 조광조가 역심을 품었다고 비방한 이야기는 너무도 유명하다. 그것 때문에 조광조 세력이 역도(역적의 무리)로 몰린 기묘사화(1519)가 일어났다고도 한다.

그러나 도학 군주가 되려 한 중종이 과연 그런 참언을 믿었을까? 또 중종은 그처럼 줏대 없는 왕도 아니었다. 오히려 위훈 삭제 국면을 뒤집어 기묘사화를 주도한 것은 중종이었다는 학설도 있다. 중종은 밀지를 내려 조광조를 제거하려 했고, 여의치 않자 반 조광조 여론을 최대한 조성해 그를 능주(지금의 전남 화순)로 귀양 보낸 뒤 사약을 내렸다는 것이다. 그렇다면 이것이 야말로 기묘사화를 정말 '기묘'하게 만드는 반전이다. 조광조를 끌어들인 중종이 그를 버렸다면 그 이유는 무엇이었을까?

조광조를 비판한 반대 세력의 주장 가운데 하나는 그가 붕당을 조성한다는 것이었다. 붕당이란 신하들의 정치 결사로서 전통적인 유교 왕정에서는 금기시되는 대상이었다. 왜냐하면 정치는 왕이 하는 것이고 신하는 왕이 옳은 정치를 하도록 보필하는 존재인데, 신하들이 따로 붕당을 만들어 정치를 한다면 이는 원칙에 어긋나는 일이었기 때문이다. 이런 비판이 중종을 흔들었다면 그는 왕권 수호를 위해 조광조를 견제하려는 마음이 생기지 않았을 리가 없다.

조광조는 죽을 때까지 중종에 대한 믿음을 버리지 않았다고 한다. 경위야 어떻든 중종은 조광조에게 사약을 내리고 말았으니, 조광조는 중종이 기대한 신하가 아니었고 중종 역시 조광조가 기대한 왕이 아니었다. 조광조의 협조를 얻을 수 있는 도학 군주의 길은 멀고도 어려웠다. 조광조와 같은 사대부가 혁명이라도 일으킬 생각이 아니라면 좀 더 세련된 방식으로 왕을 설득해 권력에 다가가는 기술이 필요했다. 퇴계 이황, 율곡 이이 등의 시대에 이르러 사대부들이 그런 기술을 얻기까지는 또 한 차례의 사화(을사사화, 1545)라는 시련이 남아 있었다.

뜻을 펴지 못한 '마마 킹'

명종

군주국의 유일한 주권자인 왕이 누군가의 꼭두각시에 불과하다면 그 왕은 얼마나 불행할까? 그런 일이 어떻게 있을 수 있느냐고 생각할 수 있지만 역사 속에서는 흔히 일어나는 일이다. 조선의 13대 왕 명종은 다른 사람도 아닌 자기 어머니의 꼭두각시로 재위 기간 대부분을 보냈다. 명종에게 어머니 문정왕후는 과연 어떤 사람이었을까? 그가 '마마보이'로 지내야 했던 시간은 조선의 백성에게 어떤 세월이었을까?

명종이 마마보이가 된 내력

중종이 조광조를 등용한 것이나 기묘사화를 통해 그를 제거한 것이나 모두 왕권을 강화하려는 정치 행위였다. 조광조를 내친 뒤 잠시 훈척 세력을 중용하는 듯했던 중종은 곧 사림에게 다시 손을 내밀었다. 흔히 사림 정치의 교두보를 서원이라고 하는데, 그 서원이 경상도 풍기에 처음 세워진 것이 바로 이때였다. 1542년(중종 37) 풍기 군수로 갔던 주세붕이 안향을 제사 지내는 백운동 서원을 그곳에 세웠다. 안향은 우리나라에 처음으로 성리학을 들여온 고려의 유학자이다. 백운동 서원은 중종의 아들인 명종(재위 1545~1567) 때에 이르러 국가의 지원을 받는 사액 서원*으로 그 지위를 확고히 했다.(1550)

중종의 뒤를 이은 인종(재위 1544~1545)은 조광조의 비극 이후 은퇴해 있

* 사액 서원 임금이 이름을 지어서 새긴 편액을 내린 서원. 흔히 서적·토지·노비 등도 함께 하사했다. 조선 명종 때 주세붕이 세운 백운동 서원에 '소수 서원'이라 사액한 것이 시초다.

던 기묘 사림(기묘사화로 화를 입은 사림)을 불러올리고, 조광조가 시도했던 도학 정치를 전면적으로 펼치려 했다. 인종 자신이 도학 군주의 면모를 제대로 갖춘 성리학적 지식인이기도 했다. 이처럼 비록 조광조는 갔지만 그가 추구했던 성리학적 이상 정치의 희망이 사라진 것은 아니었다.

그러나 왕과 사대부가 함께 권력의 공공성을 지켜 나가는 도학 정치는 그 내부에 항상 위험 요소를 안고 있다. 도학 정치는 공적인 권위를 지닌 왕을 전제하는데, 왕 주변에는 항상 권력을 사유화하려는 경향을 지닌 친인척과 훈구 세력이 포진하게 마련이다. 왕이 강력한 의지와 힘을 갖고 이들을 제어하면 도학 정치가 가능하지만, 왕이 그들에게 작은 틈이라도 주면 도학 정치는 사상누각의 위험에 노출된다.

사실 중종은 기묘사화 이후에도 도학 정치에 미련을 갖고 있었다. 하지만 그는 이미 스스로 도학 정치에 대한 장애물의 싹을 키우고 있었다. 그것은 여색을 밝히는 한 남자로서, 그리고 왕통을 잇기 위해 가급적 많은 아들을 낳아야 하는 일국의 왕으로서 어쩔 수 없는 행동이었다. 첫 번째 싹은 애첩인 경빈 박씨와 그 사이에 태어난 복성군이었다. 기묘사화 이전에 출생한 복성군은 부모의 사랑을 받으며 무럭무럭 자랐다. 중종의 첫 번째 왕비인 단경왕후*는 후사 없이 쫓겨나고, 두 번째 왕비인 장경왕후 역시 오랫동안 아들을 낳지 못했다. 그러자 경빈 박

• 단경왕후 연산군의 처남인 신수근의 딸로, 신수근은 중종반정을 반대했다는 이유로 반정 세력에 의해 살해당했다. 중종반정 이후, 단경왕후가 신수근의 딸이라는 점이 마음에 걸린 반정 세력은 중종을 압박해 단경왕후를 폐위시키고 본가로 쫓아 보내도록 했다.

씨의 마음속에는 자기 아들을 보위에 앉혀 일국을 호령하고픈 욕망이 꿈틀거렸다.

그러던 차에 태어난 장경왕후의 아들은 두 번째 싹이었다. 장경왕후는 산후병을 이기지 못하고 스물다섯 꽃다운 나이에 세상을 떠났다. 그녀의 아들은 중종의 적자였으므로 당연히 세자에 책봉되었지만, 지켜 줄 어머니가 없는 상황이 경빈 박씨와 주변 인물들에게 자꾸만 몹쓸 미련을 안겨 주었다.

세 번째 싹은 장경왕후가 죽은 지 2년 만에 왕비로 책봉된 문정왕후였다. 경빈 박씨의 눈에는 자신을 밀어내고 왕비 자리를 차지한 문정왕후야말로 눈엣가시였을 것이다. 문정왕후는 그런 경빈 박씨를 의식하면서 우선은 세자를 적극적으로 보살펴 주었다.

경빈 박씨, 장경왕후, 문정왕후 세 여인을 둘러싼 궁중 암투는 1527년(중종 22)에 처음으로 폭발했다. 그해 2월, 누군가가 세자 생일에 쥐를 잡아 사지와 꼬리를 가르고, 주둥이와 귀와 눈을 불로 지져서 동궁 북정(집 안의 북쪽에 있는 뜰) 은행나무에 걸어 놓았다. 누가 봐도 세자를 저주하는 행위였다. 김안로 등은 경빈이 복성군을 세자로 만들려고 이런 짓을 저질렀다고 주장했다. 결국 그러한 주장이 받아들여져 경빈과 복성군은 궁궐에서 쫓겨난 뒤 1533년(중종 28)에 사사되었다.*

* 1541년에 이 사건을 조작한 자가 김안로의 아들 김희라는 것이 밝혀져, 경빈과 복성군은 신원(억울하게 입은 죄를 풀어 줌)되었다.

이렇게 경빈 박씨와 복성군이 억울한 죽음을 당하며 권력 투쟁에서 탈락하자 세자의 왕위 계승은 기정사실화되어

갔다. 그런데 1년 만에 변수가 생겼다. 문정왕후가 아들 경원대군을 낳은 것이다. 그러자 세자와 경원대군을 둘러싼 암투가 시작되었다. 세자의 외삼촌은 윤임, 경원대군의 외삼촌은 윤원로와 윤원형이었다. 윤임을 중심으로 세자를 옹위하는 세력은 '대윤'으로 불리고, 윤원형을 중심으로 경원대군을 옹호하는 세력은 '소윤'으로 불렸다. 대윤과 소윤의 암투는 10년 만에 중종의 죽음으로 세자가 즉위하면서 일단락되었다.

이때 즉위한 12대 인종은 여러 가지 면에서 연산군의 폭정과 기묘사화로 끊어졌던 도학 정치의 맥을 살려 나갈 수 있는 군주였다. 그러나 인종은 안타깝게도 8개월 만에 후사 없이 세상을 떠났고, 배다른 동생인 경원대군이 왕위에 올랐다. 그가 13대 명종이다. 즉위 당시 명종은 열두 살의 어린 나이였기 때문에 어머니인 문정왕후가 수렴청정*을 해야 했다. 조선의 운명이 문정왕후의 손에 들어간 것이다.

명종 대신 문정왕후가 한 일

명종이 어리니 문정왕후가 수렴청정을 하는 것은 필요했다. 명종처럼 어린 나이에 왕이 되었다가 숙부에게 왕위와 목숨을 모두 빼앗긴 단종의 전철을 밟으면 안 될 일이었다. 게다가 명종은 치열한 궁중 암투 끝에

* 수렴청정 임금이 어린 나이로 즉위했을 때, 왕대비나 대왕대비가 이를 도와 정사를 돌보던 일. 왕대비가 신하를 접견할 때 그 앞에 발을 늘인 데서 유래한다.

가까스로 왕이 된 사람이었다. 그렇게 해서 얻은 권력의 소중함을 어린 명종은 몰랐겠지만 문정왕후 주변의 소윤 일파는 절실히 느끼고 있었다. 그들은 어렵게 얻은 외척의 지위를 잃지 않기 위해 발버둥쳤다. 그 발버둥의 상대방은 10년 넘게 암투를 벌여 온 '대윤'일 수밖에 없었다.

소윤 일파에게 권력의 공공성이나 도학 정치의 명분 따위는 안중에도 없었다. 그들은 정적인 대윤 일파를 제거하는 데 모든 힘을 기울였다. 그런데 당시 인종의 외척이었던 대윤 세력은 인종이 아끼던 사림과도 밀접한 유대 관계를 맺고 있었다. 소윤은 명종이 즉위하자마자 대윤과 사림에 대한 공격을 개시했고, 바로 그해(1545) 을사사화라는 끔찍한 살육극을 일으켰다. 이때 윤임, 유관, 유인숙* 등이 반역 음모죄를 뒤집어쓰고 죽었다. 그 밖에도 10여 명이 화를 입고 사형당하거나 유배되었다.

추악한 권력 투쟁은 을사사화에서 그치지 않았다. 1547년(명종 2)에는 문정왕후의 수렴청정을 비난하는 벽서가 서울 양재역에 나붙었다. 문정왕후와 소윤은 이를 빌미삼아 봉성군(중종의 서자), 송인수 등을 사형에 처하고 이름난 도학자인 이언적을 비롯해 20여 명의 사대부를 유배 보냈다. 이처럼 을사사화 이래 몇 년간 소윤 일파의 음모로 화를 입은 반대파 인사들은 100여 명에 달했다. 이것은 단순한 외척 간의 싸움이 아니었다. 문정왕후와 소윤의 훈척 세력이 권력을 독점하

• 윤임, 유관, 유인숙은 을사사화 당시 '삼흉'으로 몰려, 나라를 위태롭게 했다는 죄목으로 처벌받았다.

⫶ 양재역 벽서 사건 ⫶

서울 지하철 3호선 양재역의 역사는 꽤 길다. 고려 때 양재라 불리다가 조선 시대에 역이 생기면서 양재역이 되었다. 그러던 어느 날 양재역에 벽서가 한 장 붙었다. 그 내용은 "위로는 여주女主가 정권을 잡고 아래로는 간신 이기 등이 권력을 농간하고 있으니, 나라가 장차 망할 것을 서서 기다릴 수 있겠다. 어찌 한심하지 않은가?"라는 것이었다. 여기서 '여주'는 문정왕후를 의미한다. 윤원형 일파는 이를 빌미로 대윤 세력을 숙청하기에 이르렀다. 그러나 양재역 벽서 사건은 사실 윤원형 일파가 대윤 세력을 없애기 위해 만들어 낸 것이었다고 알려져 있다. 정미년(1547)에 일어난 사화라 해서 '정미사화'라 부르기도 한다.

는 데 장애가 될 사대부들을 모조리 제거한 폭거였다. 이로써 기묘사화 이후 다시 살아나려던 도학 정치의 맥은 끊기고 말았다.

문정왕후가 어린 왕을 보호하기 위해 정적을 제거하는 것은 정치판의 생리상 있을 수 있는 일이라 생각할 수도 있다. 그러나 문정왕후가 정적을 제거하는 과정은 그녀와 소윤 일파가 어떤 정치적 지향을 가졌는지 적나라하게 보여 준다. 그들은 대윤을 제거하는 데서 그치지 않고 도학 정치의 기수들을 모조리 처단했다. 사대부와 협력하는 정치가 아니라 자신들이 독단적으로 이끌어 가는 정치를 택한 것이다. 그렇다면 그들은 훗날의 영조나 정조처럼 신하들의 프리즘을 통하지 않고 직접 백성과 소통하는 왕권을 지향했던 것일까? 그렇지 않았다. 그들의 목표는 자칫 잃어버릴 수 있는 훈척 세력의 특권을 독점적으로 향유하는 것이었다.

그러잖아도 연산군 이래 위기를 겪고 있던 조선 사회는 문정 왕후 치세에서 더욱 혼란스러워졌다. 위로는 소윤을 중심으로 한 왕의 척족(성이 다른 일가)이 국정을 농단하며 국가의 재산을 갉아먹고, 아래로는 지방관들과 아전들이 저마다 이익을 챙기며 백성을 수탈하는 데 골몰했다.

이런 병폐가 가장 두드러지게 나타난 분야가 바로 '공납'이었다. 공납이란 국가에 필요한 물품을 각지에서 걷어 들이는 세금의 일종이었다. 돈이나 쌀로 일정한 양을 걷지 않고 현물로 걷었기 때문에 지역별·계층별로 공물(공납할 물품)을 공정하게 할당하는 것이 여간 어려운 일이 아니었다. 아니나 다를까, 을사사화를 전후해 국정이 문란해지면서 공납을 둘러싼 비리가 줄을 이었다. 특히 방납의 폐단이 큰 사회적 문제가 되었다. 방납이란 어려운 백성을 대상으로 공납을 대신 내준 뒤 나중에 이자를 붙여 받아 가는 일이다. 그런데 이때 매긴 이자를 감당하기 어려워 자기 땅을 등지고 유리걸식하는 백성이 무수히 많았다.

이 같은 사회적 혼란을 한마디로 대변하는 것이 '임꺽정의 난'이었다. 임꺽정은 경기도 양주의 백정 출신이지만 황해도에 가서 산적 두목으로 활약했다. 황해도는 당시 공납의 폐단이 가장 심했던 곳이다. 임꺽정은 관아와 부호들을 습격해 얻은 재물을 가난한 백성에게 나눠 준다는 소문이 돌아 '의적'으로

소설 《임꺽정》 연재
벽초 홍명희가 1928년부터 조선일보에 연재한 《임꺽정》. 소설 속의 임꺽정은 부패한 관리에 맞서는 의적으로 묘사되어 있다.

불리기도 했다. 일개 산적에 불과한 임꺽정이 '반란의 수괴'로 지목된 것만 보아도 당시 임꺽정의 세력이 부패한 권력에 얼마나 큰 위협이었는지 알 수 있다. 조정은 무려 3년이나 걸린 토벌전 끝에 임꺽정을 잡아 처형했지만, 역사의 승자는 문정왕후가 아니라 임꺽정이었다. 다음 선조 대에 《명종실록》을 편찬한 사관의 평가가 모든 것을 말해 준다.

"나라에 선정이 없고, 교화가 밝지 않았다. 재상의 욕심과 수령의 포학함이 백성들의 살과 뼈를 깎아 내고, 기름과 피를 말리는 상황이었다. 백성은 손발을 움직일 곳이 없고, 붙잡고 호소할 곳도 없으며 굶주림과 추위가 절박해 아침에 저녁을 보장하기 어려운 처지였다. 임꺽정 일당은 이런 상황에서 백성들이 잠시라도 목숨을 이어 나가기 위해 도적으로 변신한 것이니, 이들을 도적으로 만든 것은 왕정의 잘못이지 그들의 죄가 아니다."

오래 살기라도 했더라면

1553년(명종 8) 명종이 스무 살이 되자 문정왕후는 아들에게 친정을 하도록 했다. 그러나 겉으로만 친정이었을 뿐 명종이 자기 마음대로 왕 노릇을 할 수 있는 것은 아니었다. 문정왕후는 계속 남동생인 윤원형과 협력해 정사에 관여했다. 그 시기에 문정왕후는 성리학자인 사대부들의 뜻과는 달리 불교를 숭상하고 승려인 보우에게 막강한 권한을 주어 원성을 샀다. 임꺽정의 난이 일어난 것도 명종이 친정에 나선 뒤의 일이었다.

명종이 어머니의 치마폭으로부터 벗어난 것은 문정왕후가 세상을 떠난 1565년(명종 20)의 일이었다. 문정왕후가 죽자 그동안 기죽어 지내던 사대부들은 일제히 일어나 잘못된 정사를 바로잡으라는 상소를 올리고 보우를 탄핵했다. 보우는 자리에서 쫓겨나고 불교는 다시 세력을 잃었다. 문정왕후의 밑에서 일세를 풍미하던 윤원형도 탄핵을 받아 귀양을 갔다가 죽었다.

명종은 이런 흐름을 거스르지 않았다. 적극적으로 사대부들을 등용해 인종의 도학 정치를 계승하려고 했다. 그러나 사대부들이 도와주지 않았다. 당대의 도학자로 유명했던 이황과 조식은 다 같이 명종의 부름에 응하지 않았다. 이황은 아직은 때가 아니라는 판단으로 명종이 내리는 벼슬을 사양하고 고향에서 학문에 정진했다. 조식은 처음부터 벼슬에 뜻이 없었기 때문에 명종을 만나 학문의 방법과 정치의 도리에 대해 논한 뒤 돌아갔다.

뒤늦게 혼자 힘으로 선정을 베풀어 보려는 뜻을 몰라주는 사대부들이 원망스러웠던 것일까? 명종은 제대로 왕 노릇을 해 보지도 못하고 본격적인 친정을 시작한 지 2년 만에 세상을 떠났다. 사대부들이 본격적으로 조정에 진출해 권력을 잡고 자신들의 뜻대로 정치를 하기 시작한 것은 다음 왕인 선조 때였다.

명종이 도학 정치에 뜻을 갖고 있었는데도 어머니와 맞서지 못한 것은 유약했기 때문일까, 아니면 유학의 큰 덕목인 '효' 때문이었을까? 어느 쪽이든 한 나라의 임금이 어머니와 자신의 정치적 지향 사이에서 오랜 세월 갈등했다면, 이는 유교적 왕정 국가 조선의 문제이지 명종 개인의 문제만은 아닐 것이다.

왕권과 콤플렉스

선조

현대 민주주의 국가의 최고 지도자에게 권력의 정당성과 관련된 콤플렉스가 있다면 선출 과정에서 생긴 문제 때문일 것이다. 부정선거처럼 부당한 방법으로 권력을 차지한 것이 아니라면 선거를 통해 선출된 지도자가 콤플렉스를 가질 이유는 없다. 그런데 선거가 아닌 세습으로 권좌에 오른 군주제의 국왕에게 콤플렉스가 있었다면 그 이유는 무엇이었을까? 조선 시대에 콤플렉스 하면 떠오르는 14대 왕 선조를 모델로 그 답을 찾아보자.

콤플렉스의 유래

　종법에 따르면 조선의 왕위는 선왕의 적장자가 계승하는 것이 원칙이다. 그러나 조선의 역사에서 왕위 계승이 이런 원칙에 따라 이루어진 예는 매우 드물다. 두 차례 왕자의 난을 통해 왕위에 오른 3대 태종은 태조의 다섯째 아들이었고, 4대 세종은 태종의 셋째 아들이었다. 적장자로서 처음 왕위에 오른 사람은 세종의 맏아들 문종이었고, 그 뒤를 이은 단종 역시 적장자였다. 종법을 지키겠다는 세종의 강력한 의지가 2대에 걸친 적법한 왕위 계승을 낳았다. 그러나 그것이 어떤 비극을 불러왔는지는 이미 살펴본 바 있다.

　조카를 몰아내고 왕위를 차지한 세조의 후계자들도 풍파를 겪기는 마찬가지였다. 적장자로 왕위를 계승한 10대 연산군과 12대 인종은 중도에 쫓겨나거나 일찍 죽었다. 오히려 적장자가 아니면서도 왕실 어른의 선택을 받아 왕위에 오른 세종과 성종이 천수를 누리면서 후세의 상찬을 받는 치적도 쌓았다.

명종은 배다른 형 인종이 후사 없이 죽는 바람에 어린 나이에 왕위에 올랐지만, 재위 기간 내내 어머니 문정왕후의 눈치를 보며 지냈다. 훈척 세력을 적극 비호한 문정왕후와 달리 명종 자신은 사림의 지지를 받는 도학 군주가 되고 싶었다. 그러나 어머니의 서슬에 눌려 뜻을 펴지 못했고, 어머니가 죽고 난 뒤에는 사림을 중용하려 해도 명망 있는 사림이 부름에 응하지 않았다.

게다가 명종의 외아들인 순회세자는 열세 살의 어린 나이에 일찍 죽고 말았다. 자칫하면 명종도 형인 인종처럼 후사 없이 죽을지 모르는 상황이었다. 왕실에는 이제 중종의 왕비에게서 나온 자손이 남아 있지 않았다. 만약 비상사태가 오면 왕위는 명종의 직계가 아닌 방계° 중에서 누군가가 이어받을 수밖에 없었다. 그중 한 명이 하성군(훗날의 선조)이었다. 그는 중종의 후궁인 창빈 안씨 소생 덕흥군의 셋째 아들이었다. 명종은 학문을 좋아하고 사리에 밝은 하성군을 어려서부터 총애했다고 한다. 전해지는 이야기 가운데는 이런 것도 있다.

어느 날 명종은 궁중의 왕손들을 모아 놓고 교육을 하다가 왕이 쓰는 익선관을 가져오게 했다. 그리고 왕손들에게 말했다.

° 방계 직계는 조부·부·자·손과 같이 조부로부터 손자에로 곧바로 이어 나가는 관계를, 방계는 형제·조카 등과 같이 공통의 조상을 통하여 갈라지는 관계를 말한다.

"너희들의 머리가 큰가 작은가 알아보려 하니 익선관을 써 보아라."

하성군은 왕손들 가운데 가장 나이

가 어렸다. 그런데 그는 여느 왕손들과 달리 두 손으로 익선관을 받들고는 쓰지 않고 도로 갖다 놓으면서 이렇게 말했다.

"이것이 어찌 보통 사람이 쓸 수 있는 것이겠습니까?"

이 같은 하성군의 행실을 본 명종은 기특하게 생각하며 예뻐했다고 한다. 하지만 죽기 전까지 명종은 대통(임금의 계통)을 이을 세자를 공식적으로 책봉하지 않았다. 그도 그럴 것이 1567년(명종 22) 6월 28일 갑작스레 쓰러질 때 명종의 나이는 겨우 서른네 살이었다. 얼마든지 아들을 볼 기회가 남아 있다고 생각했을 것이다.

명종이 느닷없이 쓰러지자 영의정 이준경과 심통원 등이 찾아와서 후계자를 정해 달라고 부탁했다. 의식이 희미한 명종은 말을 하지 못하고 간신히 손을 들어 안쪽 병풍을 가리켰다. 병풍 안에는 중전인 인순왕후가 있었다. 인순왕후는 병풍 안에서 일찍이 명종이 위독했을 때 하성군을 후계자로 정했다고 말했다. 왕이 후사 없이 사망했을 때 다음 왕을 정하는 권한은 왕실의 가장 큰 어른, 즉 대비나 중전에게 있었다. 그런 중전이 왕실의 다른 후보자들뿐 아니라 하성군의 친형 두 명까지 제치고 하성군을 지적한 것이다.

인순왕후는 열여섯 살 어린 하성군을 아들로 입적해 조선의 14대 왕으로 등극시켰다. 선조는 조선에서 왕의 직계가 아닌 방계가 왕위에 오른 첫 번째 사례였다. 그리고 이것은 두고두고 그의 콤플렉스로 작용하게 되었다.

왕의 콤플렉스를 건드리면

70년이 채 안 된 대한민국의 역사에서도 정통성 시비에 휘말린 집권자들이 있었다. 근대국가의 금과옥조인 민주주의를 저버리고 권력을 탈취한 독재자들이 그들이다. '사사오입' 같은 부정한 방법으로 대통령 자리를 이어 간 이승만은 영구 집권을 위해 부정선거를 획책했다. 힘으로 민주적 절차를 무력화시키고 권력을 잡은 박정희, 전두환 등은 그 콤플렉스 때문에 반대세력을 잔인하게 탄압했다.

현대인의 시선으로 볼 때 그들의 콤플렉스에 비하면 선조의 콤플렉스는 하찮은 것이다. 선왕의 직계가 아니라는 것이 무슨 콤플렉스일까? 세조처럼 천륜을 어기고 왕이 된 것도 아니고, 중종처럼 권신들의 꼭두각시로 왕위에 오른 것도 아니다. 그의 왕위 계승은 왕정 국가인 조선의 논리로 볼 때 매우 정당한 절차를 거친 것이다. 그러나 서출이라는 선조의 콤플렉스는 그의 치세 전반에 걸쳐 매우 큰 영향력을 발휘했고, 이를 벗어던지기 위해 선조는 때로 살육도 마다하지 않았다.

선조는 학문을 사랑하고 사림을 아끼는 왕이었다. 세조 이후 왕들 주위에 기생하던 훈척이 그의 주변에는 없었다. 선조는 자신의 약점을 극복하고 왕권을 지키기 위해 의식적으로 사림을 중용했다. 명종의 부름을 고사하던 이황(1501~1570) 같은 대학자들이 선조의 간청은 외면하지 않고 기꺼이 벼슬을 받아 선조를 도왔다. 중종 때 된서리를 맞았던 조광조의 제자들이 조정을 장악하고, 명종 때 설치던 윤원형 계통의 훈척들은 숙청되었다. 선조는 이황과 이이의 가르침을 기꺼이 받아들여 사림이 원하는 도학 군주가 되고자 노력했고, 사림들은 선조를 버팀목 삼아 자신들의 나라를 만들어 나갔다. 모진 시련 끝에 드디어 사림이 권력을 잡은 것이다.

사림의 권력은 언론에 뿌리가 있으므로 목에 칼이 들어와도 할 말은 하는 결연함만이 그 권력을 지켜 줄 수 있었다. 그러나 사림 전체의 권력은 이어질 수 있어도, 사림 개개인은 그러한 바른말로 파멸을 맞이할 가능성이 늘 있었다. 특히 민감한 콤플렉스를 가진 왕을 상대로 한 바른말일 때는 그 위험성이 더욱 커졌다.

거침없는 발언으로 유명했던 정여립이 첫 번째 희생양이었다. 당시 사림은 동인과 서인이라는 붕당을 이루고 있었는데, 처음에 정여립은 서인의 스승인 이이의 문하에 들어가 "공자는 익은 감이고 율곡은 덜 익은 감"이라며 스승을 극찬했다. 그러다가 동인으로 전향한 뒤에는 이이를 소인배라고 공공연히 비난했다. 이런 거친 언사는 선조 앞에서도 가림이 없었다. 선조의 눈 밖에 난 정여립은 아무리 천거를 받아도 등용되지 않았다. 낙향한 그는 전라도 진안에서 대동계*를 조직한 후 재기의 날을 기약했다. 대동계는 그 세력이 황해도까지 뻗쳤는데, 이들이 반역을 꾀하고 있다는 황해 감사 한준 등의 고변에 따라

* 대동계 용감하고 힘이 있는 자들과 노비를 모아 조직한 단체. 매월 15일 계원들이 모여 무술을 연마하고 술과 음식을 들면서 이씨 왕조를 몰아낼 계획을 꾸몄다고 한다. 한편 학계에서는 정여립의 난이 조작되었다는 주장도 나오고 있다.

정부군에 의해 일망타진되고, 정여립은 진안 죽도에서 자결하고 말았다.

정여립이 정말 역모를 한 것인지, 동인과 당쟁을 벌이던 서인의 음모에 휘말린 것인지는 논란의 여지가 있다. 그러나 정여립은 평소에 "천하는 모두의 것인데 어찌 주인이 있으랴.", "누구를 섬긴들 임금이 아니랴." 등의 혁명적인 언사를 하고 다녔다. 이런 말은 어떤 왕이 들어도 오싹했겠지만 특히 정통성 콤플렉스에 시달린 선조에게는 극심한 공포를 안겨 주었을 것이다. 선조는 증거도 불충분한 모반 사건을 처리하면서 정여립의 일족에 대해 어떤 자비도 베풀지 않았다.

다음 희생양은 정여립의 난을 처리하면서 동인 세력을 요절내고 권력의 정점에 올라선 서인의 거두 정철이었다. 그는 나라에 세자 자리가 오래 비어 있으면 안 된다면서 선조에게 둘째아들 광해군을 세자로 책봉하라는 건의를 올렸다. 그러나 선조는 광해군을 탐탁지 않게 여긴 데다 인빈 김씨의 소생인 신성군을 총애하고 있었다. 세자 책봉은 국왕 고유의 권한인데 하물며 선조의 의중과 배치되는 왕자를 세자로 건의한 것은 치명적인 실수였다. 왕위 계승과 관련해 콤플렉스를 가지고 있는 선조에게는 왕권에 대한 도전으로까지 비칠 수 있었다. 분노한 선조는 정철을 파직하고 유배에 처했다. 이것으로 정철의 정치적 생명은 사실상 끝난 것이나 마찬가지였다.

⫶⫶⫶ 서인의 거두, 정철 ⫶⫶⫶

흔히 송강 정철을 〈사미인곡〉 등을 지은 '가사 문학의 대가'로만 알고 있는 사람들이 많은데, 사실 그는 서인의 중심 인물로서 정치인으로도 뚜렷한 자취를 남긴 인물이다. 1589년, 우의정 자리에 오른 정철은 정여립의 모반 사건(기축옥사)를 다스리면서 동인 세력을 조정에서 몰아냈다. 그전까지만 해도 서인이 정치적으로 열세에 놓여 있었는데, 이를 계기로 정세가 뒤바뀐 것이다.

다음 해에 정철은 좌의정이 되었다. 그 당시 영의정은 이산해였고, 우의정은 유성룡이었다. 그때 동인인 이산해는 정철에게 복수하기로 결심하고 계략을 세운다. 선조가 신성군을 내심 세자로 점찍어 놓고 있다는 사실을 알고 있으면서도, 정철·유성룡과 더불어 광해군을 세자로 책봉해 달라고 건의하기로 한 것이다. 아니나 다를까 삼정승이 선조에게 아뢰기로 약속한 날, 이산해는 나오지 않았다. 게다가 그는 정철이 인빈 김씨와 신성군을 죽이려 한다는 소문까지 냈다. 그 파장은 엄청나서 정철은 왕의 노여움을 사 파직되었고, 이로써 그의 정치 인생도 사실상 끝이 나고 말았다.

콤플렉스가 빚은 누대의 비극

선조가 광해군을 세자로 책봉하지 않았던 데는 광해군이 후궁인 공빈 김씨의 아들, 즉 서자라는 이유도 있었다. 물론 선조가 총애하던 신성군도 서자였다. 본인이 서출이라는 콤플렉스를 갖고 있던 선조는 왕비인 의인왕후와의 사이에 아들이 없었다. 적장자가 없었다는 것이다. 그래서 가급적 후궁 소생인

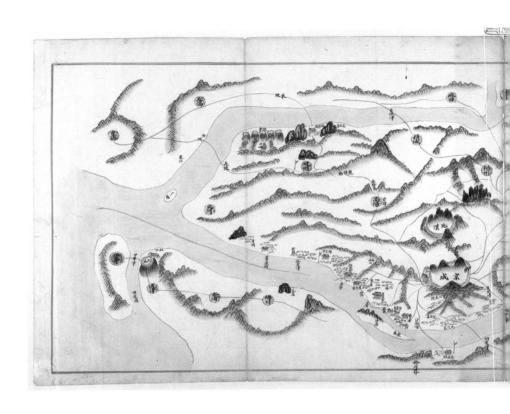

〈경강부임진도〉

임진왜란 당시 선조 임금이 한양을 떠나 임진나루를 건너 피난을 간 경로를 짐작해 볼 수 있다.

서자들에 대한 세자 책봉을 미루려는 것이 선조의 본심이었다.

그랬던 선조가 결국 광해군을 세자로 세우지 않을 수 없었던 것은 1592년에 일어난 임진왜란 때문이었다. 파죽지세로 올라오는 일본군 앞에서 한양을 비우고 평양으로 피란 간 선조는 국난에 대비해야 한다는 신료들의 간언에 떠밀려 광해군을 세자로 책봉했다. 그때 광해군은 권섭국사*의 직책을 맡아 부왕과 종묘사직을 나눠 갖고 평안도, 함경도, 강원도 등지에서 전쟁을 진두지휘했다. 선조가 의주까지 도망가 명으로 망명할 생각까지 했던 것에 비하면 광해군의 활약은 돋보였다.

전쟁이 거듭되면서 선조는 몇 차례나 광해군에게 양위(임금 자리를 물려줌)한다는 교서를 발표하곤 했다. 아비는 백성과 도성을 버리고 도망만 다니는데 아들은 목숨을 걸고 전장에 나가 싸우고 있으니 백성의 생각이 어느 쪽으로 기울었겠는가?

정통성에 대한 선조의 콤플렉스는 이제 아들인 광해군에 대한 콤플렉스로까지 이어졌다. 사실 광해군도 세자로는 약점이 많은 인물이었다. 적자가 아닌데다 서자로서도 그의 위에 형인 임해군이 있었다. 그러나 임해군은 성질이 포악하다는 평가 때문에 신료들의 지지를 받지 못했다. 그래서 광해군이 그를 밀어내고 세자 자리에 오를 수 있었다.

그런데 선조에게 콤플렉스를 씻어 낼 기회가 왔다. 의인왕후가 죽고 두 번째로 맞아들인 젊은 왕비 인목왕후가 아들 영창대군을 낳았기 때문이다. 선조가 말년에 적장자를 얻은 것이다. 선조는 광해

* 권섭국사 남을 대신하여 임시로 나랏일을 맡아보는 사람.

군을 밀어내고 이 아이를 세자로 삼고 싶었다. 그러나 한 번 결정된 세자 자리를 함부로 바꿀 수는 없는 노릇이었다. 영창대군에 대한 선조의 집착은 광해군의 경계심만 부추겼고, 이것은 광해군 즉위 이후 왕가의 비극으로 이어지고 말았다.

영창대군을 세자로 삼아 콤플렉스를 씻으려는 선조의 노욕은 그의 죽음과 함께 물거품이 되었고, 누가 봐도 임금의 자격이 충분한 광해군이 옥좌에 올랐다. 그러나 광해군에게 선왕의 적장자인 영창대군과 형인 임해군의 존재는 눈엣가시가 아닐 수 없었다. 결국 광해군은 형제인 영창대군과 임해군을 죽이고 계모인 인목대비를 서궁(지금의 덕수궁)에 유폐시키는 패륜을 저지르고 만다. 현대인이 보기엔 아무것도 아닌 콤플렉스 때문에 선조가 순리를 거스르지만 않았어도 이런 비극은 일어나지 않았을 것이다.

보통 사람들의 콤플렉스도 그 자신과 주변 사람들에게 고통을 가할 수 있지만, 한 국가의 지도자가 콤플렉스를 현명하게 극복하지 못할 때 그로 인해 생기는 비극은 그의 주변에 그치지 않는다. 콤플렉스의 성격이 다를 뿐 이것은 왕조 시대나 민주주의 시대나 변하지 않는 진리일 것이다.

패륜의 군주인가,
균형 외교의 달인인가?

광해군

조선 시대의 왕은 대개 조나 종으로 끝나는 묘호를 받았는데, 단 두 명만이 이 같은 묘호를 받지 못하고 왕자 시절에 불리던 군의 호칭으로 불린다. 중종반정으로 쫓겨난 연산군과 인조반정으로 쫓겨난 광해군이 그들이다. 하지만 이 둘에 대한 평가는 좀 다르다. 연산군이 폭군이라는 데는 학자들의 의견이 일치하는 반면, 광해군에 대한 평가는 엇갈리고 있다. 이 차이는 결국 조선 시대에 대한 평가의 차이로 이어진다. 그 차이를 살핀 뒤, 이에 대해 생각해 보는 시간을 갖기로 하자.

광해군과 그의 세력

조선이 임진왜란을 극복한 요인 가운데 하나로 광해군(재위 1608~1623)의 활약이 꼽힌다. 세자로서 부왕 선조와 조정을 둘로 나눠 전쟁을 진두지휘했기 때문이다. 광해군은 여러 신료의 지지를 받으면서도 적자가 아니라는 이유로 세자로 낙점받지 못하다가 피란지에서야 세자로 책봉되었다. 그리고 평안도, 강원도 등을 돌며 민심을 수습하는가 하면 경상도, 전라도 등 남쪽 지방으로 내려가 군량을 모으고 군기(전쟁에 쓰는 도구나 기구)를 조달하는 공을 세웠다.

이미 세자로 책봉된 데다 전쟁에서 공을 세웠기에 광해군이 다음 임금이 되는 것은 정해진 일로 보였다. 그러나 상황은 여의치 않았다. 선조가 55세 되는 해인 1606년(선조 39), 인목왕후가 드디어 적자인 영창대군을 낳았다. 평소 광해군을 못마땅해하던 선조는 내심 영창대군이 대통을 이었으면 좋겠다고 생각했다.

임진왜란 이후 정권을 잡고 있던 북인*도 왕위 계승 문제를 놓고 대북과 소북으로 갈라졌다. 대북은 광해군을 계속 세자로 지지하는 그룹이고, 소북은 이에 소극적이다가 영창대군이 태어나자 그를 지지하게 된 그룹이다. 소북의 유영경은 세종 때의 옛 일까지 끌어와 갓 태어난 영창대군에게 하례를 올리기도 했다.**

선조와 소북이 영창대군으로 세자를 교체하려는 움직임을 보이자 대북의 이이첨, 정인홍은 광해군을 세자로 유지해야 한다고 주장했다. 그러자 선조는 전란 전에 정철에게 그랬던 것처럼 몹시 노여워하며 그들을 유배에 처했다. 그가 영창대군에게 얼마나 집착했는가 하면, 광해군이 세자 자격으로 문안하러 오자 "어째서 세자의 문안이라고 이르느냐? 너는 임시로 봉한 것이니 다시는 여기에 오지 마라!"라고 꾸짖을 정도였다.

그러나 영창대군이 겨우 세 살 되던 1608년(선조 41) 선조가 급작스럽게 승하했다. 세자였던 광해군이 보위에 오르고 정권은 대북에게 넘어갔다. 왕위 계승 분쟁이 치열할 때는 언제나 그렇듯이 선조의 죽음을 두고도 독살설이 제기되었다. 아침까지 아무렇지도 않았던 선조가 집무를 보던 중 광해군이 올린 음식을 먹고 갑자기 쓰러져 죽었다는 것이다. 그리하여 광해군을 지지하던

* 북인　동인은 서인에 대한 태도를 놓고 유성룡이 주도하는 남인과 이산해가 주도하는 북인으로 갈라졌다.

** 유영경은 세종 때 소헌왕후 심씨가 세종의 넷째 아들인 임영 대군과 다섯째 아들인 광평 대군을 낳았을 때 백관들이 하례한 예를 들어 가며, 백관들을 거느리고 하례를 올릴 것을 주장했다. 이는 세자 광해군의 지위를 흔드는 것이나 마찬가지였다.

이이첨이 대전의 김 상궁과 짜고 선조를 해쳤다는 소문이 퍼졌다. 선조로부터 유배 명령을 받았던 이이첨이 이틀 동안이나 머뭇거리다가 풀려난 것도 이런 소문을 더욱 부풀렸다. 어의 허준의 노력에도 불구하고 선조가 세상을 뜨고 광해군의 세상이 오자, 영창대군을 지지하던 소북의 유영경 등은 모두 유배되고 처형당했다.

이제 대북의 천하가 도래했다. 대북은 어떤 사람들인가? 이산해, 이이첨, 정인홍, 홍여순, 기자헌, 허균 등이 그들인데, 《홍길동전》을 쓴 허균을 빼면 두드러지게 이름이 난 사람들은 없다. 이들은 퇴계 이황과 어깨를 겨루던 대학자 남명 조식°의 제자들로, 조식이 벼슬에 나아가지 않고 초야에서 도를 닦았기 때문인지 제자인 그들도 크게 이름을 날리지는 못했다. 그러나 강직하고 실천적인 조식의 학풍을 물려받은 그들은 임진왜란 때 의병을 일으켜 왜군을 물리치는 데 큰 공을 쌓았다. 바로 그런 점에서 임진왜란 때 전공을 쌓은 광해군과 통하는 점이 있는 세력이었다.

대북 세력은 의협심이 강하고 실천적인 데 비해 학문적인 능력은 떨어진다는 평가를 받기도 했다. 일찍이 정인홍을 접했던 율곡 이이는 그를 가리켜 "강직하나 식견이 밝지 못하니, 용병에 비유한다면 돌격장이 적격이다."라고 말한 것으로 전한다. 이이의 평가가 정확한 것인지는 알 수 없으나, 정권을 잡은 대북 세

• 조식 경상우도의 학풍을 대표하는 학자로, 경상좌도의 이황과 쌍벽을 이룰 만큼 학문의 깊이가 대단했다. 철저한 절제로 일관하여 불의와 타협하지 않았으며, 그 당시의 사회 현실과 정치적 모순에 대해서는 적극적으로 비판한 학자로 유명하다.

력은 돌격대처럼 거침없이 당파적 정책을 추진해 나갔다. 유성룡계의 남인과 서인 세력을 추방하고, 스승인 조식을 추존하는 사업을 벌이기 시작했다. 조식과 대척점에 있는 이언적과 이황을 비방하는 상소를 올려 두 사람을 문묘에 종사하지 못하도록 하기도 했다. 그러자 팔도 유생이 벌떼같이 일어나 대북 세력을 탄핵하는 혼란이 벌어졌다. 요컨대 광해군과 대북 세력은 매우 당파적이고 현실적이며 추진력이 강한 집단이었다.

업적을 가린 패륜 행적

광해군은 임진왜란의 피해를 극복하는 과정에서 적지 않은 업적을 쌓았다. 전란 중에 불탄 창덕궁을 다시 세우고, 어의 허준을 적극 지원해 《동의보감》을 완성하도록 했다. 무엇보다도 공납의 폐단을 해결하고 전란으로 피폐해진 농민의 부담을 덜어 주기 위해 즉위년부터 경기도에서 실시한 대동법은 아마도 광해군의 최대 업적일 것이다. 대동법은 오랜 기간 시행착오를 거친 끝에 자리 잡아 조선에서 상품 화폐 경제가 본격적으로 발전하는 데 결정적인 역할을 했다.

그러나 선조 말년에 영창대군을 상대로 벌어진 왕위 계승 분쟁은 이러한 광해군의 치적을 무색케 하는 반인륜적 폭거로 이어지고 말았다. 광해군은 즉위 직후부터 왕위의 안정성을 위협하는 변수들로 크게 흔들렸다. 선조의 승하와 광해군의 왕위 계승을 알리러 명에 들어간 사신들은 뜻밖의 소식을 갖고 돌아왔다. 명 조정이 광해군의 형이자 선조의 장자인 임해군이 왕위에 오르지 못한 데 대해 이의를 제기한 것이다. 명이 직접 사신을 보내 이를 확인하려 하자 광해군은 임해군에게 미친 행세를 하도록 해 위기를 모면했다. 임해군은 결국 1609년(광해군 1) 불씨를 완전히 제거하려는 대북 세력에 의해 목숨을 잃고 말았다.

광해군과 대북 세력에게 임해군보다 더 큰 위협이 되는 존재는 선왕의 적자인 영창대군이었다. 영창대군을 옹립하려던 유영경 등 소북 세력을 처단한 뒤에도 그들의 불안감은 지속되었다. 그러던 차에 1613년(광해군 5) 명문가 서자 일곱 명이 연루된 모반 사건이 발각되었다. 박응서 등은 서자 출신으로 벼슬길이 막힌 데 울분을 품고 반란을 계획했다. 그리고 거사 자금을 마련하기 위해 조령에서 은 상인을 살해하고 은을 약탈했다.

체포된 일곱 명을 취조하던 도중 영창대군의 외할아버지인 연흥부원군 김제남이 영창대군을 추대하려 한다는 진술이 나왔다. 훗날 이 진술은 포도대장 한희길의 사주에 의한 것으로 드러났지만, 광해군이 영창대군을 제거하는 구실이 되었다. 김제남은 처형되고 영창대군은 강화도 교동에 유배되었다가 1614년(광해군 6) 강화 부사 정항의 손에 참혹한 죽음을 당했다. 광해군은 나아가 1618년(광해군 10) 영창대군의 생모인 인목왕후를 폐하고 서궁에 유폐했다.

▥ 비운의 왕자 영창대군 ▥

광해군이 왕위에 오른 뒤 영창대군은 모함을 받아 생을 마감하게 되었다. 전해지는 이야기에 따르면, 광해군은 여덟 살밖에 안 된 영창대군에게 죄를 묻는 것을 망설였다. 하지만 이이첨 등이 계속 다그치자 어쩔 수 없이 서인으로 강등하고 강화 교동의 어느 민가에 구금시켰다. 그리고 1614년 2월 10일, 강화 부사 정항이 방 안에 가두고 불을 때는 '증살'이라는 참혹한 방법으로 영창대군을 죽였다. 이때 광해군은 영창대군이 병으로 죽었다는 거짓 보고를 받았다. 하지만 그는 영창대군이 무참하게 살해당했음을 짐작하고, 어린 동생에 대한 연민을 드러내며 후하게 장례를 치렀다고 전한다.

형제를 잇달아 죽이고 계모를 가둔 행위는 훗날 정치적 반대 세력인 서인이 광해군을 패륜아로 낙인찍고 그를 몰아내는 구실이 되었다. 권력을 지키기 위해 혈육을 살상한 행위는 분명 천륜을 어기는 짓이다. 그러나 우리가 이미 살펴본 것처럼 태종도, 세조도 왕위를 차지하기 위해 패륜을 저질렀다. 그런 행위는 군주제 아래의 왕이라면 특정한 상황에서 누구나 범할 수 있는 일이었다. 패륜도 정당화될 수 있다는 이야기가 아니라 군주제란 그처럼 비정한 제도라는 뜻이다. 그런데 유독 광해군에게 더 가혹한 평가가 내려진 이유는 무엇일까? 다른 왕과 달리 그가 연산군처럼 쫓겨났기 때문이다. 광해군과 대북 세력이 쫓겨난 것은 조선이 가혹한 선택 앞에 놓여야 했던 17세기의 국제 정치 상황과 밀접한 관련이 있다.

명분과 실리 사이

광해군이 인목왕후를 서궁에 가둔 1618년(광해군 10), 명은 조선에 파병을 요청해 왔다. 2년 전인 1616년(광해군 8) 후금을 세우고 중원을 압박하던 여진족을 정벌하기 위해서였다. 조선의 사대부들, 특히 서인은 임진왜란 때 망해 가던 조국을 다시 세우도록 도와준 명의 은혜를 '재조지은'(거의 망하게 된 것을 구원하여 도와준 은혜)이라 부르며 고마워하고 있었다. 그런 의리를 생각하면 명의 요청을 거부할 명분은 없었다.

그러나 앞에서 살펴보았듯 광해군과 대북 세력은 현실적인 사람들이었다. 그들은 임진왜란으로 명과 조선이 피폐해 갈 때 힘을 키운 여진족이 얼마나 강해졌는지 예의 주시하고 있었다. 그러면서 국방 경비를 정비하고 무기를 만드는 등 혹시 모를 사태에 대비하고 있었다. 그러던 참에 명의 요청이 있자 서인을 중심으로 신속하게 이에 응해야 한다는 건의가 빗발쳤다. 그러나 광해군은 쉽사리 결정하지 못하고 시세를 관망했다.

끝내 파병할 수밖에 없는 상황이 되자 광해군은 강홍립을 도원수*로 삼아 1만 3천 명의 군사를 이끌고 원정에 나서도록 했다. 그러면서 강홍립에게 '명을 돕되 형세를 잘 살펴서 행동하라'는 밀지를 내렸다. 후금의 세력이 강하니 명을 돕다가 자칫 후금과 원수 되는 상황을 피하라는 뜻이었을 것이다.

강홍립이 지휘하는 조선군은 명군과 함께 후금에 맞서 전투를 벌였다. 광

* 도원수 고려·조선 시대, 전쟁이 났을 때 군무를 통괄하던 임시 무관 벼슬.

해군의 비밀 명령을 모르는 김응하, 김원복은 목숨을 걸고 싸워 큰 승리를 거두었다. 하지만 다음 번 부차령 싸움에서 명군 3만 명은 전멸하고 말았다. 임진왜란 때 참전했던 명 장수 유정은 칼로 자신의 목을 베어 죽었다. 김응하와 김원복도 3천 명의 군사와 함께 장렬히 전사했다.

후금이 생각보다 더 강하다는 것을 확인한 강홍립은 후금 황제 누르하치에게 편지를 보냈다.

"우리는 임진왜란 때 명의 도움을 받았기에 어쩔 수 없이 군대를 이끌고 왔소. 당신들과 싸울 생각은 없소."

누르하치가 강홍립의 뜻을 받아들이자 강홍립은 남은 군사들을 이끌고 후금군에 항복했다. 누르하치는 항복한 군사들을 조선으로 돌려보내고 강홍립과 부원수 김경서만 후금의 서울인 허투아라에 억류했다. 누르하치와 강홍립 사이의 비밀 거래를 모르던 김경서는 후금 진영을 면밀히 살핀 뒤 그 내용을 편지에 적어 고국으로 돌아가는 군사에게 몰래 건넸다. 그러나 편지는 도중에 발각되고 김경서는 후금 군사들에게 죽임을 당하고 말았다.

군사들이 귀국해 강홍립이 후금에 항복한 사실이 알려지자 명에 대한 의리를 중요하게 여기는 서인은 들끓었다. 그들에게는 인목왕후를 감금한 것도 패륜이고 명의 은혜를 저버린 것도 패륜이었다. 서인 사이에서 모반의 분위기가 감돌기 시작했다. 이귀, 김자점, 김류, 이괄 등이 적극적인 움직임을 보이고 광해군의 조카인 능양군(훗날의 인조)이 정변의 선두에 나서면서 반

강홍립의 항복
광해군의 명에 따라 후금에 항복한 강홍립을 그린 장면이다.

정은 가시권에 들어왔다.

거사일은 1623년(광해군 15) 3월 12일이었다. 이서가 경기도 파주 장단에서 군사를 일으키고, 이중로는 강원도 이천에서 군사를 일으켜 홍제원*에서 김류의 군대와 합류했다. 이 군대를 몸소 거느린 능양군은 이괄을 대장으로 삼아 그날 밤 창의문(자하문)을 통해 창덕궁으로 진격했다. 훈련대장 이흥립이 사전에 반정군과 내통하고 있었기 때문에 대궐 문이 쉽게 열려, 반정군은 어렵지 않게 창덕궁을 점령했다.

반란의 소문이 흉흉한데도 궁궐 안에서 연희를 즐기던 광해군은 부랴부랴 궁궐을 빠져나가 의관 안국신의 집에 피신했다가 붙잡혔다. 반정군은 그를 끌고 서궁으로 가 인목왕후 앞에 무릎 꿇렸다. 인목왕후는 아들을 죽인 원수인 광해군을 왕위에서 끌어내리고 능양군이 새 임금에 오르는 것을 허락했다. 서인으로 강등된 광해군은 강화도로 유배되었다. 대북 정권의 이이첨, 정인홍 등 수십 명은 참수되었고, 200여 명이 유배에 처해졌다. 이로써 광해군과 대북의 시대는 15년 만에 막을 내리고 말았다. 정권을 탈취한 인조와 서인은 후금(청)이 조선의 산천과 백성을 유린하고 인조가 항복할 때까지 명에 대한 의리를 저버리지 않았다.

광해군이 연산군과 달리 오늘날 재평가를 받는 이유는 명청교체라는 당시의 세계사적 사건이 미국과 중국이 겨루는 오늘의 세계정세와 비슷하기 때문이기도 하다. 두 강대

• 홍제원 서울 서대문구 홍제동 지역에 있었던 국영 여관. 공무 여행자에게 편의를 제공하기 위한 목적으로 설치된 것이다.

광해군묘

국 어느 한편으로 기울다가 화를 당하지 않으려면 명과 후금 사이에서 균형을 맞추려 했던 광해군의 지혜를 다시 볼 필요가 있다는 견해들이 있다. 이런 견해에 반대하는 사람들은 비정한 현실 정치에서도 도덕과 의리라는 덕목은 지켜야 한다면서 인조반정을 높게 평가한다. 어느 쪽이 올바른 태도일까? 이 문제에 대한 결론은 광해군의 반대편에 있던 인조의 행적까지 살펴본 후에 생각해 보는 것이 좋을 듯하다.

백성을 버리고 지킨 왕권

인조

어떤 이들은 명청 교체기에 중립 외교를 편 광해군이 현명했고 의리를 내세우다 전란의 참화를 초래한 인조가 무능했다고 평한다. 반면 어떤 이들은 광해군이 망쳐 놓은 조선 왕조의 정신을 인조가 되살렸다고 평한다. 만약 당대 백성의 입장에서 인조를 평가한다면 어떤 결론을 내릴 수 있을까? 인조반정부터 병자호란까지의 역사를 따라가며 이 문제를 생각해 보기로 하자.

반정의 길

　중종반정으로 왕위에 오른 중종은 철저히 반정 세력에게 떠밀려 그 자리에 앉았다. 반면에 인조반정으로 왕위에 오른 인조는 그 자신이 반정의 지휘자였다. 인조는 선조의 다섯째 아들인 정원군(뒤에 원종으로 추존)의 아들로, 광해군의 조카였다.

　임해군과 영창대군처럼 직접 숙청의 대상이 되지는 않았지만 정원군도 광해군의 견제를 받았다. 그에게는 훗날 인조가 되는 능양군 말고도 능원군, 능창군 등의 아들이 있었다. 이들 가운데 능창군이 모반죄로 모함을 받아 열일곱 어린 나이에 처형당했다. 그러자 능창군의 아버지 정원군은 병에 시달리다가 마흔 살의 나이로 세상을 떠났다. 광해군 때문에 아버지와 동생을 잃은 능양군이 숙부 광해군에 대해 좋은 마음을 품었을 리가 없다. 인조반정이 일어난 것은 그로부터 4년 뒤인 1623년이었다.

능창군이 어려서부터 무예에 능하고 사람들과 잘 사귀었던 반면, 능양군은 말이 없고 내성적이었다. 《인조실록》에 따르면 능양군의 넓적다리에는 검은 점이 무수히 많았다고 한다. 할아버지 선조는 중국의 한 왕조를 세운 고조(재위 기원전 202~195) 유방이 그런 신체적 특징을 가지고 있었다며 아무한테도 말하지 말라고 했다. 그러면서 선조는 능양군의 휘(왕이나 제후 등이 생전에 쓰던 이름)와 자(본이름 외에 부르는 이름)를 몸소 지어 주며 귀여워했는데, 광해군은 그런 아버지의 처사를 못마땅해 했다고 한다.

능양군은 마치 유방처럼 겉으로 드러나지 않게 자신의 세력을 모아 나갔다. 인조의 외척 세력인 신경진, 구굉과 대북 권력으로부터 소외되어 있던 이귀, 이서, 김류, 김자점 등 서인 세력이 그의 주변에 모였다. 그들은 광해군이 천륜을 어기고 명에 대한 의리를 저버렸다는 것을 명분으로 반정을 일으키는 데 뜻을 모았다.

능양군을 중심으로 한 반정 계획은 사전에 여러 사람을 통해 누설될 위기에 처했다. 급해진 반정군은 예정일을 앞당겨 가족들에게 '궁궐에 불길이 보이지 않으면 실패한 것으로 알고 자결하라'는 유언을 남기고 거사했다. 그 당시 광해군은 반역이 일어난다는 보고를 받았으나 심각성을 모르고 있었다. 그가 위급함을 알았을 때는 이미 늦었다. 반정군은 돈화문을 부수고 창덕궁으로 밀고 들어가 궁 안에 불을 질렀다.

광해군은 불길이 솟는 것을 보고 내관에게 "다른 성씨를 가진 자가 역모를 했으면 종묘에 불을 질렀을 것이니 올라가서 살펴보라."라고 했다. 내관은 종묘와 가까운 창경궁 함춘원에 불이 난 것을 보고 착각해서 광해군에게 "종묘에 불이 붙었습니다!" 하고 다급하게 외쳤다. 광해군은 "내 대에 와서 종묘사직이 끝나는구나!" 하고 긴 탄식을 내뿜으며 북문 담을 넘어 도망쳤다.

앞서 살펴본 것처럼 광해군은 반정군에게 잡혀 와 인목왕후 앞에 무릎 꿇려졌다. 반정의 명분이 광해군의 패륜을 응징한다는 것이었으므로 능양군은 모든 결정을 할머니이자 왕실의 가장 큰 어른인 인목왕후에게 맡길 수밖에 없었다. 인목왕후는 처음에는 반정이 일어났다는 것을 믿지 않았다. 그런 인목왕후가 광해군을 데려오라고 할 때부터 옥새를 가져오게 해서 능양군에게 전해 줄 때까지, 능양군과 반정 세력은 피가 마르는 초조함 속에 인목왕후의 입만 바라보아야 했다.

명분과 의리의 길

왕위에 오른 능양군, 즉 인조는 정당한 왕위 계승권자가 아니었던 까닭에 자신의 입지를 다지기 위해 애를 썼다. 그래서 누구보다도 인목왕후를 깍듯이 모셨다. 그러나 왕위를 찬탈한 인조에 대해 백성의 시선은 곱지 못했다. 이괄이라는 이가 반정 공신이면서도 제대로 된 대접을 받지 못했다고 반란을 일으컸을 때 백성의 반응을 보면 알 수 있다. 이괄의 반군이 워낙 기세등등했기 때문에 인조는 서울을 떠날 수밖에 없었다. 그때 인조가 한강 변에서 배를 타려고 하자 백성들은 인조가 탈 배를 숨겨 두기도 했다. 반면에 서울로 입성하는 이괄은 백성들의 열광적인 환영을 받았다.

이괄의 난을 진압한 인조는 정통성을 창출하기 위해 사림의 반대를 무릅쓰고 아버지인 정원군을 추존왕인 원종으로 받드는 일을 강행했다. 그리고 인조반정의 명분을 지키기 위해 대외 관계에서 명에 대한 의리를 지키고, 떠오르는 강대국 후금에 대한 적대 정책을 일관되게 펼쳐 나갔다.

광해군의 밀지를 받고 후금에 항복한 강홍립은 졸지에 반역자가 되어 고국으로 돌아오고 싶어도 올 수 없는 처지가 되었다. 후금도 광해군과 친선 관계를 맺고 명과 벌이는 전쟁에서 후방의 안전을 기하려다가 뒤통수를 맞은 상황이었다. 후금은 광해군을 몰아내고 명과 다시 친해지려는 조선에 압력을 가하기 시작했다. 대의명분을 앞세우는 인조와 서인 정권이 이러한 압력을 받아들일 리 없었다.

결국 1627년(인조 5) 후금은 강홍립을 길잡이로 앞세우고 광해군의 원수를 갚는다며 조선을 침공했다. 이것이 정묘호란이다. 이때 인조는 강화도로 피란해서 버텼고, 후금도 조선을 정복하려는 것이 아니라 적대적인 후방 세력을 진정시키는 데 목적이 있었으므로 강화가 어렵지 않게 이루어졌다. 후금과 조선은 '형제의 맹약'을 맺었고 후금군은 철수했다. 인조는 비록 오랑캐로 여기는 후금 황제를 '형님'으로 모시게 되어 자존심에 금이 가기는 했지만, 명과의 외교 관계를 계속 이어 갈 수 있었기 때문에 정치적으로 큰 손상을 입지는 않았다. 만약 명이 국세를 회복해 후금을 물리쳐 주기만 한다면 명에 대한 의리를 끝까지 포기하지 않은 대가로 훨씬 더 탄탄한 대내적·대외적 지위를 회복할 수도 있었다.

그러나 세상은 인조의 뜻대로 돌아가지 않았다. 후금의 주인인 여진족은 9년이 지난 1636년(인조 14) 더욱 강한 세력이 되어 국호를 청으로 고치더니 조선에 대해 차원이 다른 압박을 가해 왔다. '형제 관계'를 '군신 관계'로 바꾸자고 하면서 조선이 자국에 바치는 공물과 전쟁 물자도 마음대로 늘려서 요구했다. 명이 여진족을 물리쳐 옛날로 돌아가리라는 희망도 점점 사라지고 있었다. 자칫하면 명분을 지키려다 나라와 백성을 엄청난 재앙으로 몰아넣을 수도 있는 상황이었다. 인조에게는 결단의 날이 다가오고 있었다.

백성을 잃고 권력을 얻은 왕

조선의 조정은 청의 부당한 요구를 거부하고 끝까지 절개를 지켜야 한다는 '척화파'와, 현실적인 타협의 가능성을 모색해야 한다는 '화의파'로 갈라졌다. 인조는 평소에 보이던 모습대로 척화파의 손을 들어 주고 의리와 명분을 지키는 쪽을 택했다.

그해 12월 8일 청군은 압록강을 건너 6일 만에 서울 근교까지 이르렀다(병자호란). 청군이 그토록 빨리 남하하리라고 예상하지 못한 인조는 이번에도 강화도로 들어가 버틸 생각을 하고 궁궐을 나섰다. 그러나 청군은 이미 이를 예상하고 서울과 강화도를 연결하는 길을 차단하고 있었다.

숭례문에서 우왕좌왕하며 사태를 살피던 인조는 신하들의 제안에 따라 강화도로 파천*하는 것을 포기하고 남한산성으로 들어가 농성을 시작했다. 청군은 압도적인 군세로 남한산성을 겹겹이 포위한 뒤 인조를 압박했다. 이 소식을 들은 청 태종(재위 1626~1643)은 인조의 항복을 받기 위해 남한산성으로 내려왔다. 1636년 12월 15일부터 이듬해인 1637년 1월 30일까지 45일간에 걸친 남한산성의 항전은 이렇게 전개되었다.

인조는 임진왜란 때처럼 전국에서 의병이 일어나 왕과 종묘사직을 지키고 침략군을 물리쳐 주기를 기대했다. 그러나 청군은 너무나 강했고 추운 날씨 속에 항전의 의지는 그다지 크지 않았다. 결국 1월 30일 인조는 항전을 포기하고 남한산성을 나섰다. 항복 의식은 남한산성 북쪽, 오늘날의 서울 송파구 잠실에 있는 삼전도에서 거행되었다.

인조는 소현세자와 봉림대군을 비롯한 500여 명의 신하들이 지켜보는 가운데 청 태종 앞에서 '삼배구고두'라는 치욕적인 예를 올렸다. 삼배구고두는 여진족이 자신들의 황제를 알현할 때 세 번 절하고 아홉 번 머리를 조아리는 의식이었다. 이 참담한 의식을 보며 세

* 파천 임금이 도성을 떠나 다른 곳으로 피란하던 일.

남한산성도

자와 신하들은 속으로 피눈물을 흘렸다. 훗날 효종이 된 봉림 대군은 이날의 치욕을 잊지 않고 청에 복수하기 위한 북벌을 추진하게 된다.

그러나 인조는 항복으로 모든 것을 잃지는 않았다. 오히려 청 태종은 항복 의식이 끝나자 제국의 2인자들인 친왕들을 옆으로 물리고 자기 바로 왼쪽에 인조를 앉혔다. 그리고 그를 일국의 군왕으로 깍듯이 대접해 주었다. 인조는 백성의 목숨을 담보로 남한산성에서 버틴 대가로 청 제국 체제의 2인자 자리를 얻은 것이다.

모든 의식이 끝난 뒤 인조는 밭 한가운데서 대기하다가 해질 녘에야 도성으로 돌아가라는 '지시'를 받았다. 인조가 강을 건너기 위해 도착한 소파진에는 빈 배 두 척만이 남아 있었다. 신하들이 서로 건너려고 몸싸움을 하며 인조의 옷소매까지 붙잡는 지경이었다. 청 태종은 용골대가 지휘하는 청군을 보내 인조가 궁궐로 돌아가는 길을 좌우 양쪽에서 호위하도록 했다. 길가에는 1만 명을 헤아리는 '사로잡힌 자녀'(청군에 포로로 붙잡힌 백성들)들이 인조를 향해 "우리 임금이시여, 우리 임금이시여, 우리를 버리고 가십니까?" 하고 울부짖었다.

인조는 남한산성으로 들어갈 때나 그곳에서 나와 환궁할 때나 조선의 왕이었다. 그러나 항복하고 난 뒤에 그의 국제적 지위는 오히려 더 높아져 있었다. 1644년 명이 멸망하고 청이 중국 대륙의 주인이 되고 난 다음에는 더욱 그러했다. 청에 맞서 조선의 왕권을 지키려고 두 달 가까이 버틴 덕에 청 황제로부터 제국의 친왕들보다 더 지위가 높은 일국의 왕으로 인정받았기 때문이다.

그러나 인조가 이런 국제적 지위를 얻게 된 것은 그가 인조반정을 일으켰을 때 내세운 의리와 명분을 지키기는커녕 그것을 이유로 백성을 처참한 전쟁의 도가니 속으로 밀어 넣은 대가라고 해도 지나친 말이 아니다. 인조는 백성을 버리고 국왕으로 살아남았던 것이다.

북벌의 정치학

효종

조선의 17대 국왕 효종孝宗 하면 '북벌'밖에 떠오르지 않을 만큼 그와 북벌은 떼려야 뗄 수 없이 연결되어 있다. 이 북벌에 관해서는 정말 병자호란의 복수를 위해 청을 정벌하려던 것이라는 주장과 흐트러진 내정을 다잡고 왕권을 강화하기 위한 형식적인 몸짓이었다는 주장이 엇갈린다. 과연 북벌은 시련기의 국왕 효종에게, 그리고 17세기 조선 왕조에게 무엇이었을까?

효종의 조건

효종(재위 1649~1659)은 인조의 둘째 아들로, 정상적 상황이
라면 왕위에 오를 수 없는 서열이었다. 그런 효종이 왕위에 오
른 배경에는 병자호란이 있었다. 이 치욕적인 전란은 효종과
그의 형인 소현세자의 운명을 완전히 바꿔 놓았다.

소현세자와 봉림대군(효종)은 병자호란 때 아버지 인조가 청
태종 앞에서 머리를 땅에 조아리며 항복의 예를 올리는 모습
을 똑똑히 지켜보았다. 그리고 둘이 함께 청의 볼모가 되어 심
양瀋陽으로 잡혀 갔다. 그때 봉림대군은 등에 업혀 가던 세 살
짜리 어린 딸을 병으로 잃는 아픔도 겪었다.

소현세자와 봉림대군은 우애가 돈독했던 것으로 알려져 있
지만 성향은 달랐다. 봉림대군이 아버지 인조를 닮아 소극적이
고 과묵했던 반면, 소현세자는 상당히 사교적이고 활발하게 움
직였다. 그는 청 황실과 우호적인 관계를 유지하고 북경에 들어

아담 샬 신부
독일 출신의 로마카톨릭 교회 사제이다. 북경에 머물 때 소현세자에게 천문 지식과 기독교 교리를 전달해 주었다.

와 있던 서양 선교사들로부터 서양 문물에 관한 지식도 적극적으로 받아들였다.

이러한 소현세자의 행적이 인조에게는 불쾌하게 받아들여졌다. 조정 내부의 반청적인 분위기도 소현세자에게 불리하게 돌아갔다. 소현세자는 왕위 계승을 준비하기 위해 귀국했다가 인조와 신료들의 냉대에 맞닥뜨려야 했다. 그러다가 젊은 나이에 병사하고 말았는데, 그의 죽음은 조선 시대의 대표적인 의문사로 꼽힌다. 이와 관련해서는 아마도 인조에 의해 독살당했을 것이라는 추론이 무성하다.

소현세자가 죽자 봉림대군은 급거 귀국했다. 세자에게는 아들들이 있었기 때문에 종법에 따르면 대통을 이어야 하는 것은 봉림대군이 아니라 세자의 장남이었다. 그러나 인조는 이미 눈 밖에 난 소현세자의 가족을 버리고 봉림대군을 세자로 책봉했다. 그리고 소현세자의 부인과 첫째·둘째 아들은 역모 혐의를 뒤집어쓰고 죽임을 당했다. 소현세자가 인조와 조선 조정에 위험한 인물로 낙인찍힌 이상 그것은 정해진 수순이었다고도 볼 수 있다.

병자호란이 아니었으면 소현세자가 일찍 죽을 일은 아마도 없었을 것이다. 그리고 설령 소현세자가 병을 얻어 죽었더라도 인조의 후계자는 세손이었을 것이다. 그러나 병자호란은 소현세자를 조선에 위험한 인물로 만들었고, 급기야 그의 아들에게까지 화가 미치게 했다. 생각지도 못했던 왕위에 오르게 된 효종에게는 평생 두 가지가 따라다닐 수밖에 없었다. 하나는 조선과 왕실을 뒤집어 놓은 병자호란, 다른 하나는 자신이 적장자가 아니면서 왕위에 올랐다는 정통성 콤플렉스였다. 이것이 효종 치세 10년의 성격을 결정하게 되었다.

북벌의 기반을 다지며

효종은 정통성 콤플렉스를 씻어 내기 위해서라도 병자호란의 피해를 복구하고 민생을 안정시켜야 했다. 효종 하면 '북벌'만 떠오르고 이완 대장*이 저절로 생각나지만, 그것은 효종의 진정한 업적을 간과하게 만드는 일이다.

북벌이란 청을 정벌한다는 뜻이다. 병자호란으로 끔찍한 패배를 당한 나라가 다시 전쟁을 하겠다는 것이다. 제정신을 가진 왕이라면 이처럼 무모한 정책을 함부로 추진하지는 않을 것이다. 효종은 물론 아주 정상적인 인간이었던 것으로 보인다. 게다가 청에 볼모로 잡혀 가 이 신흥 왕조가 얼마나 막강한지 똑똑히 지켜보기도 했다. 임진왜란을 겪은 지 한 세대 만에 큰 전쟁을 두 차례나 더 치른 조선이 청을 상대로 전쟁을, 그것도 원정을 벌인다는 것이 얼마나 어리석은 짓인지 누구보다도 잘 알고 있을 사람이 바로 효종이었다.

그렇다고 해서 북벌을 포기할 수도

• 이완 대장 조선 중기의 무장(1602~1674)으로, 이순신 장군의 조카이자 〈허생전〉의 등장인물로 유명하다. 노량 해전에서 이순신 장군이 전사했을 때, 이완은 그 사실을 공표하지 않고 전투를 계속해 승리를 거두었다. 효종 때는 북벌 임무를 맡아 신무기 제조 등 많은 노력을 기울였으나 효종의 죽음으로 실현하지 못했다.

없는 것이 효종의 처지였다. 그는 아버지가 치욕적으로 항복하는 모습을 눈앞에서 보았고, 병자호란의 후유증으로 형과 조카들이 비참한 죽음을 당하는 것을 목격했다. 게다가 성리학의 나라 조선은 임진왜란 때 도와준 명에 대한 의리를 지켜야 했다. 중화의 나라 명을 짓밟은 청을 가만 내버려 두는 것은 중화의 세례를 받은 군자의 나라 조선으로서는 차마 할 수 없는 일이었다.

그 당시 정세는 청이 명 대신 중국의 주인이 되긴 했어도 중국을 완전히 장악했다고 보기는 어려웠다. 아직도 곳곳에 명의 부활을 꾀하는 세력이 있었다. 효종이 죽은 지 얼마 안 되어 타이완을 점령하고 그곳을 반청복명(反淸復明, 청에 반대하고 명의 부활을 꾀함)의 기지로 삼게 될 정성공이나, 청 왕조에 맞서 삼번의 난*을 일으키게 될 오삼계 등 명의 구신舊臣들이 여기저기 도사리고 있었다. 조선이 북벌을 꾀한다면 바로 이들과 힘을 합쳐 청을 공격하는 방식이 될 터였다.

이렇게 보면 북벌은 대의명분도 확실하고 현실적으로도 불가능한 일이 아니었다. 문제는 명의 잔존 세력과 힘을 합치려 해도 그에 상응하는 군사력이 있어야 한다는 것이다. 당시 조선은 그만한 여력이 없었다. 그래서 효종은 먼저 전쟁으로 흐트러진 민심을 수습하기 위해 몇 가지 조처를 내놓았다. 그중 가장 중요한 것이 광해군 때 경기도에서 시행된 대동법을 충청도와 전라

• 삼번의 난 1673년부터 1681년까지, 명 장수 오삼계·경중명·상가희가 번부(일종의 행정 구역)를 설치하고 청에 대항해 일으킨 반란. 강희제가 이들을 평정하고 청의 중국 지배권을 확립하였다.

도 연해 지역까지 확대 실시한 일이었다.

공납은 왕실과 관청에서 쓸 물건들을 각 지방에 현물로 배당해서 거둬들이는 일종의 '현물세'였다. 현물을 부과하다 보니 공평하기가 어려웠고 중간에 모리배들이 끼어들어 백성의 부담은 눈덩이처럼 불어나기 일쑤였다.

대동법은 이런 문제를 없애기 위해 공납을 쌀로 일원화하는 제도였다. 대동법을 실시하게 되면 백성은 일정한 양의 쌀만 내면 되기 때문에 불공정 과세에 시달릴 위험이 줄어들어 좋았다. 더욱이 가구별로 부과하던 공납과 달리 대동미는 소유한 땅에 비례해 부과한다. 땅이 없는 농민은 대동미를 내지 않아도 되고, 땅이 많은 대지주는 많은 세금을 내야 하니 가난한 백성에게 유리한 개혁이었다.

또 그렇게 거두어들인 쌀, 즉 대동미는 누군가 국가에 필요한 물건으로 바꿔 조달해야 하니까 이런 일을 담당하는 상인의 활동이 활발해졌다. 이는 조선 후기 상업의 발달로 이어져 농업에만 의존하던 조선 사회를 서서히 바꿔 놓게 된다.

이 중요한 경제 개혁이 전국적으로 실시되는 데 큰 역할을 한 왕이 바로 효종이었다. 그는 이 같은 개혁 조처를 통해 전후 복구를 앞당기고 왕권의 안정을 꾀하면서 필생의 목표인 북벌을 향해 한 걸음 한 걸음 나아갔다.

두 개의 북벌

고려 말 조선 초 이래 큰 나라인 중국을 정벌하려는 시도는 몇 차례 있었다. 고려 우왕 때 최영이 주도한 요동 정벌이 그 하나이고, 조선 태조 이성계 때 정도전이 추진한 요동 정벌이 또 다른 하나이다.

이 두 차례의 요동 정벌은 당시의 권력 투쟁과 밀접한 관련이 있었다. 친원파였던 최영은 고려 땅에 철령위를 두고 직접 다스리겠다는 명의 요구에 맞서 고구려의 옛 땅인 요동을 정벌함으로써 친명파를 제압하려는 의도가 있었다. 그러나 친명파였던 이성계는 최영의 명령을 거부하고 정벌군을 압록강 위 화도에서 개경으로 돌려, 거꾸로 최영의 목숨을 빼앗고 고려의 운명을 재촉했다.

정도전이 요동 정벌을 계획한 것도 태종 이방원 세력과의 권력 투쟁에서 우위를 점하려는 목적 아래 이루어졌다. 요동을 정벌한다면서 군사력을 집중시키면, 이방원 등 왕족들이 갖고 있던 사병을 혁파해 그들을 무력화시킬 수 있기 때문이었다.

효종의 북벌도 의도야 어쨌든 그런 효과를 충분히 거둘 수 있는 정책이었다. 일단 북벌은 대의명분이 확실한 일이었다. 그처럼 떳떳한 일을 앞장서서 추진할 때 현실적 가능성만 따라 준다면 왕의 입장에서 더 바랄 것은 없다. 명에 대한 의리를 목숨처럼 소중하게 여기는 사대부의 지지를 확보하고 온 백성의 관심을 하나로 모아 권력을 집중시킬 수 있기 때문이다.

이때 명분론의 입장에서 효종의 북벌론을 지지하고 그의 동반자가 되어 사림의 대표로 떠오른 이가 서인의 거두 송시열(1607~1689)이었다.

효종은 차근차근 북벌 준비를 해 나갔다. 유명한 이완 대장을 중심으로 정벌군을 꾸리고 강도 높은 훈련을 실시했다. 인조 때 제주도에 표착한 네덜란드인 벨테브레이는 박연이라는 이름의 조선인으로 귀화해 총기 제조와 총수병 훈련에 앞장서고 있었다. 1653년에 표착한 또 다른 네덜란드인 하멜도 박연의 도움을 받으며 총기 제조에 동원되었다.

이렇게 키운 군사력을 실전에서 단련시킬 기회는 공교롭게도 청이 제공했다. 1654년 우수리 강 일대에 러시아군이 나타나 변경을 괴롭히자 청이 조선에 총수병을 요구한 것이다. 당시에 이미 조선 사수의 우수함이 청에까지 알려져 있었기 때문이다. 효종은 상국으로 모시던 청의 요구를 거절할 수 없어 변급이 지휘하는 100명의 총수병을 파견했다. 이들은 쑹화 강에서 러시아군을 만나 7일 만에 격퇴하는 혁혁한 전과를 세우고 개선했다.

그 후에도 청은 단독으로 러시아군을 공격했다가 실패하자 1658년 다시 조선의 총수를 요구했다. 이번에는 신유가 200명의 총수를 이끌고 출전했다. 그들은 스테파노프가 이끄는 러시아군과 전투를 벌여 270여 명을 전사시키는 대승을 거두었다. 청을 정벌하기 위해 양성한 군대가 청을 위해 그동안 쌓은 실력을 아낌없이 발휘했던 것이다.

때가 되었다고 여겼음일까, 1659년 3월 효종은 송시열과 독

ⅢⅠ 벨테브레이와 하멜의 조선 생활 ⅢⅠ

1653년 네덜란드인 헨드릭 하멜은 인도네시아 자바 섬을 떠나 일본의 나가사키를 향해 항해를 시작했다. 그러던 중 거친 풍랑을 만나 표류하다가 제주에 닿았다. 그 뒤 하멜은 13년 동안 조선에 머물며 문지기를 하는 등 갖은 고생을 했다. 그나마 다행이었던 건 당시 조선에 살던 네덜란드인이 있었다는 사실이다. 그는 바로 '얀 얀스 벨테브레이'로, 1627년 태풍을 만나 제주에 상륙했다가 관헌에게 붙잡혀 조선에 정착한 사람이다. 벨테브레이는 조선인 부인을 얻고 이름도 박연으로 바꾸는 등 조선 생활에 적응하기 위해 많은 노력을 기울였다. 상당한 군사 지식과 기술을 갖춘 덕분에 훈련도감에서 제조를 담당하기도 했다. 하멜이 제주도에 표착했을 때 통역을 맡은 사람도 바로 벨테브레이였다. 그는 하멜에게 통역을 해 주는 것은 물론 조선의 풍속도 가르쳤다.

대하고 북벌의 전략을 구체적으로 설명했다. 청을 물리칠 좋은 기회가 언제 올지 모르니 정예 포병 10만 명을 길렀다가 때가 되면 병자호란의 복수를 하겠다는 것이었다. 그러나 막상 효종이 북벌을 본격적으로 추진하려 하자 송시열은 고개를 가로저었다. 치국治國 이전에 수신修身이 우선이니 먼저 마음을 닦고 민생을 안정시키라는 것이 그의 답이었다.

누구보다도 청을 미워한 송시열이 왜 이렇게 북벌에 소극적이었을까? 북벌을 본격화하려면 군비를 더 많이 조달해야 하고, 그러려면 세금을 더 많이 걷을 수밖에 없었다. 그렇다고 해서 기껏 안정되어 가던 백성의 살림을 축내는 것은 안 될 일이었다. 결국 사대부들이 많은 세금을 내고 군역을 담당해야 했다. 그렇게만 한다면 북벌 준비도 준비려니와 효종의 왕권도 탄탄해질 수밖에 없었다. 그러나 송시열을 비롯한 사대부들이 그런 계산도 하지 못할 위인은 아니었다. 그들은 북벌이 자신들의 기득권을 침해하는 것을 조기에 차단하고 나섰다.

효종의 '왕권 강화' 북벌론에 대항하는 사대부의 무기는 '정신적' 북벌론이었다. 그들은 진짜로 군대를 일으켜 청을 멸망시키는 대신 중국에서 무너진 중화의 높은 문명을 조선에서 지키고 발전시키는 것이 진정한 북벌이라고 생각했다. 이러한 정신적 북벌론은 조선이 중화라는 조선 중화론으로까지 이어졌다. 중화 문명의 본고장인 중국이 오랑캐에게 점령당했으니 이제는 조선이 중화라는 것이었다. 이러한 논리 아래 조선의 사대부들은 성리학을 더욱 열심히 탐구하고 그 이론을 발전시키는 데 힘썼다.

그해 5월 효종은 갑작스럽게 세상을 떠났다. 그의 죽음과 더불어 무력을 동원한 북벌론은 눈에 띄게 잦아들었다. 오늘날 효종 개인의 북벌 의지를 부정하는 사람은 많지 않다. 그러나 그의 북벌론은 송시열 등 사대부의 정신적 북벌론과 부딪치면서 최영과 정도전이 추진했던 요동 정벌의 전철을 밟고 말았다. 고려 말 이래 한국사에서 중국 대륙을 도모한 사례들은 이렇듯 내부의 권력 투쟁에 더 무게가 실리면서 모두 찻잔 속의 태풍으로 그치고 말았다.

예송의 군주

현종

세습 왕조에서 적장자가 아닌 군주를 괴롭히던 정통성 문제는 장자는
커녕 적자도 아니었던 선조에서 두드러졌다. 인조의 적자이기는 했으나
둘째 아들이었던 효종이 죽자 이 문제는 조선의 최대 쟁점이 되었다. 적
장자가 아닌 군주가 죽었을 때 그에 대한 예우를 어떻게 할 것인가? 정치
지도자의 장례를 둘러싼 논쟁은 현대에도 가끔 일어나지만, 효종과 효
종 비의 장례를 둘러싸고 벌어진 현종 대의 논쟁에 비하면 그 깊이와 폭
에서 상대가 되지 않는다. '예송'이라 불리는 두 차례의 논쟁을 통해 조선
후기 왕권의 성격을 비추어 보자.

왕실의 예와 일반의 예는 같은가 다른가?

조선의 18대 왕인 현종(재위 1659~1674)은 효종의 아들로 열아홉 살 때 왕위에 올랐다. 국왕의 직책을 수행하기에는 약간 어린 나이에 즉위하자마자, 그는 재위 내내 따라다닐 미묘한 문제와 맞닥뜨렸다. 당대의 신료들이 모두 참여해 각 정파의 운명을 걸고 갑론을박을 벌인 이 과제는 당혹스럽게도 선왕 효종의 상례와 관련된 것이었다.

앞에서 말한 것처럼 효종은 장자가 아니었다. 맏형인 소현세자가 의문의 죽음을 당한 뒤 그의 아들에게 가야 할 왕권이 인조의 뜻에 따라 효종에게 갔다. 그렇다면 차남이었던 효종이 죽었을 때 그의 계모인 자의대비는 얼마 동안 상복을 입어야 하는가? 장남인 소현세자가 죽었을 때 자의대비는 이미 3년상을 치렀다. 사서인(사대부와 양민을 함께 가리키는 말)에게 적용되는 《주자가례》*에 의하면, 차자의 상례에는 그 어머니가 1년상을 치르도록 되어 있었다. 그런데 조선은 왕실을 위한 《국조오례의》**를 따로 마련해 두고 있었다. 문제는 《국조오례의》에 이런 사례, 즉 차남이었던 왕이 죽었을 때 대비가 입을 상복에 대한 규정이 없었다는 것이다.

송시열이 이끄는 서인은 일반의 예를 따라 자의대비가 1년상을 치러야 한다고 주장했다. 그들에 따르면, 특별한 규정이 없는 한 왕실도 《주자가례》를 지켜야 했다. 반면에 윤휴, 허목 등이 이끄는 남인은 왕실의 예와 사서인의 예는 달라야 한다고 주장했다. 효종이 왕위에 오르기 전에는 차남이었지만 일단 왕이 되면 정통성을 획득하므로 장남과 동일한 권위를 인정해야 한다는 것이다. 따라서 자의대비는 소현세자의 상례 때처럼 3년상을 치러야 한다는 것이 남인의 생각이었다.

형식적인 것처럼 보이는 이 논쟁은 인조반정 이래 잠잠했던 당쟁을 다시 불러오는 도화선이 되었다. 서인과 남인은 함께 광해군 때의 집권 세력인 북인과 대립하던 붕당이었다. 서인이 북인을 몰아내고 인조반정에 성공한 뒤 두 붕당은 서로 특별한 갈등을 빚지 않고 협조적인 노선을 걸었다. 그렇게 된 데에는 병자호란이라는 미증유의 국난이 한몫했다. 거대한 외세 앞에서 자중지란을 일으킬 수는 없었던 것이다. 그러나 병자호란의 상처가 어느 정도 아물자, 두 당파 사이에 잠복해 있던 갈등은 결국 '기해예송'을 통해 표출되었다.

• 《주자가례》 중국 명 때에 구준이 가례에 관한 주자의 학설을 수집하여 만든 책.
•• 《국조오례의》 조선 시대에 세종의 명으로 허조 등이 편찬에 착수하고, 세조 때 강희맹 등을 거쳐 신숙주, 정척 등이 완성한 예법 책.

송시열 초상

현종은 일단 서인의 손을 들어 주었다. 자의대비는 기년복 (1년 동안 입는 상복)을 입었고, 이로써 기해예송은 끝이 났다. 그러나 사족들 사이의 논쟁은 여기서 그치지 않고 향촌 사회로 번져 나갔다. 도대체 왕실의 상례에 관한 논의가 대궐 안에서 마무리되기는커녕 도성을 넘어 전국으로 확대된 이 현상을 어떻게 이해해야 할까?

사족은 16세기 이래 도학에 기초한 공론을 무기로 국가 운영에 참여하게 된 사람들이다. 도학이란 성리학이고, 성리학은 12세기 중국에서 새로 태어난 유학이다. 국가의 대소사를 성리학의 원리에 따라 운영하는 것은 사족에게 무엇보다도 중요한 일이었다. 국왕의 상례 역시 마찬가지였다. 그런데 이 상례 문제를 둘러싸고 사족들 사이에 이견이 표출된 것이다. 서인은 특별한 규정이 없는 한 왕실도 사족과 동일한 예를 행해야 한다고 주장했고, 남인은 왕실과 사족의 예가 달라야 한다고 주장했다. 이런 논쟁이 향촌 사회까지 번져 나감으로써 기해예송은 단순한 학문적 논쟁을 넘어 국가의 주도권을 둘러싼 전국적 정치 투쟁으로 확산되어 나갔다.

왕실의 예는 일반의 예와 다르다!

1666년(현종 7) 조정은 자의대비가 기년복을 입는다는 기해예송의 결론을 재확인하고, 이를 문제 삼는 자는 이유를 불문하고 엄벌에 처하겠다는 포고를 내렸다. 현종이 즉위하자마자 터져 나온 문제가 7년이 지나도록 잠잠해지지 않았던 것이다.

잠복해 있던 불씨는 1674년(현종 15) 효종의 비이자 현종의 어머니인 인선왕후가 사망하자 다시 타올랐다. 이번에도 논란의 중심에는 효종의 계모인 자의대비가 있었다. 효종을 여전히 차남으로 여기는 서인은 당연히 인선왕후를 자의대비의 둘째 며느리로 보았다. 종법에 따르면 시어머니가 맏며느리의 상을 당하면 1년 동안 기년복을 입고, 둘째 이하 며느리의 상을 당하면 아홉 달 동안 대공복을 입어야 했다. 따라서 서인은 자의대비가 대공복을 입어야 한다고 주장했다.

반면에 기해예송에서 패한 뒤 권토중래를 노리던 남인은 다시 한 번 왕실의 예와 사서인의 예는 다르다는 주장을 들고 나섰다. 효종이 일단 왕위에 오른 이상 장남으로 간주해야 하므로 인선왕후 역시 자의대비의 맏며느리로 봐야 한다는 것이었다. 따라서 남인은 자의대비가 기년복을 입어야 한다고 주장했다. 이것을 갑인년(1674)에 일어난 예송이라 하여 '갑인예송'이라 한다.

기해예송에서 서인이 승리했기 때문에 그 예에 따르자면 이번에도 자의대비가 대공복을 입는 것이 자연스러워 보였다. 그러나 즉위 15년에 이르러 연부역강한 나이가 된 현종은 달라져 있었다. 국왕인 현종의 처지에서 볼 때 아버지 효종을 차남으로 인정하는 것은 자신의 정통성을 흔드는 일이었다. 할머니인 자의대비가 어머니의 상을 맞아 대공복을 입는다면 현종 스스

⫸ 남인의 몰락, 경신환국 ⫷

현종이 2차 예송에서 남인의 손을 들어 주면서, 남인은 서인을 몰아내고 권력을 잡았다. 하지만 현종에 이어 왕위에 오른 숙종은 그다지 남인을 신임하지 않았다. 그 이유는 남인의 권력이 지나치게 강해진 탓이었다. 안하무인으로 권력을 누리던 남인은 1680년 3월, 결국 넘지 말아야 할 선을 넘고 만다. 당시 남인의 영수였던 영의정 허적의 집에서는 조부 허잠이 시호를 받는 것을 축하하는 잔치가 열렸다. 그때 마침 비가 내려 숙종은 잔치에 쓸 수 있도록 용봉 차일(기름 먹인 천막으로, 임금만 사용함)을 그의 집에 보내려 했다. 하지만 용봉 차일은 이미 허적이 왕의 허락도 없이 가져간 뒤였다. 이에 숙종은 크게 노하여, 남인이 장악하고 있던 요직을 모두 서인에게 넘기는 인사 조치를 단행한다. 이로써 남인이 실각하고 서인이 정권을 장악하게 된다. 그런데 다음 달인 4월, 허적의 서자 허견의 역모가 적발된다. 허견이 왕족인 복창군·복선군·복평군 3형제와 함께 역모를 꾀했다는 것이다. 그 결과 이들은 모두 처형을 당하고, 남인은 몰락한다.

로 차남의 아들이라는 것을 받아들이는 꼴 아닌가?

갑인예송의 초기에는 서인의 주장에 따라 대공복이 채택되었지만, 현종은 곧 태도를 바꿔 남인의 주장을 받아들였다. 그는 예조에 명해 자의대비의 복제를 기년복으로 바꾸라고 지시했다. 아울러 15년 전에 내린 기해예송의 결론도 뒤집었다. 효종이 왕위에 오른 순간 종법의 꼭대기에 오른 것이니 장남으로 취급되어야 하고, 자의대비는 효종의 상례 때 3년복을 입었어야 한다는 것이었다.

이로써 현종 즉위년부터 시작되어 15년을 끈 예송은 남인의 승리로 끝났다. 그것은 물론 현종의 승리이기도 했다. 현종은 서인이 예송을 왜곡했다면서 영의정 김수흥을 귀양 보내고, 남인 허적을 영의정에 임명했다. 바야흐로 현종이 한 손에 권력을 쥐고 국정을 이끌 시대가 온 것이다.

그러나 국왕의 주권이 걸린 중차대한 문제에 오랫동안 시달린 탓일까. 현종은 갑인예송을 마무리하자마자 서른넷이라는 젊은 나이에 세상을 떠나고 말았다. 국왕이 초월적인 권력을 지닌다는, 어찌 보면 당연한 사실을 확인하는 데 현종이라는 한 임금의 재위 기간 전체가 필요했던 것이다.

조선은 누구의 나라인가?

예송의 여파는 현종에 이어 왕위에 오른 숙종(재위 1674~1720)에게까지 이어졌다. 1677년(숙종 3) 마무리된 《현종실록》 편찬에는 당시의 집권 세력인 남인이 대거 참여했다. 그러나 현종과 남인에 의해 예송의 패배자가 된 서인은 이에 대해 불만이 많았다. 그러던 중 1680년(숙종 6) 경신환국이 일어나 남인이 실각하고 서인이 집권하자, 서인은 《현종실록》을 다시 편찬하기로 결정했다. 자기들 중심으로 실록개수청을 설치하고, 3년 후 《현종대왕개수실록》 28권을 완성했다. 조선 시대에 선왕의 실록을 일부 수정한 예는 《선조실록》과 《경종실록》이 있다. 그러나 전면적으로 뜯어고친 개수실록은 《현종실록》이 유일하다.

　그렇다면 도대체 예송이 왜 그렇게 중요했을까? 효종과 현종에 걸친 17세기 중반은 조선의 역사에서 커다란 변혁기였다. 중국에서는 명이 멸망하고 청이 등장했으며, 대륙과 바다로부터 이질적인 서양 문화가 조선 사회에 침투해 들어오고 있었다. 1653년(효종 4) 네덜란드 동인도 회사 소속 상인 하멜이 제주도에 표착한 사건과 그해 서양식 역법인 시헌력*을 채택한 것은 이러한 변화를 상징적으로 보여 준다.

　이처럼 바깥으로부터 밀려드는 변화를 맞으면 어떤 사회든 크게 흔들리게 마련이다. 더욱이 조선은 청의 침략을 받고 항복해 밖으로는 청의 제후국이 된 터였다. 시헌력을 채택한 것도 서양식 역법이 우수하다는 것을 인정했다기보다는 종주국인 청이 이를 하사했기 때문이다.

　조선이 뼈대 없는 나라라면 이런 시기에 곧 정체성을 잃고 흔들렸을 것이다. 그러나 조선은 임진왜란이라는 거대한 변란을 겪고도 16세기를 통해 확립한 도학 국가의 정체성을 잃지 않고 있었다. 병자호란을 겪고 명이라는 유교의 '종주국'을 잃은 뒤에도 그러한 조선의 정체성은 쉽게 흔들리지 않았다. 오히려 조선은 더욱더 자신의 정체성을 묻고 파고들었다.

　효종 대의 북벌이 외향적으로 정체성을 추구한 행위였다면, 현종 대의 예송은 내면적으로 자신의 정체성을 추

• 시헌력　태음력에 태양력의 원리를 적용하여, 24절기의 시각과 하루의 시각을 정밀하게 계산하여 만든 역법.

구한 행위였다. 예송의 승자인 남인이든 패자인 서인이든 이를 통해 도학 국가 조선의 정당성을 확인하려는 데는 이견이 없었다. 각자의 처지에서 격동기에 조선의 정체성을 확인하려는 몸부림을 친 것이다.

이러한 북벌과 예송의 결과 조선에 정착한 것이 이른바 '조선 중화론'이었다. 중화란 유학의 본고장을 의미하는데, 중국에서 명이 멸망하고 오랑캐인 청이 들어섰으니 이제 중화는 조선이라는 의식이 바로 조선 중화론이었다. 그것은 밖에서 몰아치는 변화의 바람 속에서도 유교 국가라는 정체성을 흔들림 없이 견지해 나가겠다는 의지를 표명한 것이기도 했다. 이러한 17세기의 노력이 없었다면 우리가 알고 있는 18세기 영·정조 시기의 문화 부흥도 없었을 것이다.

예송은 한낱 부질없는 형식 논쟁이 아니다. 유교의 권위가 사라진 현대 한국에서도 노무현·김대중 전 대통령의 장례를 놓고 국론이 분열될 정도의 심각한 논쟁이 있었다. 결론적으로 노무현 전 대통령은 국민장, 김대중 전 대통령은 국장으로 마무리되었다. 특히 김대중 전 대통령이 국장 끝에 서울 현충원에 안장될 때는 보수 우익 세력의 거센 반발이 일어나기도 했다. 국장은 장례일이 임시 공휴일로 지정되는 최고 권위의 장례로서 그전까지는 임기 중 사망한 박정희 전 대통령 외에 이 예우를 누린 국가수반이 없었다. 따라서 우익 세력은 김대중 전 대통령의 국장이 국가의 '예법'을 어기고 국민의 혈세를 낭비한 행위라고 거세게 비판했다. 대한민국에서도 이런 논쟁이 일어나는데 예학이 국가 운영의 알파이자 오메가였던 조선에서야 오죽했겠는가?

결국 현종 대의 예송은 예를 통해 조선의 국왕이 초월적인 권력자인가 아니면 가장 힘 센 사대부일 뿐인가를 가리는 한판 승부였다. 이 승부에서 현종은 사실상 평생을 바쳐 왕과 사대부는 달라야 한다는 사실을 확인했다. 그러나 그가 죽고 난 뒤에도 이 사실이 계속 진리로 받아들여졌을까? 가장 치열한 당쟁의 무대였던 숙종의 시대가 이 물음에 대한 답을 줄 것이다.

환국의 달인

숙종

현종의 시대가 예송으로 기억된다면 그의 아들 숙종의 시대는 환국으로 기억된다. 숙종은 주기적으로 붕당 간의 정쟁에 개입해 정치적 결단을 내렸고, 그때마다 어김없이 정국을 주도하는 붕당이 바뀌었으므로 이를 환국이라 한다. 예송에서는 신하들이 왕의 자격 요건을 놓고 시비를 벌인 반면, 환국에서는 왕이 신하들의 자격 요건을 따져 처분을 내렸다. 숙종은 장희빈, 숙빈 최씨 같은 여인의 치마폭에 싸여 천지분간을 못한 유약한 왕이 아니라 이처럼 왕과 신하의 관계를 역전시킨 '무서운' 군주였다.

경신환국 – 역린을 건드린 남인들

조선의 19대 국왕 숙종은 현종의 외아들이다. 그는 현종이 갑인예송에서 왕권을 확고히 다진 덕을 톡톡히 보았다. 앞에서도 살펴본 것처럼 갑인예송은 효종이 자연인으로서는 차남이었지만 왕위에 오른 다음에는 장남의 정통성을 획득한 것으로 확정지었다. 그에 따라 효종의 장남인 현종은 종법에 조금도 거리낄 것 없는 군주로 당당히 설 수 있었다. 그 위엄을 제대로 누리지 못하고 일찍 죽은 게 한이었을 뿐이다.

현종이 이처럼 일찍 죽는 바람에 숙종은 열네 살의 어린 나이에 즉위했다. 그러나 현종의 외아들인 숙종은 효종부터 시작되는 종통(종가 맏아들의 혈통)을 고스란히 물려받아 어떤 정통성 시비로부터도 자유로울 수 있었다. 이처럼 효종, 현종, 숙종으로 이어지는 위풍당당한 혈통을 '삼종 혈맥'이라 한다. 숙종이후 경종, 영조, 정조, 순조, 헌종으로 이어지는 왕위 계승에서도 삼종 혈맥은 왕위 후계자의 첫 번째 조건이었다. 이것은 현종이 두 차례의 예송을 통해 얻어 낸 결정적인 성과이기도 했다.

예송에서 현종과 한배를 탔던 남인은 숙종이 즉위한 뒤에도 중요한 관직을 차지하고 권력을 독점했다. 나이 어린 숙종은 불가피하게 그들의 도움을 받아야 했고 때로는 눈치도 보았다. 그러나 왕조 국가인 조선에서 숙종처럼 '순수 혈통'을 자랑하는 군주가 신하와 권력을 나누는 데는 한계가 있었다. 스무 살이 넘어가면서 숙종은 본래부터 자신의 것이어야 할 권력을 오롯이 손에 넣기 위해 기회를 엿보았다.

경신년인 1680년(숙종 6)에 그 기회는 자연스럽게 왔다. 오지 않았으면 만들어서라도 오게 했을 기회였다. 그해 3월 영의정 허적의 할아버지 허잠이 시호를 받았다. 집권 남인의 영수이던 허적은 가문의 영광을 축하하는 잔치를 자기 집에서 대대적으로 베풀었다. 그런데 하필이면 그날 비가 내렸다. 숙종은 궁중에서 쓰는 용봉 차일을 허적의 집에 보내 주도록 했다. 차일은 기름을 칠해 비가 새지 않도록 만든 천막용 천으로, 용과 봉황을 그려 넣은 용봉 차일은 국왕이 사용하는 신성한 물건이었다. 그런데 용봉 차일은 허적이 이미 가져가고 없었다. 국왕에게 허락도 받지 않고 국왕의 신성한 물건을 마음대로 갖다 쓰는 영의정! 이것이 사실이었다면 그는 용의 역린*을 건드린 것이나 마찬가지였다.

• 역린 임금의 노여움을 이르는 말. 《한비자》의 〈세난〉 편에서 유래한 것으로, 용의 턱 아래에 거꾸로 난 비늘을 건드리면 용이 크게 노하여 죽이듯, 임금도 이와 마찬가지라는 의미다.

화가 난 숙종은 허적을 영의정 자리에서 몰아내고, 철원으로 귀양 보냈던 서인 김수항을 불러 그 자리에 앉혔다. 그뿐 아니라 조정의 요직을 모두 서인으로 바꿨다. 사달은 여기서 그치지 않았다. 한 달 뒤인 4월에는 허적의 아들인 허견이 인조의 손자이자 숙종의 5촌인 복창군, 복선군, 복평군 3형제와 함께 반역을 꾀했다는 고변이 들어왔다. 허견과 3형제는 귀양 갔다가 다시 불려와 죽었다. 허적도 처음에는 그 사실을 몰랐다고 해 극형만은 면하는 듯했지만 얼마 안 가 결국 죽임을 당했다. 남인의 대표적 논객인 윤휴도 이때 사약을 받고 죽었다.

남인이 몰락하고 서인이 다시 힘을 얻어 정권을 차지한 이 사건을 '경신환국'이라 한다. 현종 때의 예송도 정권 교체로 귀결되곤 했지만, 거기서는 남인과 서인 사이의 논리 대결이 가장 중요한 요소였다. 그러나 환국에서 가장 중요한 것은 예학을 둘러싼 학문적 논쟁이 아니라, 어느 쪽이 국왕에게 충성하고 어느 쪽이 반역하는가 하는 현실 정치의 논리였다. 그리고 최종 결정권은 숙종에게 있었다.

기사환국 — 장 희빈의 치맛바람에 날아간 서인 정권

경신환국이 일어난 데에는 국제 정치적인 이유도 있었다고 한다. 중국에서 명 잔당인 오삼계, 정금 등이 반란을 일으키자 숙종은 노골적으로 북벌 정책을 추진했다. 대흥산성을 쌓고 기구를 정비하며 화약을 만들기 위한 염초(화약의 핵심 재료로, 흙·재 등을 섞어 아교 물에 달여서 만듦)를 다량으로 들여왔다. 청에는 타이완에서 일어난 정금이 조선과 힘을 합쳐 공격해 올 것이라는 소문이 파다했다. 정금은 청군과 교전할 때 병사들에게 조선군의 군복을 입히기도 했다.

그러나 오삼계가 죽고 그의 손자인 오세번이 청군에 쫓기는 등 중국 내 반청 세력이 눈에 띄게 약해지자, 숙종은 청이 북벌 계획을 추궁할까 두려워졌다. 그러자 속죄양을 찾았다. 강경한 북벌론자였던 윤휴 등 남인을 대거 몰아내 정국의 반전을 꾀했다는 것이다.

어쨌든 남인이 몰락하고 서인 세상이 왔다. 기왕 그렇게 된 거 서인이라도 한마음으로 국정 운영에 매진하면 좋으련만, 서인끼리 또 패가 갈리는 일이 벌어졌다. 남인에 대한 태도를 놓고 서인이 노론과 소론으로 갈라진 것이다.

송시열은 윤증의 스승인 동시에 윤증의 아버지 윤선거와 절친한 사이였다. 송시열과 윤선거는 남인인 윤휴를 놓고 논쟁을 벌인 바 있었다. 윤휴가 성리학을 절대적인 진리로 볼 수 없다며 주자의 해석을 비판하자, 송시열은 윤휴를 '사문난적*'으로 몰았다. 반면 윤선거는 그런 견해도 있을 수 있다는 태도를 보였다.

윤선거가 죽자 윤증이 아버지 묘비에 새길 글을 송시열에게 부탁했다. 그런데 송시열은 윤선거에 대해 화가 풀리지 않았던 모양이다. 그

• 사문난적 유교의 교리를 어지럽히고 사상에 어긋나는 언행을 하는 사람.

尹明齋

瑞日祥雲

윤증 초상

는 윤선거 묘비에 들어갈 글을 비아냥거리는 투로 써 주었다. 이 일로 송시열과 윤증 두 사람의 사이는 차츰 멀어졌다. 경신환국 이후 윤증은 송시열의 태도에 격분해 '의리쌍행(대인의 의와 소인의 이익을 함께 행함)'하는 사람이라고 비난하는 편지를 썼다. 송시열이 충청도 회덕에 살고 윤증은 이성에 살았기 때문에, 둘 사이의 대립을 '회니시비'라 한다.

윤휴에 대한 태도에서 비롯된 송시열과 윤증의 갈등은 결국 서인의 분당으로 이어졌다. 서인인 김석주가 남인에 대한 과격한 처벌을 주장하자 이를 지지한 송시열 편을 노론이라고 하고, 반대한 윤증 편을 소론이라 했다.

서인이 노론과 소론으로 갈라져 싸우는 와중에 남인에게 다시 기회가 왔다. 1689년 숙종은 총애하던 소의 장씨가 낳은 아들을 원자로 정하고 소의 장씨를 희빈으로 승격시켰다. 당시 숙종과 왕비인 인현왕후 사이에 아들이 없었기 때문에 가능한 일이었다. 희빈 장씨는 역관 집안의 딸로 남인의 지지를 받고 있었으며, 인현왕후는 서인 편이었다. 나이 들어 청주 화양동에 내려가 살던 송시열은 상소를 올려, 왕비가 있는데 후궁의 아들을 원자로 세우면 안 된다고 주장했다. 그러자 화가 난 숙종은 송시열을 제주도에 귀양 보냈다가 한양으로 부르더니 오는 도중인 전라도 정읍에서 사약을 내렸다. 또한 서인들을 주요 관직에서 몰아내고 권대운, 김덕원 등 남인을 대거 등용했다. 이를 '기사환국'이라 한다. 그 이듬해 숙종은 인현왕후를 평민으로 강등시켜 내쫓고, 희빈 장씨를 왕비로 올린 뒤 원

⫶⫶⫶ 보내지 않은 두 통의 편지 ⫶⫶⫶

송시열이 윤선거의 묘비에 새길 글(묘갈명)을 비아냥거리는 투로 쓰게된 데는 이유가 있었다. 윤증은 송시열에게 묘갈명을 부탁하면서 아버지가 생전에 써 둔 편지를 함께 보냈다. 그 편지는 윤선거가 기유년(1669)에 써 놓고 보내지 않았기 때문에 '기유의서'라 불린다. 그런데 이 편지에는 윤휴를 옹호하는 내용과 '지나치게 경직된 태도를 버리고 폭넓게 생각하라'는 우회적인 충고가 담겨 있었다. 송시열은 바로 이 기유의서의 내용에 격분해 비아냥거리는 묘갈명을 써서 보냈던 것이다. 그 결과 송시열과 윤증은 멀어지게 되었다.

그 뒤 두 사람은 경신환국(1680)과 관련해 남인의 처리 문제를 놓고 다시 대립했다. 이듬해 윤증은 송시열에게 보내기 위해 편지를 쓴다. 거기에는 송시열이 지나친 독선에 빠져 있고, 주자를 맹목적으로 받아들이며, 그의 정치적 편견으로 남인들이 죽임을 당했다는 내용이 담겨 있었다. 이것이 바로 '신유의서'이다. 윤증은 박세채의 만류로 편지를 부치지는 않았다고 한다. 하지만 송시열의 손자이자 박세채의 사위인 송순석이 몰래 베껴서 송시열에게 전했고, 이 일로 두 사람은 돌이킬 수 없는 정적으로 변모하게 된다.

자를 세자로 책봉했다.

'권불십년', 즉 권력은 10년을 가지 못한다는 말은 전제군주국의 유일 권력자인 국왕을 두고 하는 말이 아니다. 남인이 몰락한 경신환국 때, 10년도 안 돼서 서인에게 철퇴가 내리는 기사환국이 일어나리라고는 아무도 예상하지 못했을 것이다. 그때도 숙종은 서인의 거두인 송시열을 상소 한 장 때문에 죽이는 무시무시한 권력을 휘둘렀다. 국왕은 신하들을 통해 권력

을 행사하지만, 국왕의 권력을 건드리는 신하는 살아남지 못
한다. '환국'은 이 같은 군주 국가 조선의 평범한 진실을 상기시
키는 주기적 위기였다.

갑술환국 – 탕평으로 가는 길

1692년(숙종 18), 서인인 김만중은 숙종이 인현왕후를 폐위한
행위를 꾸짖는 내용을 담아 소설 《사씨남정기》를 쓰고 죽었다.
숙종은 이를 읽고 자신이 희빈 장씨에게 눈이 멀어 인현왕후를
대궐 밖으로 쫓아낸 일을 후회하기 시작했다. 때마침 서인 김
춘택이 인현왕후(폐비 민씨) 복위 운동을 벌였다. 남인 민암 등
이 이에 반대하며 김춘택 등을 체포했다. 그러나 숙종은 도리
어 민암의 행위를 미워하고 김춘택의 뜻에 공감해, 인현왕후를
복위시킨 다음 왕비 장씨를 다시 희빈으로 강등시켰다. 뒤이어
남인이 몰락하고 서인 정권이 다시 펼쳐지니, 갑술년(1694)에 일
어난 이 정변을 '갑술환국'이라 한다.

희빈 장씨는 후궁에 신당(신령을 모셔 놓은 집)을 짓고 인현왕
후가 빨리 죽기를 기도했다고 한다. 그러다가 숙빈 최씨가 이
를 알고 숙종에게 일러바치는 바람에 1701년(숙종 27) 사약을
받는다. 무수리*로 인현왕후 밑에 있던 최씨는 인현왕후가 쫓
겨난 뒤 궁궐에서 모진 구박을 받아
왔다. 그러던 중 최씨가 인현왕후의 복

• 무수리 고려·조선 시대에, 궁중에서
청소 등 잔심부름을 담당하던 여자 종.

위를 기도하는 모습이 숙종의 눈에 띄었고, 이를 어여쁘게 여긴 숙종의 승은承恩을 입었다. 그녀는 1694년 숙종과의 사이에서 연잉군(훗날의 영조)을 낳은 뒤 숙빈으로 올라갔다.

세자의 어머니인 희빈 장씨와 연잉군의 어머니인 숙빈 최씨는 정치적 라이벌이었다. 노론은 희빈 장씨가 왕비에서 쫓겨난 이상 그녀의 아들인 세자도 바뀌어야 한다며 숙빈 최씨와 연잉군을 밀었다. 반면 소론은 한 번 정한 세자를 바꿔서는 안 된다며 희빈 장씨와 세자 편을 들었다. 희빈 장씨가 죽은 뒤 이러한 노론과 소론의 당쟁은 숙종까지 끌어들이며 더욱 격렬하게 전개되었다.

숙종은 처음에는 소론 편을 들어 노론 관료들을 몰아냈다. 그러나 1716년(숙종 42) 7월 숙종은 송시열과 윤증 사이에 있었던 논쟁을 검토한 뒤 송시열이 옳고 윤증이 잘못되었다는 결정을 내렸다. 그리하여 이듬해 5월에는 김창집이 영의정, 이이명이 좌의정, 권상하가 우의정에 임명되어, 노론이 세 정승을 독차지하는 초유의 사태로까지 나아갔다.

이처럼 '남인 대 서인', '노론 대 소론'으로 격렬하게 벌어진 숙종 대의 당쟁은 숙종이 전제 권력을 다져 나가는 가운데 노론의 승리로 기우는 듯했다. 숙종은 말년에 당쟁을 잠재우고 왕권을 반석 위에 올려놓기 위해 붕당을 안배해 인재를 고루 기용하는 탕평책을 시도했다. 그러나 당쟁의 불씨는 여전히 꺼지지 않고 남아 있었다. 세자와 연잉군을 둘러싼 소론과 노론의 대결이 더욱 뜨거워지고 있었기 때문이다.

세 차례의 환국과 병신처분을 통해 강력한 권력 의지를 선보였음에도 불구하고 아직 숙종이 안정된 왕권을 확보한 것은 아니었다. 붕당 정치를 제어하는 왕의 정치, 곧 탕평 정치는 뒤이은 경종, 영조 대에 걸쳐 몇 차례 더 환국을 거친 뒤에야 본격적으로 실험대에 오르게 될 것이다.

탕평의 군주

영조

조선 전기만 해도 정치란 왕이 하는 것이므로 신하들은 붕당을 짓지 말고 왕을 잘 보좌하는 게 옳은 일로 여겨졌다. 조광조의 개혁에 대해서도 그가 붕당을 형성하려고 한다는 비판이 제기되었다. 그러다가 선조 대에 사림이 대거 조정에 진출하면서 동인, 서인 같은 붕당이 형성되고 붕당정치가 시작되었다. 붕당정치는 잘 되면 견제와 균형의 순기능을 발휘할 수도 있지만, 숙종 대를 거치면서 극한투쟁의 모습을 드러내고 말았다. 이 같은 붕당을 제어하고 국왕 중심의 정치를 복원하겠다는 것이 곧 '탕평책'이고, 이를 성공시키는 것이 영조 최대의 과업이었다.

영조가 등장하기까지

　유학자들은 도덕으로 무장된 성군의 정치를 꿈꾼다. 유학자들이 성군의 모델로 꿈꾼 군주는 요와 순이었다. 그들은 도덕적으로도 완전하고 통치자로서도 완벽한 존재로 알려져 있었다. 그러나 유학자들이 보기에 요순 이후로 도덕과 정치가 항상 일치하지는 않았다. 유학자들은 요순의 도덕적 정통성이 군주들이 아닌 공자, 맹자, 주자 등 성현들에게 계승되었다고 생각했다. 이러한 성현들이 왕을 잘 이끌어 도덕과 정치의 조화를 이루어 내는 것이 현실에서 추구할 수 있는 정도正道인 셈이었다.

　이러한 유학자들의 생각은 군주정의 문제점을 잘 표현해 준다. 군주정에서 유일한 주권자는 왕이다. 왕은 하늘의 뜻을 대행하는 자로서 정통성을 가지고 만백성을 이끈다. 그 정통성은 무력으로 뒷받침되지만 도덕성을 갖추지 못하면 사상누각에 불과하다. 따라서 왕이 온전한 도덕성을 견지하지 못할 때, 학문을 통해 도덕을 연마한 유학자들이 왕을 보좌해 정통성을 잃지 않도록 해 주자는 것이다.

이처럼 유학자들이 스스로에게 설정한 역할은 태종 이방원이 정도전을 제거하고 왕권 강화에 나선 뒤로 한동안은 크게 부각되지 않았다. 특히 태종이 무자비한 숙청을 통해 왕권의 기반을 다진 뒤 즉위한 세종은 자신에게 주어진 주권을 확실히 행사한 군주였다. 그는 이처럼 안정된 왕권을 대대손손 이어가기 위해 종법의 원칙을 확실히 적용하려 했다. 장자인 문종의 세습과 안정된 권력을 보장함으로써 자신에 이르기까지 한 번도 이루어지지 않았던 적장자 세습을 확립하려 했던 것이다.

그러나 이러한 세종의 의도는 둘째 아들인 세조에 의해 좌절되었다. 세조는 조선 역사상 최초로 왕위를 '찬탈'해 권력의 정통성을 훼손했다. 그의 손자인 성종이 사림을 등용해 왕권을 견제하도록 허용한 것은 분명 세종 때와는 다른 메커니즘이었다. 연산군이 그러한 사림의 왕권 견제를 무력화시키려다가 사대부들에 의해 제거된 것이 '중종반정'이었다.

중종은 조광조의 도움을 받아 사림 정치를 부활시키려다 포기했고, 명종은 어머니 문정왕후의 치마폭에 싸여 왕권 한 번 제대로 행사해 보지 못한 채 세상을 떠났다. 그동안 사림은 무수한 고초를 겪으면서도 왕권 견제를 통해 도학 정치를 펴려는 뜻을 꺾지 않았다. 그들이 마침내 자신들의 세상을 만난 것은

ⅲ 공론 정치 ⅲ

어떤 일을 계획하고 실행할 때 여러 사람의 의견을 들어 보는 정치를 말한다. 삼사 외에 성균관 유생이나 지방 향교 유생, 재야의 유학자 등 많은 이가 상소·구언 등으로 자신의 의견을 올리면, 왕과 대신이 이를 수렴해 국사를 결정하는 방식이다. 여기서 상소는 왕에게 자신의 의견을 올리던 일을 말하며, 구언은 나라에 재앙이 있거나 국정에 필요할 경우 임금의 잘잘못에 대하여 널리 신하로부터 비판의 말을 구하던 일을 뜻한다. 하지만 공론은 어디까지나 양반 사대부 계층의 의견을 말할 뿐 일반 백성의 의견까지 포함한 것은 아니었다.

선조 대에 이르러서였다.

이후 사림은 붕당 정치를 통해 왕권의 부족한 도덕성을 보완하고자 했다. 그때 과거 시험을 보지 않은 향촌의 유학자들까지 포함하는 광범위한 사림의 공론 정치가 뿌리내리게 되었다. 임진왜란, 병자호란 등의 국난을 거치면서도 조선 왕조가 망하지 않은 것은 사림이 조선을 자신의 나라로 확고히 인식하고 지켜냈기 때문이라는 평가도 있다.

사림의 붕당 정치는 궁극적으로 누가 더 성리학에 충실하고 그 원칙을 현실 정치에서 잘 구현하는가, 즉 누가 군자의 붕당인가를 놓고 경쟁하는 구도였다. 그러나 숙종 대 여러 차례 환국을 거치면서 붕당 정치는 성리학의 원칙보다는 현실 정치의 논리를 놓고 경쟁하는 양상을 띠게 되었다. 현종 대의 예송 논쟁 때만 해도 상대를 제거하지 않으면 내가 죽는 극단적인 대결 양상은 나타나지 않았다. 그러나 숙종 대의 환국 정치에서는 수많은 사람이 죽어 나갔고, 환국 때마다 정권이 바뀌면서 일당 전제가 이루어졌다. 영조가 등장하는 것은 이처럼 붕당 정치가 폐단을 드러내기 시작할 무렵의 일이었다.

영조가 왕권을 장악하기까지

조선의 21대 왕 영조는 1724년에 배다른 형 경종(재위 1720~1724)에 이어 왕위에 올랐다. 그때 이미 서른한 살이던 영조는 국왕의 능력을 발휘하기에 손색이 없었다. 그러나 그가 왕권을 온전히 손아귀에 넣게 된 것은 즉위한 지 5년이나 지나서였다.

숙종 때 살펴본 것처럼 영조는 노론의 지지를 받는 숙빈 최씨의 소생이었다. 그보다 여섯 살 많은 형 경종은 소론의 지지를 받는 전 왕비 희빈 장씨의 소생이었다. 경종과 영조가 개인적으로 사이가 나빴다는 이야기는 전해지지 않지만, 두 사람을 둘러싼 소론과 노론의 정쟁은 사생결단이라고 할 만큼 치열했다.

앞서 본 대로 숙종은 효종, 현종으로 이어지는 삼종혈맥의 군주로서 종법상의 위엄은 그보다 앞선 어떤 군주보다도 당당했다. 그는 이러한 정통성을 충분히 발휘해 여러 차례의 환국 정치를 통해 사대부들을 장악했다. 현종 때의 예송 논쟁에서는 예학의 원리를 가지고 싸우던 붕당들이 이제는 누가 군주에게 충성하고 누가 반역했는가를 놓고 경쟁하는 처지에 몰렸다.

영조 어진

숙종은 당연히 이 같은 삼종혈맥의 위풍당당함을 대대손손 이어 가고 싶었을 것이다. 비록 희빈 장씨가 사약을 받고 죽었지만, 그녀의 소생으로 이미 세자 자리에 있던 경종이 삼종 혈맥을 잇는 데는 아무런 문제가 없었다. 문제는 세자가 어릴 때부터 몸이 약해 후사를 생산할 가능성이 없었다는 것이다. 이에 따라 숙종은 세자의 뒤를 연잉군(훗날의 영조)이 잇도록 하라는 유지를 남겼다. 세자와 연잉군 모두 혈통상 삼종혈맥을 잇는 데는 문제가 없었기 때문이다.

숙종이 죽고 경종이 왕위에 오르자 노론과 소론의 물밑 경쟁은 수면 위로 떠올랐다. 소론 가운데서도 경종을 결사 옹위하는 급소急少 세력이 있었다. '소론 급진파'로 해석할 수 있는 이들은 김일경을 중심으로 분파를 형성했다. 그들은 경종에게 후사가 생기지 않는다면 양자를 들여 왕위를 잇게 해야 한다고 주장했다. 반면에 대부분의 노론은 서둘러 연잉군을 왕세제王世弟로 책봉하자며 목소리를 높였다. 그들은 나아가 언제 죽을지 모르는 경종을 대신해 연잉군이 대리청정을 해야 한다고까지 주장했다.

이러한 노론의 세제 책봉, 대리청정 추진은 소론의 결사적인 반격을 초래했다. 급소의 지도자 김일경은 노론 내부의 사정을 잘 알고 있던 목호룡을 움직여 노론 일부 세력이 반역을 꾀하고 있다는 고변을 하게 했다. 이 사건은 김창집, 이이명, 이건명, 조태채 등 노론을 이끌던 4대신의 목숨을 앗아 가는 대형 옥사獄事로 이어졌다. 신축년(1721)과 임인년(1722)에 잇따라 일어난 이 사화를 함께 묶어 '신임사화'라 하는데, 이는 이후 두고두고 노론을 결집시키는 사건으로 되새김된다. 18세기 노론의 구호는 "잊지 말자, 신임사화"였다고 해도 과언이 아닐 정도이다.

노론의 역모를 문제 삼아 벌어진 신임사화는 자칫 연잉군의 생명까지 앗아 갈 수 있는 대형 사건이었다. 경종을 몰아내려는 노론의 역모에 연잉군도 결부되어 있다는 의혹이 불거졌기 때문이다. 그러나 이 사화를 처리하던 이광좌 등 소론 인사들은 연잉군만은 보호하려 애를 썼다. 그 덕분에 1724년 경종이 승하하고 연잉군(영조)이 왕위에 올랐을 때, '급소'를 제외한 소론 관료들은 직을 유지할 수 있었다.

영조는 왕위에 오름으로써 절체절명의 위기에서 벗어났다. 그러나 그를 둘러싼 의혹과 정쟁은 여전히 현재 진행형이었다. 당시 항간에는 경종이 독살당했으며 그것을 주도한 인물이 바로 영조라는 설이 광범위하게 유포되고 있었다. 영조가 왕위를 유지하고 더 나아가 왕권을 다지려면 의혹을 벗고 양반 사회의 지지를 이끌어내지 않으면 안 되었다. 이를 위해 영조가 내세운 정책이 '탕평책'이었다. 그가 추진한 탕평책의 핵심은 소론과 노론을 막론하고 자신의 정책을 지지하는 인사를 등용하는 것이었다.

영조 초기의 5년간 정국은 숨 막히게 돌아갔다. 영조는 즉위한 다음 해(1725) 신임사화가 목호룡의 무고에 의한 것이었음을 확인하고, 김일경 등 '급소'를 중앙 정계에서 퇴출했다. 신임사화 당시 화를 입은 노론 인사들은 벼슬과 작위를 복구하고 명예를 회복해 주었다.(을사처분) 그러나 1727년에는 탕평책을 지지하는 인사를 제외한 노론 관료들을 쳐 내고 다시 소론 인사들을 불러들였다.(정미환국)

이 두 차례의 조치로 탕평책에 반대하는 노·소론의 강경파가 제거되고 붕당을 초월한 왕 중심의 탕평파가 만들어졌다.

그러나 중앙 정치에서 밀려난 소론 강경 세력과 남인들은 여전히 영조에 대한 적대감을 풀지 않았다. 그들에게 영조는 노론과 함께 경종에게 반역한 역도에 불과했다. 마침내 1728년(영조 5) '급소' 세력이 영남과 기호(서울·경기·충청) 지역의 남인·소론 명문과 힘을 합쳐 대대적인 반란을 일으켰다. 무신년(1728)에 일어났다고 해서 '무신란'이라고도 하고 최초로 봉기한 남인 이인좌의 이름을 따 '이인좌의 난'이라고도 한다.

만약 영조가 정미환국을 통해 상당수의 소론 인사들을 등용하지 않았더라면 무신란의 파장이 어디까지 미쳤을지 가늠하기 어렵다. 영조의 탕평책에 협조하던 이광좌, 오명항 등 소론 관료들은 이 반란을 진압하는 데 앞장섰다. 그들에게 '급소'는 같은 소론이라기보다는 자신들의 권력을 위협하는 적일 뿐이었다. 무신란은 그렇게 소론 급진파와 남인의 몰락으로 막을 내렸다.

상처뿐인 영광

영조의 탕평책은 무신란을 계기로 안정권에 접어들었다. 왕권의 정당성을 확보한 영조는 이를 바탕으로 당쟁의 씨앗이 되어 온 이조 전랑의 통청권(삼사 관직의 임명 동의권)을 폐지해 버렸다. 이조 전랑은 지위는 낮지만 인사 문제에 관해 배타적인 권리를 갖고 있었기 때문에 여러 당파가 서로 쟁탈전을 벌인 요직이었다. 영조는 그러한 이조 전랑의 권리를 박탈함으로써 인사권을 독점해 버렸다.

영조의 최대 업적인 균역법도 그가 제대로 왕권을 행사할 수 있었기 때문에 가능한 일이었다. 조선 시대에 양인 장정은 누구나 군역을 져야 했으며, 군대에 가지 않는다면 그 대가로 베(호포) 두 필을 납부해야 했다. 이것은 일반 백성에게 무거운 부담이었지만, 양반은 같은 양인 신분이면서도 아무런 호포의 부담을 지지 않았다. 오랜 논란 끝에 일반 백성의 호포 부담을 두 필에서 한 필로 낮추는 군역 개혁이 이루어졌다. 이것이 균역법이다.

이처럼 호포를 줄이면 당연히 국가 재정이 부족하게 되므로 이를 보충하기 위해 어업세, 염세, 선박세 등 다양한 세금을 거두기로 했다. 그러나 그것만으로는 모자랐다. 그래서 평안도와 함경도를 제외한 6도의 토지에서 1결당 쌀 2말이나 돈 5전을 걷기로 했다. 토지에서 세금을 걷는다는 것은 결국 토지를 소유한 양반에게 더 많은 세금을 물리는 일이었다. 이런 개혁을 양반들

현륭원(융릉)
정조는 아버지 사도세자의 무덤을 화성으로 옮겨 왕릉의 격식에 맞게 새로 조성한 후 현륭원이라는
이름을 바쳤다.

이 좋아할 리 없었지만, 그렇다고 양반들이 탕평책을 통해 카리스마를 확보한 영조에게 함부로 대들 수도 없었다.

그러던 중 다시 한 번 왕권을 커다란 위기로 몰아넣은 사도세자 문제가 터졌다. 1749년부터 대리청정을 시작한 세자는 소론 인사들에게 우호적이었다. 그러자 노론은 세자를 심하게 몰아붙였다. 이 같은 공세에 심리적 압박을 받던 세자는 신경 계통의 질병까지 생겼다. 세자가 유희를 벌이고, 환관을 죽이고, 영조 몰래 평양에 다녀오는 등 각종 비리를 저지른다는 소문이 궐내에 파다했다. 여기다 세자를 사칭한 부녀자 강간 범죄까지 일어났다. 영조는 세자를 보호하고 싶어도 보호할 수 없다는 판단을 내리기에 이르렀다. 그 결과 일어난 것이 영조의 명에 따라 세자가 뒤주 속에 들어가 굶어 죽은 '임오화변'이다.

아무리 독한 임금이라지만 어떻게 사랑하는 아들을 뒤주 속에서 굶겨 죽일 수 있었을까? 만약 세자가 도저히 왕위를 이어받을 상태가 아니라면 영조의 대안은 세손뿐이었다. 그런데 세자의 비행이 거듭되어 무슨 변란이라도 일어난다면 세자뿐 아니라 세손도 위험해질 수 있었다. 그래서 훗날 영조는 세손을 보호하기 위해 세자를 죽였다고 고백했다.

죽은 세자에게 '사도'라는 시호를 내린 사람은 영조 자신이었다. '생각하고 애도한다'는 뜻의 사도라는 말에는 세자가 나쁜 사람이 아니었다는 뜻이 담겨 있다. 즉 영조에게 사도세자는 반역 같은 끔찍한 죄를 짓고 죽은 사람이 아니라 질병으로 인해 대통을 이을 수 없게 되어 왕실을 위해 희생한 사람이었다.

그런데 본래 영조의 세자는 사도세자가 아니라 맏아들인 효장세자였다. 효장세자가 어려서 죽는 바람에 동생인 사도세자가 세자 자리를 물려받았던 것이다. 사도세자는 나쁜 사람은 아니었을지 모르나 조정에 파란을 일으키고 뒤주에서 죽은 인물이었다. 그런 사람의 아들이 왕위에 오르는 것은 훗날 어떤 비판과 도전에 맞닥뜨릴지 모르는 모험이었다. 반면 요절한 효장세자에게는 흠결이 없었다. 그래서 영조는 세손을 큰아버지인 효장세자의 아들로 입적시켜 그의 후사를 잇게 했다. 훗날 정조가 되는 세손의 정통성을 확보해 주기 위함이었다.

영조가 왕의 주권을 유지하고 지키는 과정은 이처럼 끔찍한 아들 살해라는 비극까지 동반하는 것이었다. 그것이 영조와 왕실의 영광이라면 상처뿐인 영광이다. 군주정이란 그처럼 비정하고 모순이 가득 찬 체제였다. 영조는 천륜을 저버린 아버지가 되면서까지 자신의 직계 혈통에게 왕권을 물려주려고 안간힘을 썼다. 그 결실이 바로 정조의 등극이었다. 그러나 영조가 아무리 비정하고 대담한 기획자였다고 해도 사도세자와 얽힌 정조의 왕권을 반석 위에 올려놓는 일은 불가능했다. 어쩌면 왕실에서 태어난 게 죄일 수도 있는 이 가문의 업보를 끊고 주권자의 권리를 쟁취하는 것은 정조 자신의 몫이었다.

'왕민정치'를 향하여

정조

정조는 만년에 자신의 호를 '만천명월주인옹'이라고 지었다. 하나뿐인 밝은 달이 세상의 수많은 물 하나하나에 어리듯이 자신은 백성 한 사람 한 사람을 보살피는 군주라는 뜻이다. 이것은 군주가 사대부의 프리즘을 통하지 않고 직접 백성과 소통한다는 이른바 '왕민정치'의 이념을 표현하는 말로 읽힌다. 정조를 근대적 군주로 해석하는 담론이 유행하기도 했지만 적어도 정조 자신은 사대부 중심의 붕당정치를 극복하고 군주 중심의 정치를 지향한 것이 분명하다. 왕권을 얽매고 있던 당쟁의 틈바구니를 뚫고 그는 과연 성공했을까?

아버지가 죽인 임금

　조선의 22대 왕 정조(재위 1776~1800)는 열한 살 때인 1762년 (영조 38) 아버지 사도세자(훗날 '장조'로 추존)를 잃었다. 그 비극 은 정조 개인뿐 아니라 왕실과 조정, 그리고 조선 전체의 운명 을 바꾸어 놓았다. '임오화변'이라 불리는 사도세자의 죽음은 정조의 왕위 순번을 하나 앞당겼을 뿐 아니라, 정조에게 사력 을 다해 왕권을 지켜야 한다는 절박함을 안겼다.

　영조는 사도세자가 열다섯 살 때인 1749년(영조 25) 그에게 대 리청정을 시켰다. 일찌감치 후계자 훈련을 시킨 것이다. 대리청 정이 어느 정도 자리가 잡혀 갈 무렵에는 세자가 실타래처럼 엉킨 정국에 대한 해법을 내놓기를 기대했다고도 한다.

　그러나 사도세자의 대리청정은 영조가 의도했던 왕권 강화에 약보다는 독으로 작용했다. 당시 노론은 '신임사화'를 고리 삼아 단결하고 있었다. 그런데 소론과 가까웠던 사도세자는 노론이 신임사화 당시 영조의 대리청정을 밀어붙인 것은 잘못이라고 생각했다. 그런 세자의 태도가 노론을 자극해 정쟁을 유발하면서 정국은 더욱 꼬여만 갔다. 그런 정쟁에 스트레스를 받은 탓인지 세자에게 정신적인 질병이 생겼고, 세자의 비행非行이 폭로되면서 임오화변에 이르게 되었던 것이다.

조선의 정치에서 '의리義理'라는 말은 사적인 의리가 아니라 '자신이 옳다고 생각하는 것이 하늘의 이치에도 맞는 상태'를 말한다. 하지만 서로 충돌하는 세력이 각자의 의리를 주장한다면 둘 다 객관적으로 옳은 의리일 수는 없다. 당시 노론은 신임사화가 소론의 음모였다는 '신임의리'를 가지고 있었고, 소론은 노론이 실제로 경종에 대한 반역을 시도했기에 신임사화가 일어났다는 '신임의리'를 가지고 있었다. 영조는 두 붕당 간 충돌하는 신임의리 사이에서 탕평을 추구하느라 진땀을 흘려야 했다. 영조의 어려움은 그 자신이 신임사화와 무관하지 않다는 데 있었다.

이 같은 신임의리가 각 붕당의 의리라면 영조로부터 정조로 이어지는 왕권의 의리는 임오화변으로부터 나왔다. 사도세자가 끔찍한 죽음을 당한 임오화변은 자칫 영조와 정조 모두에게 치명적인 상처를 안길 수 있는 사건이었다. 그러나 영조는 이 사건이 자칫 돌이킬 수 없는 사태를 미연에 방지하고 세손을 보호하기 위해 사도세자를 희생시킨 결단이었다고 주장했다. 이것이 바로 정조의 왕위 계승을 정당화하는 '임오의리'였다. 영조는 뒷말이 나오지 않도록 향후 100년 동안 사도세자의 일을 거론하지 말라는 유지를 남겼고, 정조도 이를 바탕으로 왕위를 지켜 나갔다.

영조는 정조로 하여금 사도세자 대신 큰아버지 효장세자의 대를 잇도록 했다. 정조가 겪을 수도 있는 정통성 시비를 차단하기 위해서였다. 그러면서도 죽은 세자에게 '사도세자'라는 시호를 내림으로써 그가 정신적 질환 등에 따른 비행을 이유로 희생되었을 뿐 죄인은 아니라는 사실을 분명히 했다.

한마디로 사도세자는 죄인도 아니지만 아들인 정조에게 왕실의 종통을 이어 줄 만큼 정통성 있는 존재도 아니라는 것이다. 이 어정쩡해 보이는 논리는 무엇보다도 먼저 정조가 사도세자의 아들이라는 이유로 공격당할 가능성을 차단하는 데 목적이 있었다. 그와 동시에, 사도세자가 노론 때문에 억울하게 죽었다고 생각하는 남인과 소론 일부 세력을 무마하려는 의도도 있었다.

실제로 정조가 즉위하자마자 노론을 증오하고 있던 향촌의 남인 일부는 상소를 올려 사도세자를 복권시키고 그를 음해한 자들을 처벌하라고 주장했다. 그들은 노론 집권층의 강력한 반격에 부딪혔다. 그뿐 아니었다. 사도세자의 아들인 정조 자신도 사도세자 이야기를 거론하지 말라는 영조의 유지를 내세워 이들 남인을 가혹하게 처벌했다.

이처럼 영조의 임오의리에 의존하면 복잡한 정쟁의 와중에서도 왕권을 그럭저럭 지켜 낼 수는 있었다. 그러나 그것은 어디까지나 소극적인 탕평, 즉 여러 붕당의 갈등을 절충적으로 조정함으로써 왕권을 지키는 데에 불과했다. 정조는 그렇게 왕권을 유지하는 것에 안주하려 하지 않았다. 그에게는 좀 더 적극적인 임오의리가 필요했다. 그것은 사도세자 문제에 대한 공세적인 해석을 통해 여러 붕당을 왕권 아래 정렬시키는 새로운 의리여야 했다.

붕당정치에서 왕민정치로

16세기 말부터 시작된 붕당정치는 약 100년이 지난 17세기말 숙종 대에 극단으로 치달았다. 남인과 서인이 한 치의 양보도 없는 당쟁을 벌여, 승리한 붕당이 정권을 독식하는 '환국 정치'가 영조 대 초반까지 계속되었다. 그러나 결국 환국은 왕의 판결을 통해 이루어졌으므로 권력은 점점 더 왕에게로 집중되었다. 이 같은 상황에서 영조는 '환국정치'를 '탕평정치'로 바꿔 당쟁에 최종적인 판결을 내리는 존재가 아니라 당쟁 자체를 조정하는 존재로 왕의 지위를 높였다.

정조는 이러한 할아버지의 유산 위에서 왕정을 펼쳤다. 정조가 물려받은 가장 큰 유산은 탕평이었다. 정조는 영조의 탕평정치를 더욱 밀어붙였다. 영조처럼 붕당 간의 정쟁을 조정하는 것이 아니라 아예 붕당을 없애고 모든 신하를 왕 아래 줄 세우려 한 것이다. 16세기 이래 사림 정치에서는 향촌과 중앙 정계를 넘나드는 사림이 백성과 교류하고 그 사정을 임금에게 전

달했지만, 정조는 사림의 장막을 넘어 자신이 직접 백성과 접촉하려 했다. 이러한 생각을 일컬어 '왕민 사상'이라고 한다. 1784년(정조 8), 정조는 《황극편》*에서 이 같은 생각을 명료하게 주장했다.

"주자와 율곡의 시대에는 붕당정치가 군자의 당과 소인의 당을 구분해 군자가 우세한 정치를 꾀할 수 있었을지 모른다. 그러나 지금은 각 붕당에 군자·소인이 뒤섞여 있어서, 오히려 붕당을 깨고 군자들을 당에서 끌어내어 왕정을 직접 보필하는 신하로 만드는 것이 나라에 더 필요하다."

그리고 정조는 편전의 이름을 '탕탕평평실'이라 짓고 당파를 넘어 능력에 따라 두루 인재를 등용해 나갔다. 그는 왕위에 오르자마자 창덕궁 후원에 왕실 도서관인 규장각을 두고, 그동안 권력에서 배제되어 온 정약용, 이가환 등 남인 출신과 박제가, 박지원 등 서얼 출신 지식인들을 대거 등용했다.

규장각은 문화의 중심이자 정치의 중심이었다. 정조는 조정의 37세 이하 문신들 가운데 인재를 뽑아 규장각에서 공부시킨 뒤, 시험을 보아 승진·임용의 참고 자료로 삼는 '초계문신' 제도를 실시했다. 이 제도를 통해 20년간 130여 명의 초계문신이 배출되었다.

정조는 또한 자주 궁궐 밖으로 행차했다. 선왕의 능에 참배하는 능행을 비롯한 행차는 그의 재임 중 100회 이상을 기록했다. 이것은 단지 선왕에 대한 효심을 과시하는 데서

• 《황극편》 조선 시대 붕당과 관련된 사실을 엮은 책으로, 조선 정조 14년(1790)에 간행되었다.

규장각
정조가 1776년에 창덕궁 후원에 건립한 규장각의 모습을 김홍도가 32세 때 그린 작품이다.

더 나아가, 직접 백성과 접촉하기 위한 수단으로 활용되었다. 조선 시대에는 백성이 고위 관료나 임금에게 직접 민원을 전하는 상언과 격쟁이라는 제도가 있었다. 그러나 상언과 격쟁도 아무나 할 수 있는 게 아니고 신분에 따른 제약이 많았다. 정조는 바로 그러한 제약 조건을 없애 버렸다.

이처럼 붕당정치를 넘어 왕이 주도하는 왕민정치를 펴기 위해 정조가 현실적으로 극복해야 하는 것은 사도세자 문제였다. 따라서 정조 후반기의 초점은 영조의 유지를 넘어 사도세자를 복권시키는 데 맞추어졌다.

천하의 도는 군주를 통한다

1788년(정조 12), 정조는 남인 출신의 채제공을 우의정에 발탁했다. 100여 년간 밀려나 있던 남인이 권력의 핵심으로 들어선 것이다. 그때 채제공은 양주 배봉산에 있던 사도세자의 묘를 수원으로 옮기자고 건의했다. 정조는 이를 받아들여 이듬해 수원 도호부 자리에 아버지의 묘를 마련하고 '현륭원'이라 이름 붙였다. 그리고 수원까지 먼 길을 행차하곤 했다.

1793년(정조 17)에 접어들어 채제공은 현륭원이 있는 수원에 새로운 성곽 도시를 만들자고 제안했다. 정조는 이를 받아들여 이듬해부터 10년 계획으로 자신의 개혁 근거지가 될 화성을 쌓기 시작했다. 전통 성곽 건축의 종합편이라 할 수 있는 화성 신도시 공사는 채제공이 총책임자, 정약용이 설계를 맡아 예상보다 훨씬 빨리 진행되었다. 화성은 1795년(정조 19)에 정조의 어머니 혜경궁 홍씨(1735~1815)의 회갑연을 성대하게 치를 수 있을 만큼 공사가 진척되었고, 그 이듬해인 1796년에는 완공되었다.

그 이듬해인 1797년(정조 21) 정조가 쓴 〈만천명월주인옹자서〉라는 글은 그의 자신감과 정치 노선을 한눈에 보여 준다. '만천명월주인옹'이란 정조가 '홍재' 대신 새로 쓰기 시작한 호였다. 여기서 '만천'이란 온 세상의 물이라는 뜻으로, 만백성을 의미한다. 그리고 명월은 그러한 만천에 하나하나 담겨 비치는 달로, '태극이요 군주'인 정조 자신을 의미한다. 그러니까 정조 자신이 백성 모두를 굽어 살피는 존재라는 뜻에서 이런 거창한 호를 정한 것이다.

나아가 정조는 1798년에 '군주 도통론'을 주장했다. 이는 천하의 도가 군주를 통해 드러난다는 의미로, 붕당을 통해 국가를 운영해 온 사림의 '사대부 도통론'을 정면으로 반박하는 것이었다. 정조가 이렇게 주장할 수 있었던 이유는 수많은 인재를 모았을 뿐 아니라, 정조 자신이 어떤 신하와 견주어도 뒤지지 않는 학문적 식견과 전망을 갖춘 '문화 군주'였기 때문이다.

자신만만해진 정조는 영조의 임오의리를 적극적으로 수정하는 일에 박차를 가했다. 먼저 그는 사도세자가 억울하게 죽었다는 사실을 공개적으로 밝히고 그를 복권시키는 일에 앞장섰다. 만약 이미 진종으로 추존된 효장세자에 이어 사도세자마

수원 화성

저 왕으로 추존한다면, 정조와 그의 대를 이을 왕들은 정통성에 어떤 흠결도 남지 않게 된다.

다만 사도세자를 거론하지 말라는 영조의 유훈을 받들고 왕이 된 정조가 사도세자를 왕으로 추존하는 것은 시비의 대상이 될 수 있었다. 정조는 그러나 다음 왕은 사도세자를 왕으로 추존해 의리를 변경하더라도 문제가 없을 것으로 판단했다. 그리하여 정조는 다가오는 갑자년(1804)에 세자에게 양위하고 상왕上王으로 물러날 계획을 세웠다. 자신은 상왕이 되어 화성으로 가고 새로 즉위한 세자가 사도세자를 왕으로 추존한다는 구상이었다. 1794년 착공한 화성의 공기工期를 10년으로 잡았던 것도 이 같은 '갑자년 프로젝트'와 무관하지 않아 보인다.

그러나 정조는 이 계획을 실행에 옮기지 못했다. 갑자년이 되기 4년 전인 1800년(정조 24), 뜻하지 않은 병을 얻어 마흔아홉 살의 나이에 갑자기 세상을 떠났기 때문이다. 그가 죽은 뒤 왕민정치는 더 이상 이어지지 못하고 다시 사대부들에게 권력이 넘어갔다. 그러나 정조 사후에 부활한 사대부 중심 정치는 16, 17세기의 활력 있는 붕당정치가 아니라, 소수 가문에 부와 권력이 집중되는 '세도정치'였다.

결국 정조는 '뛰어난 개인'에 의존해야만 하는 왕정 제도의 모순을 극명하게 보여 준 또 하나의 사례로 남았다. 여러 면에서 탁월한 능력을 지녔던 정조는 자신의 한 손에 권력을 집중시켜 세종 대 이래 또 한 번의 절정기를 조선에 선물했다. 하지만 세습 왕조의 한계 안에 머무르는 바람에 그러한 절정을 자기 한 세대에 국한시키고 말았다.

  나아가 천하의 도가 왕도 사대부도 아닌 민을 통한다는 근대
적 사고는 정조 사후 100년을 더 기다려야 했다.

마지막 왕, 첫 번째 황제

고종

이 땅의 역대 군주에게 천자, 즉 황제는 대개의 경우 꿈이었다. 하늘 아래 천자는 둘일 수 없다며 눈을 부라리는 중국 황제 때문에 울며 겨자 먹기로 그의 제후인 왕의 지위에 만족하곤 했다. 그것은 만인지상의 지존인 군주의 주권을 사실상 포기하는 일이었다. 그런데 하필이면 조선 왕조의 기운이 쇠해 가던 19세기 말, 조선의 26대 왕 고종이 대한제국을 선포하고 그 꿈을 이뤘다. 우리는 이 역설적인 상황을 어떻게 받아들여야 할까?

고종의 조건

고종(재위 1863~1907)은 1863년 12월에 조선의 26대 왕이 되었다. 당시 열두 살에 불과했던 고종 주변에 펼쳐진 상황은 다음과 같았다.

지난 세기 영조와 정조가 부활시켰던 강력한 왕권은 19세기 들어 힘을 잃고 순조(재위 1800~1834), 헌종(재위 1834~1849), 철종(재위 1849~1863) 3대에 걸쳐 노론 문벌의 세도정치가 펼쳐졌다. 세도 문벌에 권력과 부가 집중되면서 국가 기구는 동맥경화에 걸리고 중앙부터 지방까지 부패의 사슬이 거미줄처럼 얽혔다.

1811년(순조 11) 평안도에서 일어난 홍경래의 난, 1862년(철종 13) 경상도 단성을 시작으로 전국을 휩쓴 임술 농민 봉기 등 민중 봉기는 썩어 가는 국가와 대조적으로 성장하는 민중의 힘을 조금씩 드러내고 있었다. 1860년(철종 11) 최제우가 창시한 동학은 '사람이 곧 하늘'이라고 외치며 민중에게 자신의 힘에 대한 믿음을 불어넣어 주었다.

나라 밖에서는 조선이 내심 '오랑캐'로 멸시하던 청이 또 다른 서양의 '오랑캐'들에게 곤욕을 치르고 있었다. 당시 영국 해상 세력은 청으로부터 비단, 도자기 등을 사들여 인도, 유럽 등지에 파는 교역으로 큰돈을 벌었다. 그러다가 청에 지급할 은이 바닥나자 은 대신 아편을 주고 교역을 계속하려 했다. 청이 이를 금지하자 영국은 청에 싸움을 걸어 뜻밖의 승리를 거두었다. 역사에서는 이 부도덕한 전쟁을 아편전쟁(1840~1842)이라 한다. 그 후 프랑스, 독일, 미국 등 열강들이 앞 다투어 청을 반식민지로 만들어 버렸다. 1854년에는 미국이 일본을 협박해 문호를 개방시켰다.

17세기에 명이 멸망하고 여진족의 청이 중국을 접수했을 때, 조선의 엘리트들은 이제 세상에 남은 유교 문명국가는 조선뿐이라는 절박한 생각에 사로잡혔다. 혼자서라도 유교를 더욱더 갈고닦아 문명을 지키자는 것이 그들의 다짐이었다. 그 노력은 18세기 영·정조 때 어느 정도 성과를 보아, 조선은 유교적 원칙을 지키면서도 꽤 번영하는 왕조의 면모를 과시하게 되었다.

17, 18세기 내내 조선은 머잖아 청이 몰락하리라 예상했고 또 그러기를 빌었다. 하지만 막상 청이 몰락의 길에 들어섰을 때 새로운 강자로 등장한 것은 명과 같은 유교 세력이 아니라 청과는 전혀 다른 '서양 오랑캐'였다. 그들은 조선에 완전히 낯선 존재는 아니었다. 조선은 17세기 이래 중국을 통해 서양의

천문과 종교를 접했고, 그것들 가운데 '오랑캐'들이 만든 것치고는 참고할 것이 꽤 있다고 생각했다. 그러나 그들이 군사적으로도 청을 제압할 정도로 무서운 힘을 가지고 있는지는 미처 몰랐을 것이다. 고립된 유교 국가 조선에 청의 몰락은 복음이 아니라 일찍이 없었던 위기로 밀어닥쳤다.

안팎의 상황으로 보건대 고종은 그야말로 온통 적으로 둘러싸인 채 왕위에 올랐다고 해도 과언이 아니다. 왕권을 위협하는 문벌, 왕조를 위협하는 민중, 국가를 위협하는 '오랑캐' 등 감당키 어려운 적들이 궁궐 밖에 창궐하고 있었다. 게다가 아버지 흥선대원군이나 아내 명성황후처럼 그의 곁에 있는 사람들마저 항상 그의 편은 아니었다. 어찌 보면 고립무원이라 해도 좋을 만큼 우호적이지 않은 환경 속에서, 선조들이 꿈도 꾸지 못했던 천자의 자리까지 치달은 고종의 생애는 《삼국지연의》와 같은 대하소설로도 다 담아내기 어려울 만큼 파란만장했다.

난세에 왕이 된다는 것

17, 18세기에 조선은 왕조로 살아남기 위해 대대적인 개혁을 단행했다. 대동법과 균역법으로 대표되는 개혁으로 폭발 직전의 민중을 겨우 달래어 18세기 후반의 안정기를 맞이할 수 있었다. 그러나 19세기 세도정치의 개막과 더불어 중앙의 문벌부터 지방의 아전에 이르기까지 얽히고설킨 부패의 사슬은 개혁

‖‖ 임술 농민 봉기 ‖‖

"다 같은 백성인데 이다지 불공평하단 말인가?" 1803년(순조 3), 정약용이 전라도 강진에서 유배 생활을 할 때 지은 〈애절양〉의 한 구절이다. 이한시에는 그 당시 민중의 고통스러운 삶이 사실적으로 묘사되어 있다. 양반의 눈에 비친 농민의 삶이 이 지경인데, 당하는 농민이 절감하는 고통은 어느 정도였을지 짐작하기 어렵지 않다. 특히 임술 농민 봉기의 시작점이 된 경상도 단성현은 '환곡의 폐단이 팔도에서 가장 심하다'는 말을 들을 정도로 관리들의 착취가 극심한 곳으로 유명했다. 봉기가 일어나기 전인 1861년(철종 12) 겨울에는 이러한 수탈이 극에 이르렀고, 결국 참다못한 단성 농민들이 이듬해 2월에 항거의 횃불을 높이 들었다. 그뒤 작은 고을 단성에서 시작된 농민 봉기는 경상도·전라도·충청도 지역을 중심으로 전국에 걸쳐 70여 개 고을로 번져 나갔다. 이렇듯 1862년 전국 각지에서 일어난 농민 봉기를 함께 부르는 말이 임술 농민 봉기이다.

의 성과를 모두 갉아먹었다. 그 바람에 조선은 굳이 '서양 오랑캐'의 위협이 아니더라도 숨이 넘어갈 위기를 맞게 되었다. 전국을 휩쓴 1862년 임술 농민 봉기는 집권층에게 그 위기가 코앞에 닥쳤다는 것을 절감케 해 주었다.

철종은 각지의 민란에서 지목된 탐관오리를 처단하고, 민란의 근본 원인이었던 삼정*의 문란을 해결하기 위해 삼정이정청을 설치하면서 문제 해결의 고삐를 죄었다. 그러나 민란이 잦아들자 집권층의 긴장감도 풀어져 개혁은 흐지부지되었고, 설상가상으로 철종은 이듬해 후사도 없이 세상을 떠

* 삼정 나라의 정사 가운데 가장 중요한 전정, 군정, 환곡 세 가지. 토지세와 군역의 부과 및 양곡 대여와 환수를 이른다.

나고 말았다. 바로 그때 해이해진 집권층의 기강을 바로잡고 임술년에 하려다 만 개혁을 완수하겠다고 나선 인물이 영조의 현손(손자의 손자)인 흥선대원군이었다.

흥선대원군은 철종이 아들 없이 죽을 때를 대비해 치밀한 계획을 세우고, 세도 가문인 안동 김씨의 눈을 피해 왕실의 큰 어른 신정왕후와 접촉해 왔다. 신정왕후는 익종*의 비妃로, 안동 김씨의 맞수인 풍양 조씨 출신이었다. 신정왕후는 흥선대원군의 둘째 아들 재황을 익종의 양자로 입적하는 방법을 써서 그를 차기 왕으로 올렸다. 안동 김씨는 뒤통수를 크게 얻어맞은 셈이었다. 그러나 재황이 영조의 5세손으로 엄연한 왕족인데다 익종의 대까지 이어 정통성에 전혀 하자가 없었으니 왕실 어른의 결정에 반대할 명분은 없었다.

재황은 열두 살밖에 안 되었기 때문에 선례에 의해 신정왕후가 수렴청정을 하기로 하고, 사전 약속에 따라 실권은 흥선대원군에게 넘어갔다. 그렇다면 흥선대원군은 왜 장남 재면을 놔두고 차남 재황을 왕위에 올렸을까? 여러 가지 설이 있지만 종법에 따른 자연스러운 관행으로 이해하면 될 것 같다. 한 집안의 자식을 손 없는 다른 집안에 양자로 보낼 때, 장남은 자기 집안의 대를 잇게 하고 차남을 보내는 것이 관행이었다. 물론 현실적 필요에 따라 관행은 종종 무시되기도 한다. 그러나 이미 성인이던 재면보다는 어린 재황이 왕위에 오르는 것이 신정왕후

* 익종 조선 순조의 세자(1809~1830). 순조 12년(1812)에 왕세자에 책봉되었고, 1827년부터 대리청정을 하여 현명한 인재를 등용하고 선정을 베풀었으나 4년 만에 죽었다. 헌종이 즉위한 뒤에 '익종'으로 추존되었다.

흥선대원군 이하응 초상

의 수렴청정이나 흥선대원군의 섭정에 더 나았기 때문에 관행은 존중되었을 것이다.

즉위 배경이 이러하기에 고종은 스스로 권력을 쥐기까지 험난한 여정을 걸을 수밖에 없었다. 신정왕후야 고종이 나이가 차면 수렴청정을 그만둔다 치더라도 아버지 흥선대원군은 손에 들어온 권력을 호락호락 내놓을 위인이 아니었다. 그는 고종의 치세가 시작되자마자 그동안 조선 사회를 동맥 경화에 빠트려 온 세도정치를 대수술하기 위해 칼을 집어 들었다. 3정승과 6판서를 모조리 물갈이하면서 안동 김씨 일족을 일거에 몰아냈다. 이것은 흥선대원군이 10년간 벌이게 될 개혁 칼바람의 시작에 불과했다.

그는 세도 가문에 빼앗긴 왕실의 권위를 되찾아 영·정조 때처럼 왕권을 강화하려 했다. 이를 위해 호포 제도를 뜯어고쳐 양반, 평민을 막론하고 모든 양민이 공평하게 베 1필씩을 부담하도록 했다. 영조가 균역법을 추진할 때도 관철시키지 못한 대담한 개혁이었다.

또 650여 개에 이르던 서원 가운데 47군데만 남기는 서원 철폐를 단행했다. 서원은 한동안 공론의 장으로 순기능을 했지만, 그 무렵에는 양반 사족이 술 마시고 놀면서 백성을 괴롭히는 곳으로 타락한 지 오래였다. 양반들은 당연히 극렬하게 반대했지만 명분을 선점한 흥선대원군의 기세를 이겨 낼 수 없었다. 흥선대원군은 또 임진왜란 때 불타 버린 경복궁을 본래보다 더 큰 규모로 다시 짓는 데 재정을 쏟아부었다.

무너져 가던 조선 왕조는 흥선대원군의 개혁 정치로 마치 각성제를 맞은 환자처럼 반짝 정신이 돌아온 것 같았다. 그러나 흥선대원군의 왕권 회복 정책은 그 자신에게 부메랑으로 돌아왔다. 어느덧 고종도 장성해 성인이 되어 있었다. 고종이 자신에게 부여된 전제 권력을 오롯이 회수하는 가장 좋은 방법은 흥선대원군이 스스로 퇴진하는 것이었다. 그러나 흥선대원군은 그렇게 하지 않았다. 권력의 속성이 원래 그런 것일 수도 있고, 자신이 다져 놓은 개혁 정치의 길을 아들이 제대로 밟아 나가리라는 믿음이 없었기 때문일 수도 있다.

　　결국 고종은 자신의 손이 아니라 왕비인 명성황후와 개혁의 대상이던 사대부의 손을 빌려 아버지를 퇴진시키고 친정의 길에 들어섰다. 명성황후는 세종의 어머니인 원경왕후와 숙종의 두 번째 왕비인 인현왕후를 배출한 명문 여흥 민씨 출신이었다. 같은 여흥 민씨인 흥선대원군 부인의 추천을 받았고, 흥선대원군이 직접 며느리로 선택했다. 그러나 흥선대원군이 명성황후를 박대하고 견제하자 시아버지와 며느리 사이에는 날카로운 정치적 대립이 생겨났다. 명성황후는 민씨 일족을 비롯해 흥선대원군과 대립하던 모든 세력을 규합해 시아버지와 맞섰다. 결국 강직한 사대부 최익현이 흥선대원군의 독단과 실정을 비판하는 탄핵 상소를 올리면서 그의 시대는 막을 내렸다. 1873년, 아버지의 손에 의해 왕위에 오른 지 10년 만에 고종은 가까스로 자신의 시대를 시작할 수 있었다.

어떤 왕도 경험하지 못한 위기

명성황후가 흥선대원군을 공격하기 위해 규합한 사람들 가운데는 흥선대원군의 친형인 이최응도 있었다. 이최응은 특히 대외 정책에서 동생과 의견을 달리했다. 이최응이 반대한 흥선대원군의 대외 정책이 바로 그 유명한 '쇄국 정책'이다.

1866년(고종 3) 러시아 함대가 나타나 위협을 가하자 흥선대원군은 천주교도들을 통해 프랑스를 끌어들여 러시아를 치게 하는 이이제이以夷制夷를 시도했다. 그러나 러시아 함대의 위협이 일시적으로 잦아들자 언제 그랬냐는 듯 천주교도들과 프랑스 신부들을 잡아 죽였다. 청에 주둔하던 프랑스 함대는 이 사건을 빌미로 강화도에 쳐들어왔고, 조선군은 강력하게 저항해 이들을 격퇴했다. 이것이 병인양요(1866)다.

병인양요 직전에는 대동강을 거슬러 올라온 미국의 제너럴셔먼호가 통상을 요구했다. 평양 감사 박규수가 이를 거부하자 제너럴셔먼호 선원들은 평양 군민을 공격했다. 이에 평양 감사 박규수와 군민들은 불 공격을 가해 배를 태워 버렸다. 1871년 (고종 8) 미국은 이를 빌미로 강화도에 해병대를 보내 프랑스가 했던 것처럼 통상을 요구했다. 그러나 강화도 수비대는 죽기로 싸워 그들의 철수를 이끌어 냈다. 이것이 신미양요다. 자신감을 충전한 흥선대원군은 전국 각지에 '척화비'를 세워, 서양 오랑캐와 화의和議하는 것은 나라를 팔아먹는 짓이라며 쇄국의 의지를 불태웠다.

그러나 조정 내에는 이미 이최응처럼 일방적인 쇄국에 반대하는 사람이 적지 않았다. 서양 세력은 오랑캐가 아니라 유교 문명과는 다른 종류의 문명 세력이고 군사력과 상공업의 힘으로 세계를 석권하고 있다는 것을 알 만한 사람은 다 알고 있었다. 심지어는 쇄국을 주도한 흥선대원군도 서양의 상공업이 우월하다는 사실을 잘 알고 쇄국에 더욱 박차를 가했다. 이미 조선에 들어온 값싼 서양목, 즉 서양의 면제품이 수공업 단계이던 조선의 산업을 어떻게 질식시키고 있는지 경험하고 있었기 때문이다.

서양 세력의 위협에 맞서 조선 고유의 유교 문명을 지킬 것인가, 그러다가는 다 죽을 테니 문호를 개방해 새로운 문명을 받아들일 것인가? 이것은 막 친정을 시작한 고종이 처음 맞이한 국정 과제치고는 너무 무겁고 가혹했다. 1875년(고종 12) 이 문제는 서양 열강이 아닌 이웃 나라 일본의 도발로 불거졌다. 일본은 20여 년 전 미국이 자신들에게 했던 것과 똑같은 방식으로 군함인 운요호를 보내 조선에 개항을 강요한 것이다.

서양 열강과 달리 일본은 이미 조선과 수교를 하고 부산을 통해 교역을 하던 나라였다. 그래서 일부 대신들은 일본이라면 서양과는 다르므로 요구를 받아 줘도 큰 문제는 없을 거라고 강변했다. 그러나 더 많은 신료들과 재야의 유림은 운요호를 보낸 일본은 이전의 일본과 다른 존재로 서양과 똑같은 세력이라는 것을 꿰뚫어 보고 있었다. 더구나 무력에 굴복해 개항을 하면 향후 일본의 야욕에 속수무책으로 당할 수밖에 없다는 것도 잘 알고 있었다.

고종은 번민했다. 그때 그의 고민을 덜어 준 사람은 흥선대원군을 탄핵해 고종에게 권력을 안겨 준 최익현이었다. 그는 도끼를 들고 경복궁 앞에 나아가 개항에 반대하는 상소를 올렸다. 서양과 일본은 똑같은 오랑캐이며 그 요구를 들어준다면 조선에는 서양 물건이 흘러넘치고 나라는 곧 망할 것이라는 내용이었다. 그러면서 최익현은 조정 대신들을 매국적인 주화론자라고 맹비난했다. 이것은 고종에게 아픈 충언이었지만, 한편으로는 울고 싶은데 뺨을 때려 준 일이기도 했다. 그는 대신들의 요청을 받아들여 최익현을 귀양 보내고 전쟁을 피한다는 명분 아래 일본의 요구에 굴복했다.

1876년(고종 13) 초 조선은 일본과 강화도조약(병자수호조약)을 맺고 부산, 원산, 인천을 개방했다. 영국, 미국, 독일 등 서양 열강이 일본의 뒤를 이어 줄줄이 조선과 수호조약을 맺었다. 대부분의 한국사 책은 이 사건을 근대의 시작으로 본다. 새로운 시대가 조선 안에서 열린 것이 아니라 외세에 의해 밖에서 들어왔다는 것이다. 그러나 이 세상 어떤 존재도 외부의 자극만으로 변하는 법은 없다. 무엇인가가 진정 변한 데에는 외부의 자극과 더불어 내부의 변화가 있었을 것이라는 말이다. 500년 동안 유교 문명의 길을 걸어온 조선은 더 말할 필요도 없다.

그렇다면 1876년의 개항은 한국사에서 새로운 시대의 시작이라기보다는 그 시작을 자극한 외부의 충격이라고 할 수 있을 것이다. 이제 조선은 서양 근대 문명의 유입과 더불어 지금까지 없었던 새로운 세력들이 나타나 얽히고설키는 시대로 접어들었다. 고종은 선왕들 중 누구도 겪은 적이 없는 위기를 맞아 자신이 조선의 지존이며 유일한 주권자라는 것을 증명해 나가야 했다. 아버지 손에 이끌려 엉겁결에 면류관*을 써야 했던 13년 전의 소년은 자신에게 이런 미증유의 도전이 닥칠 것이라고는 상상도 하지 못했을 것이다.

개화 군주의 길

강화도조약을 통해 일본의 새로운 모습을 본 조선은 그 변화의 내용이 무엇인지 빨리 알아내야 했다. 고종은 조약이 체결된 지 3개월 만에 김기수를 정사로 하는 수신사를 보내 일본의 변화를 파악하도록 했다. 수신사 일행은 메이지 천황(재위 1867~1912)을 접견하고 원로원, 의사당, 문부성, 대장성 등 근대적 국가 기구와 첨단 군사 시설을 돌아보았다. 개화를 통해 한층 더 강력해진 일본의 모습과 그 위에 군림하는 천황의 위용을 보고 받은 고종은 개화에 대해 조심스럽지만 진전된 관심을 갖게 되었다.

1880년(고종 17) 김홍집이 이끄는 두 번째 수신사가 일본을 방문했다. 엉겁결에 맺은 강화도조약의 불합리한 조항을 개정하려는 것이 그들의 목적이었

* 면류관 왕이 정복에 갖추어 쓰던 관. 거죽은 검고 속은 붉으며, 위에는 긴 사각형의 판이 있고 판의 앞에는 구슬꿰미를 늘어뜨린 것으로, 국가의 큰 제사 때나 왕의 즉위 때 썼다.

지만, 일본은 의도적으로 이를 회피했다. 대신 김홍집 일행에게 극진한 대접을 베풀며 자신들이 자랑하는 근대적 시설을 잇달아 보여 주었다. 김홍집이 개화의 필요성을 절감하게 된 것은 두말할 나위도 없다. 당시 김홍집은 주일 청국 공사관에 참찬관(서기관)으로 와 있던 황준헌과 여섯 차례에 걸친 필담을 나누며 조선이 나아갈 길에 대해 논의했다. 청의 강력한 개화론자이던 황준헌은 이때의 대화를 《조선책략》이라는 책자로 정리해 귀국하는 김홍집에게 주었다.

김홍집이 돌아와 고종에게 바친 《조선책략》에는 300년간 부동항을 찾아 동쪽으로 이동해 온 러시아가 드디어 조선에까지 마수를 뻗치려 하고 있으며 조선은 러시아의 위협에 대응하기 위해 중국과 친하고 일본과 결속하며 미국과 연결되어야 한다(친중국·결일본·연미국)는 내용이 들어 있었다. 이 작은 책자는 고종에게 큰 영감을 주었다. 잘만하면 왕권에 흠집을 내지 않고도 새롭게 조성된 국제 질서 속에서 조선을 안정되게 이끌어 갈 수 있을 것 같았기 때문이다.

러시아를 대표로 하는 서구 문명을 견제한다는 것은 왕권의 보루인 유교 문명을 보전할 가능성을 높여 준다. 중국과 친하게 지낸다면 청과 맺은 조공·책봉 관계를 파기하기 위해 위험을 무릅쓰지 않아도 된다. 일본과 결속한다면 불평등 개항에 따른 정치적 부담을 덜 수 있다. 그러면서도 신생 강국 미국과 연결된다면 서구 문명을 도입하는 통로를 열어 두는 셈이니, 이대로만 된다면 당시 상황에서는 고종에게 최상의 시나리오였을 것이다.

고종황제 어진

황제어새

성수 50주년 기념장

고종은 전국의 유림에게 《조선책략》을 배포해 열람케 했다. 개항을 결사반대했던 유림의 반응은 격렬했다. 1881년(고종 18) 2월 이만손 등 1만 명이 넘는 영남 유림이 한꺼번에 상소를 올려 《조선책략》의 내용을 비판하고 이를 가져온 김홍집을 문책하라고 요구했다.(영남 만인소) 위정척사를 부르짖는 유림의 상소는 전국으로 확산되어 갔지만 《조선책략》의 유혹을 뿌리칠 수는 없었다. 유림의 저항 속에서도 청에 가서 근대적 무기 제조법을 배우고 미국과 외교 관계 수립을 협의하기 위한 영선사가 김윤식의 인솔 아래 출발했다. 또 박정양, 어윤중이 이끄는 조사시찰단이 본격적으로 근대 문물을 학습하기 위해 몰래 부산을 빠져나가 일본으로 향했다. 그리고 이듬해인 1882년(고종 19) 3월, 조선은 청에서 일어난 양무운동●의 총책임자인 이홍장의 주선 아래 미국과 수호통상조약을 맺었다. '친중국·결일본·연미국'의 개화 장정이 본궤도에 오른 것이다.

고종이 주도하는 개화의 좌절

왕이 주도하는 개화의 길은 처음부터 도전에 부딪혔다. 첫 번째 도전이 왕권의 기반을 이루는 유림으로부터 나왔다면, 두 번째 도전은 왕권의 원천이라고 볼 수 있는 백성으로부터 나왔다. 그것도 도성에서 왕을

● 양무운동 19세기 후반에 중국 청에서 일어난 근대화 운동. 태평천국 운동과 애로호 사건 등에 자극을 받아 증국번, 이홍장 등이 주동이 되어 군사, 과학, 통신 등의 개혁을 꾀했다.

호위하는 군인들로부터 터져 나온 저항이었다.

개화의 실험 가운데 하나는 근대적 군대를 양성하는 것이었다. 1881년 기존의 수도 방위 병력인 5군영을 무위영과 장어영으로 통폐합하면서, 무위영 아래 80명으로 이루어진 별기군을 두었다. 별기군은 일본군 장교 호리모토 레이조의 조련을 받는 신식 군대로, 다른 병력에 비해 장비와 급여에서 더 나은 혜택을 받았다. 구식 군인들은 혜택을 덜 받는 정도가 아니라 열세 달 동안 봉급조차 못 받을 정도였다. 그러던 1882년 6월, 오랜만에 한 달 치 급여를 준다고 해서 나가 보았더니 선혜청 고지기(관아의 창고를 보살피고 지키던 사람)의 농간으로 양이 형편없이 적은 데다 쌀 속에 겨와 모래까지 섞여 있었다. 분노한 군인들은 고지기를 때려눕히고 선혜청 당상인 민겸호의 집에 불을 질렀다. 그리고 쇄국의 상징인 흥선대원군이 기거하는 운현궁으로 달려가 자신들의 억울함을 풀어 달라고 읍소했다. 흥선대원군은 겉으로는 군인들을 달랬으나, 실제로는 심복을 시켜 그들의 분노를 일본과 민씨 정권 쪽으로 정조준시켰다. 군인들은 호리모토를 비롯한 13명의 왜인을 살해하고 일본 영사관을 불태웠으며, 민겸호, 이최응 등 개방 정책을 주도하던 인사들을 죽였다. 그들은 나아가 흥선대원군의 최대 정적인 명성황후를 죽이려고 돈화문을 뚫고 창덕궁에 난입했다. 명성황후는 궁녀의 옷으로 변장하고 궁궐을 빠져나가 장호원에 있는 충주 부사 민응식의 집으로 피신해 가까스로 목숨을 건졌다.

임오군란으로 불리는 이 사건은 고종이 주도하는 개화에 종

마지막 왕, 첫 번째 황제   **285**

언을 고했다. 고종은 사태를 수습하기 위해 흥선대원군을 다시 궁으로 불러들일 수밖에 없었다. 흥선대원군은 명성황후를 찾지 못하자 그녀가 죽었다고 선포한 뒤 장례식을 치르고 개화의 시계추를 되돌리려 했다. 그러나 흥선대원군의 재집권은 불과 33일 만에 수포로 돌아갔다. 고종이나 민씨 세력의 반격 때문이 아니었다. 흥선대원군을 낙마시키고 고종에게 권력을 되돌려 준 것은 외세였다.

조선에서 정변이 일어났다는 소식이 들리자 일본과 청은 재빨리 군대를 파견했다. 자국민이 피해를 당한 일본이 먼저 군대를 파견해 흥선대원군과 면담하고 피해 보상, 추후 개항 등의 요구를 내놓았다. 일본의 과도한 요구에 직면한 흥선대원군은 청에 군대를 요청하는 편지를 보냈다. 그러나 그에 앞서 조선에서 반란이 일어났다는 소식을 접한 이홍장은 이미 파병을 결정하고 흥선대원군을 제거할 계획까지 세워 놓고 있었다. 청군을 인솔해 서울에 들어온 마건충은 조선의 종주국 행세를 하며 일본과 협상을 벌이고, 흥선대원군을 유인해 톈진으로 납치해 갔다. 피신했던 명성황후는 돌아와 국모의 지위를 되찾았으며 그녀의 척족들도 속속 돌아왔다.

고종은 권력을 되찾았지만 청의 심한 간섭을 받아야 했다. 일본에 대한 보상 협상도, 군란의 진압과 처벌도 청의 의도에 따라 이루어졌다. 중단됐던 개화 정책도 청이 추천한 독일인 묄렌도르프 등의 지도를 받으며 추진해 나가야 했다. 정부 내 요직을 차지한 민씨 일족은 갈수록 청에 대한 의존도를 높여

갔다. 임오군란이 확인시켜 준 것은 개화 국면에서도 조선은 여전히 청의 제후국이라는 비정한 현실이었다.

잃어버린 10년

고종이 청의 간섭에 발목을 잡혀 개화 정책을 소신 있게 추진하지 못하자 젊은 개화파 관료들이 나섰다. 개화파(개화당)로 불리는 김옥균 중심의 이삼십 대 젊은 관료들은 수신사, 조사시찰단 등에 참여해 일본의 개화 문물을 눈으로 보고 온 사람들이었다. 일본의 메이지유신*을 조선 개화의 모델로 삼은 그들에게 개화의 적은 종주국 행세를 하는 청과 그에 빌붙어 권세를 유지해 보려는 민씨 척족 등 수구 세력이었다.

청은 베트남에도 종주국 행세를 하고 있었는데, 이 베트남을 놓고 인도차이나에 진출한 프랑스와 1884년 전쟁을 벌이게 되었다. 이때 청은 조선에 주둔하던 3천 명의 병력 가운데 절반을 베트남으로 이동시켰다. 김옥균은 이것을 하늘이 준 기회로 생각했다.

그해 10월 17일, 개화파는 일거에 청과 민씨 정권을 몰아내고 개화를 추진하기 위한 정변을 일으켰다. 거사 전에 김옥균은 조선 주재 일본 공사인 다케조에 신이치로에게 접근했고, 일본 측

* 메이지유신 19세기 말, 일본의 메이지정부는 봉건적인 막부 체제를 마감하고 천황 중심의 중앙 집권적 통일 국가로 탈바꿈하면서, 토지·조세 제도를 재정비하는 등 강력한 개혁 정책을 실시했다. 사회·정치·문화 전반에 걸친 일본의 이러한 변화를 메이지유신이라 한다.

도 조선에서 청을 몰아내 자신들의 세력을 넓힐 기회로 판단해 군사적·재정적 지원을 약속했다. 개화파인 홍영식이 총판으로 임명된 우정국 개설 피로연에서 거사는 시작되었다. 개화파는 피로연에 참석한 정권 측 인사들을 제거하고, 창덕궁으로 달려가 고종과 명성황후를 납치해 지금의 종로구 계동 현대 사옥 자리에 있던 경우궁으로 옮겼다. 2년 사이에 두 번째 반란을 맞은 고종은 반란군 500명과 일본군 200명의 감시를 받으며 개화파에게 운명을 맡겨야 하는 처지에 놓였다.

개화파는 거사 이틀째에 내각을 구성하고, 사흘째에 14개조의 정강을 발표했다. 이 정강의 맨 위에 놓인 것이 흥선대원군을 즉시 귀국시키고 청에 대한 조공을 폐지한다는 내용이었다. 그다음에 문벌을 폐지하고 백성의 평등권을 제정한다는 파격적인 근대적 개혁안을 배치했다. 조선을 시대착오적 조공·책봉 체제로부터 끄집어내고, 전근대적 신분제를 폐지해 근대 세계 체제에 걸맞은 독립국으로 변화시키자는 뜻이었다. 군주제를 폐지한다는 말은 없으니 개화파 정권 아래에서도 고종은 왕의 지위를 유지할 수 있었을 것이다. 하지만 청의 간섭을 받으면 받았지 일본에 빌붙은 개화파 관리들한테는 간섭을 받기 싫다는 게 고종의 심정이었다.

물론 고종은 이처럼 젊은 관리들의 정변조차 자신의 힘으로 진압할 능력이 없었다. 갑신정변이라 불리는 이 사태를 진압하고 고종에게 왕권을 돌려준 것은 이번에도 청이었다. 흥선대원군을 납치하는 데 일익을 담당했던 위안스카이는 1천5백 명의 청군을 지휘해 개화파를 공격했다. 청군의 서슬에 놀란 다케조에 공사는 때가 아니라고 판단해 일본군을 철수시켰다. 개화파 정권은 의욕적으로 정강을 발표한 바로 그날 붕괴했고, 김옥균을 비롯한 정변의 주도 세력은 죽거나 일본으로 망명했다.

조선 역사상 처음으로 근대화를 이룩하고자 일어났던 정치 세력이 하필이면 일본과 협력했던 것은 이후 근대화의 여정에 치명적인 타격을 안겼다. 임오군란에서 드러난 것처럼 백성은 일본이 강요한 개항에 반감을 가지고 있었다. 꼭 위정척사파의 논리적인 반대가 아니더라도 대중은 생활 속에서 일본이 서양 세력과 다르지 않은 침략자들이라는 사실을 간파하고 있었다. 개화파는 왜 그걸 몰랐을까? 그들이 실패함에 따라 조선의 대중에게는 '개화=일본'이라는 등식이 성립하게 되었고, 그런 탓에 개화 자체가 대중의 지지를 받지 못하는 지경에 이르렀다.

안 그래도 청의 무력에 의존해 두 차례의 반란을 극복하고 왕권을 되찾은 고종은 이처럼 백성들이 개화를 반대하는 분위기 속에서 애초 품었던 생각대로 개화를 주도해 나가기 어려웠다. 갑신정변 이후 고종은 청의 제후라는 천형과도 같은 한계 속에서 이러지도 못하고 저러지도 못하면서 금쪽 같은 시간을 흘려보내야 했다. 그러는 동안 조선의 과거를 지배하는 청과 조선의 미래를 지배하려 드는 일본 사이의 힘겨루기는 백성의 삶을 피폐하게 만들고 있었다. 이 같은 '지체'가 깨진 것은 1894년(고종 31) 청일전쟁이 발발한 뒤였다. 또 한 번의 외적 요인으로 청이 몰락할 때까지 고종은 무기력하게 '잃어버린 10년'을 통과해야만 했다.

백성과 적이 되어

1894년 고종은 자신의 주권을 지키기 위해 또 한 번 외세를 불러들였다. 전라도 고부에서 일어나 순식간에 전라도의 중심지인 전주성까지 차지해 버린 동학 농민군 때문이었다. 전봉준

(1855~1895)이 이끄는 동학 농민군은 전제군주제를 부정하는 반란군은 아니었다. 그들은 오히려 고종을 에워싸고 국정을 농단하는 외세와 간신배들을 몰아내 고종에게 선정의 기회를 주자는 입장이었다.

동학농민운동은 1894년 1월 10일 전라도 고부에서 일어난 민란으로 시작되었다. 고부 군수 조병갑의 학정을 이기지 못해 일어난 민란은 안핵사(민란 수습을 위해 파견된 임시 벼슬) 이용태가 모든 책임을 민란 지도부에 떠넘기는 바람에 대대적인 농민 봉기로 확산되었다. 3월 20일 전라도 무장에서 봉기한 동학 농민군은 황토현과 황룡 전투에서 잇달아 관군을 격파하고 4월 27일 전주성에 입성했다. 그들이 봉기하면서 발표한 4대 강령에는 '군사를 몰아 서울로 올라가 권귀(지위가 높고 권세가 있는 사람)를 멸한다'는 말이 있다. 또 '왜놈을 몰아내고 나라의 정치를 바로잡는다'는 조항도 있다. 만약 고종이 외세에 의존하지 않고 탐관오리를 제거하려는 의지가 있었다면, 동학 농민군은 그에게 우군이 될 수도 있었다.

그러나 고종은 전라도를 제패한 뒤 서울로 진격하려는 동학 농민군에게 위협을 느껴, 그들을 진압하기 위한 군대를 보내달라고 청에 요청했다. 갑신정변 이후 청과 일본이 맺은 조약에 따라 두 나라 중 한 나라가 조선에 군대를 보내면 다른 한 나라도 조선에 파병할 수 있었다. 이를 모르지 않을 고종이 청에 파병을 요청한 것은 당시 상황이 얼마나 다급했는지를 잘 알려준다.

5월 5일 청군이 아산만에 들어오자 전봉준은 이틀 후인 5월 7일 관군과 협상을 하고 전주성을 비워 주었다. 나라를 바로잡겠다고 봉기했는데 외세에 파병의 명분을 주어서는 안 되겠다는 판단 때문이었다. 그러나 상황은 전봉준도 고종도 통제할 수 없는 지경에 닿아 있었다. 5월 9일 인천에 들어온 일본군은 파병의 명분이 없어졌으니 함께 철군하자는 청의 요청을 거부했다. 청군과 대치하던 일본은 6월 21일 돌연 군대를 몰고 서울로 올라가 흥선대원군을 앞세워 경복궁을 점령하고 정부를 장악했다. 그리고 이틀 뒤 조선 정부의 요청을 받은 것처럼 꾸며 아산만 앞 풍도에서 청군을 공격했다. 개항 이후 조선을 놓고 으르렁거리던 청과 일본이 마침내 결판을 내기 위한 전쟁에 돌입한 것이다.

우리는 흔히 이 전쟁을 두 강대국이 우리 땅에서 벌인 청일전쟁이라고 한다. 그러나 이 전쟁의 당사자는 청과 일본만이 아니었다. 또 하나의 주체가 있었다. 동학 농민군이다. 일본군이 물러가기는커녕 궁궐을 장악하고 남의 땅에서 전쟁까지 벌이자 전봉준 휘하의 4천여 농민군은 9월 4일 전라도 삼례에 모여 다시 봉기하기로 결정하고 외쳤다. "서울로 곧장 올라가 권귀와 일본군을 축출한다!"

동학 농민군이 북상하자 정부군은 일본군과 힘을 합쳐 이를 막으려 했다. 전쟁은 청과 일본에 동학 농민군까지 가세한 대규모 국제전으로 비화했다. '1894년 동아시아 전쟁'이라 불러 마땅한 이 전쟁에서, 조선의 정부군은 일본군과 합세해 동학 농민군과 싸웠다. 고종은 충성을 다해 나라를 바로잡으려는 백성의 군대를 끝내 적으로 돌린 것이다.

동학 농민군은 압도적인 전력의 정부군−일본군 연합군에 맞서 공주 일대에서 치열한 전투를 벌였다. 그리고 11월 14일 우금치에서 치명적인 타격을 입고 뿔뿔이 흩어졌다. 전봉준은 12월 2일 전라도 순창에서 붙잡혀 이듬해 3월 29일 형장의 이슬로 사라졌다.

개화파가 일본과 손잡고 일으킨 갑신정변을 청과 손잡고 진압한 것은 지배 계급 내부의 권력 투쟁 때문이었다고 이해해 줄 수도 있다. 그러나 맨손으로 일어난 자기 백성을 외세의 힘으로 살육한 것은 한 나라의 왕으로서는 절대로 해서는 안 될 일이었다. 명성황후와 권력을 나눠 갖고 있던 고종이 얼마나 이 일에 책임이 있는지는 알 수 없으나, 1895년(고종 32) 봄의 고종은 스스로 돌아보아도 그랬겠거니와 역사의 눈으로 봐도 정말 못난 군주였던 것만은 분명하다.

모든 것을 다 잃은 뒤에 남은 권력

1894년 동아시아 전쟁의 승자는 일본이었다. 일본은 동학 농민군을 진압한 데 이어 청에도 승리를 거두고 1895년 3월 23일(양력 4월 17일) 시모노세키 조약을 맺었다. 청은 패전의 대가로 1년 예산의 2.5배에 달하는 배상금을 물고 랴오둥반도, 타이완, 펑후 섬을 떼어 줘야 했다. 이 패배로 청은 더 이상 조선에서 일본의 야욕을 가로막는 세력이 될 수 없었다.

꼼짝없이 일본에 운명을 맡기는 신세가 된 고종을 사지에서 구한 것은 또 다른 외세였다. 일본이 랴오둥반도를 독차지하는 데 반대하는 러시아가 독일, 프랑스와 손잡고 일본을 견제하고 나선 것이다. 세 나라와 전쟁을 벌일 만한 여력이 없는 일본은 하는 수 없이 이를 갈며 랴오둥반도를 청에 반환해야 했다.

이러한 삼국 간섭은 고종에게 약간의 숨 쉴 공간을 열어 주었다. 당장이라도 일본에 국권을 내주어야 할 상황을 러시아 덕분에 잠시 모면하게 된 것이다. 러시아가 조선에서 일본을 견제할 수 있는 세력으로 등장하자 누구보다 이를 반긴 사람은 명성황후였다. 흥선대원군이 퇴진한 뒤 고종의 친정이 시작되었다고 하지만, 사실 이것이 고종의 온전한 권력 행사였다고 보는 사람은 거의 없다. 흥선대원군의 숙적으로 떠오른 명성황후가 사실상 고종과 권력을 나눠 갖고 민씨 척족들을 내세워 친청 보수 정권을 꾸려 왔다는 것이 사실에 가깝다.

그랬던 명성황후에게 청일전쟁에서 일본이 승리한 것은 충격이었다. 일본이 경복궁을 점령하고 김홍집, 박영효 등 친일 개화 관료를 앞세워 갑오개혁을 추진해 나가자 명성황후는 대응책을 마련하는 데 부심했다. 삼국 간섭 이후 그녀는 적극적으로 러시아 인사들과 친교를 맺고 정부에서 친일 세력을 제거하기 위해 애를 썼다.

러시아와 명성황후 때문에 다 잡았던 조선을 놓칠 위기에 놓인 일본은 명성황후를 가만히 놔두지 않았다. 1895년 8월 20일 (양력 10월 8일)에 일어난 을미사변은 일본이 조선을 손아귀에 넣기 위해 얼마나 광분해 있었는지를 여실히 보여 주는 사건이었다. 무관 출신 주한 일본 공사 미우라 고로는 한성신보사에 있던 일본인 낭인*과 일본군 수비대, 그리고 일본이 훈련시킨 조선군 훈련대 병력을 동원해 대궐로 난입했다. 그리고 조선군 수비대의 저항을 뚫고 옥호루로 쳐들어가 명성황후를 처참하게 학살했다.

명성황후의 죽음은 고종에게나 조선에나 엄청난 비극이었다. 그러나 그녀의 죽음은 역설적이게도 고종에게 자신의 힘으로 일국의 군주 노릇을 할 수 있게끔 기회를 주었다. 그때까지 고종은 온전한 군주가 아니었다. 처음에는 흥선대원군이 섭정으로 권력을 행사하고, 그 후에는 명성황후가 사실상 권력을 나눠 가졌다. 그러나 을미사변으로 고종은 혼자가 되었다. 아버지 없이, 아내 없이 홀로 결정하고 홀로 이끌어 가야 했다.

어찌 보면 모든 것을 포기하고 평범한 백성으로 돌아가 실컷 울고 싶은 게 고종의 솔직한 심정이었으리라. 그러나 500년을 내려온 왕조의 군주로서 그가 선택할 수 있는 것은 많지 않았다. 그는 수단과 방법을 가리지 않고 자신에게 주어진 권력을 지키기로 마음먹었다. 만약 마음먹은 대로 해내기만 한다면 그때까지 저지른 잘못을 어느 정도 보상받을 수도 있을 터였다.

명성황후의 비참한 죽음이 말해 주

* 낭인 '일본의 떠돌이 무사'를 가리키는 말로, 여기서는 메이지유신에서 소외된 일본의 정치인들을 일컫는다.

는 것처럼 당시의 정세는 매우 불리했다. 그러나 길이 아주 없지는 않았다. 그 길로 나가기 위해 고종이 우선 선택한 것은 일본이라는 호랑이에게 잡아먹히지 않기 위해 러시아라는 곰에게 몸을 맡기는 '돌발 행동'이었다.

제국으로 가는 길

1896년(건양 1)은 조선뿐 아니라 한국의 전체 역사에서도 매우 중요한 해다. 그해에 조선은 태양력을 공식적으로 채택했다. 이 책에서 지금까지 사용한 날짜들은 모두 조선과 그 이전 왕조가 공식적으로 사용하던 음력 날짜였다. 그런데 조선 왕조는 1895년 11월 17일을 1896년 1월 1일로 선포하고 태양력을 쓰기 시작했다. 그러니까 《일성록》 등 공식 역사책에 기록되어 있는 날짜들은 1895년까지는 음력, 1896년부터는 양력인 셈이다.

태양력 사용보다 더 중요한 것은 1896년 들어 조선이 '건양建陽'이라는 연호를 채택했다는 사실이다. 이전까지 공식 외교 문서에 사용하던 청의 연호는 자취를 감췄다. 조선이 청에 조공을 바치는 제후국에서 당당한 독립 국가로 바뀐 것이다. 이런 개혁이 이루어질 수 있었던 것은 물론 청이 일본에 무릎을 꿇고 사실상 조선에 대한 종주권을 잃어 버렸기 때문이다. 그러나 자주적인 근대국가의 전제군주가 되어 보겠다는 고종의 의지가 없었다면 이 같은 건원, 즉 연호를 세우는 일도 없었을지 모른다.

그처럼 조선이 독립적인 군주 국가로 첫발을 내디딘 1896년 벽두부터 그 의미를 깎아내리는 돌발 사태가 벌어졌다. 2월 11일 고종이 대궐을 빠져나가 서울 정동에 있는 러시아 공사관으로 피신한 것이다. 정확히 말하면 왕의 집무실인 편전을 대궐인 경복궁에서 러시아 공사관 내의 방으로 옮긴 것이다. 이것을 역사에서는 '아관파천'이라 한다.

고종이 경복궁을 떠나기로 마음먹은 것은 일본과 친일 각료들 때문이었다. 그들이 흉계를 꾸며 왕비를 죽인 경복궁에서 고종은 한시도 머물 수 없었다. 게다가 그 안에 있다가는 일본인들이 언제 자신에게서 옥새와 함께 나라마저 빼앗을지 몰랐다. 이미 무슨 짓이든 할 수 있다는 것을 보여 준 그들 아니었던가?

그래서 고종은 러시아 공사 베베르와 접선해 몰래 경복궁을 탈출했다. 집무실을 옮긴 고종이 군주로서 맨 처음 내린 조치는 김홍집을 비롯한 친일 각료들을 처단하라는 명령이었다. 단발령을 내리고 국모를 죽인 일본에 대한 민중의 분노는 극에 달해 있었다. 따라서 김홍집 등 친일 내각에 대한 분노도 들끓고 있었다. 이런 분위기 속에 김홍집은 결국 길에서 군중에게 맞아 죽고 말았다.

고종이 러시아 공사관에서 1년 넘게 머무는 동안 그에게는 무수한 비난이 쏟아졌다. 한 나라의 군주가 자신의 궁궐에 있는 것이 무섭고 싫어서 남의 나라 공사관에 피신해 있는 꼴이

▥ 동학농민운동이 성공했다면? ▥

동학농민운동 당시, 양반들은 동학 농민군을 '동비東匪'라 부르며 멸시하고 혐오했다. 이처럼 동학 농민군을 싫어하는 데는 민씨 정권을 이루었던 수구파나 갑오개혁을 주도한 개화파, 개화에 반대하는 위정척사파 선비들이 다르지 않았다. 그들이 원하는 농민의 모습은 어디까지나 농사지으며 자신들에게 소작료나 세금을 잘 바치는 피지배층에 불과했다. 동학 농민군은 갑신정변을 일으킨 개화파처럼 조선의 근대화를 주장하지는 않았다. 오히려 개화파를 원수로 여기고 물밀듯이 밀려드는 개화 문물을 자기네 삶에 대한 위협 요소로 여겼다. 그러나 그들이 목숨을 걸고 추진한 폐정 개혁은 조선 사회를 근본적으로 바꾸어 놓을 내용으로 가득 차 있었다. 동학 농민군이 그들의 강령처럼 서울로 올라가 권귀를 멸하고 왜적을 몰아냈다면, 조선은 이전과는 완전히 다른 사회로 변화해 나갔을 것이다. 물론 동학 농민군이 일본군–관군 연합군에 패한 뒤에도 조선은 이전과 완전히 다른 사회로 변화해 가기 시작했다. 그러나 그 방향은 외세에 굴종하고 백성을 더욱더 괴롭히는, 동학 농민군이 꿈꾸었던 것과는 정반대의 사회였다.

누구에게라도 좋아 보일 리 없었다. 러시아를 제외한 일본, 미국 등 열강은 고종을 비난하며 어서 궁궐로 돌아오라고 촉구했다. 조선의 독립을 바라는 독립협회 등 시민 운동 세력도 고종의 복귀를 바라며 시위를 벌였다. 게다가 고종 자신이 토로한 것처럼 그토록 친절했던 러시아도 점점 본색을 드러내며 고종의 보호자 노릇을 하려 들고 온갖 이권을 챙겼다. 그런데도 고종은 고집스럽게 모든 여건이 성숙할 때까지 남의집살이를 하면서 친일파를 제거하고 여론의 추이를 지켜보았다.

고종이 기다린 여건은 물론 자신이 궁궐로 돌아가도 안전이 보장되는 상황이었을 것이다. 그러나 권력만 빼고 모든 것을 다 잃은 이가 그렇게 소극적으로 자신의 안위만 생각했으리라는 것은 지나치게 안일한 추측이다. 고종은 좀 더 멀리 내다보고 있었다. 조선을 놓고 경쟁하는 열강들의 속내와 자신에게 국가적 자존심을 세워 줄 것을 요구하는 민심을 읽고, 그에 대해 자신이 할 수 있는 가장 적절한 대응을 고민하고 있었다.

1897년(광무 1) 2월 25일 고종이 경복궁이 아닌 경운궁(지금의 덕수궁)으로 환궁한 것은 그의 머릿속에 모든 시나리오가 그려지고 있었다는 것을 의미한다. 고종이 그린 시나리오는 당시 조선이 처한 조건 속에 독자적인 전제군주로 살아남을 수 있는 거의 유일한 방법을 담고 있었다. 그것은 조선의 국호를 대한제국으로 바꿔 만방에 선포하고, 자신이 그 제국의 시황제(첫 번째 황제)로 즉위한다는 대담한 시나리오였다.

고종과 진시황제

기원전 221년, 전국칠웅* 가운데 하나였던 진의 마지막 왕 영정은 전국을 통일하고 스스로 그 첫 번째 황제 자

* 전국칠웅 전국시대에 중국의 패권을 놓고 다툰 7대 강국. 진, 초, 연, 제, 조, 한, 위를 이른다.

리에 올랐다. 그를 일러 시황제라 한다. 그는 정복 전쟁을 통해 분열된 중국을 정치적으로 통일했을 뿐 아니라, 나라마다 제각각이던 화폐, 도량형, 문자 따위를 통일해 사회적·경제적 통일도 이루었다. 그러나 자신은 이 업적을 오래 누리지 못하고 황제 즉위 11년 만에 병에 걸려 죽었다. 그가 죽은 지 4년 만에 그가 세운 제국도 붕괴하고 말았다.

1897년, 500년을 이어 온 조선 왕조의 마지막 왕 고종은 나라 이름을 대한제국으로 바꾸고 스스로 그 첫 번째 황제 자리에 올랐다. 대한의 시황제인 셈이다. 그는 외세에 의해 갈가리 찢긴 조선의 운명을 바꾸기 위해 전차와 철도를 비롯한 근대 문물의 도입을 서두르고, 중앙은행을 설립해 화폐를 발행하는 등 근대적 독립 국가를 건설하기 위해 안간힘을 썼다. 그러나 너무나도 드센 외세의 침략에 저항하다가 황제 즉위 10년 만에 자리에서 물러나야 했다. 고종이 퇴위한 지 3년 만에 그가 세운 대한제국도 붕괴하고 말았다.

고종과 진시황제는 왕에서 황제로 신분이 바뀌었다는 점, 첫 번째 황제라는 점, 의욕적으로 제국 건설에 매진했다는 점, 재위가 비슷하게 짧았다는 점, 황제 자리에서 물러나자마자 제국이 무너졌다는 점 등 비슷한 부분이 많다. 그러나 사실은 누구나 이처럼 비슷한 점을 나열하기가 민망하다고 느낄 만큼 차이점이 훨씬 더 선명하다. 진시황제의 나라는 다음 대에 망했지만 그가 세운 황제 시스템은 향후 2천 년이 넘는 세월 동안 계승되고 확장되었다. 즉 진시황제는 진의 시황제일 뿐 아니라 중국의 진정한 시황제였다. 반면에 고종의 나라는 다음 대에 완전히 망했다. 이 땅에서 대한제국과 같은 시스템을 가진 나라는 13년 만에 영원히 사라졌고 다시는 돌아오지 않을 것이다.

고종의 대한제국은 짧게는 조선 왕조 500년 동안 이어져 온 시스템, 길게는 고조선 이래 수천 년간 이어져 온 시스템의 결정판이요, 마지막 불꽃이었다. 그것은 어떤 식으로든 기존의 역사를 통째로 청산하는 작업의 제물이 될 운명이었다. 왕이든 황제든 군주가 다스리는 시스템을 총결산하고 새로운 근대적 시스템을 도입하는 그 청산 작업이 이 땅의 민에 의해 이루어졌더라면 이상적이었을 것이다. 그러나 누구나 아는 것처럼 대한제국을 통해 500년 왕조를 청산해 버린 주역은 일본이었다.

그래서 우리는 고종의 마지막 도전을 조금은 비장한 분위기에서 살펴볼 수밖에 없다. 물론 그것이 고종에 대해 연민이나 동정을 가져야 된다는 의미는 아니다. 또 수천 년 역사적 전통을 외세에 굴복하는 방식으로 청산해 버렸다며 고종에 대해 지나친 분노를 퍼부을 필요도 없다. 그는 나름대로 진지하고 열정적으로 13년간 최선을 다해 싸웠다. 그것이 오늘날 우리들이 생각하는 좋은 사회와는 전혀 다른 사회를 지향하고 있었다고 해도 그리 놀랄 일은 아니다. 우리가 해야 할 일은 조선의 마지막 왕이자 대한제국의 '시황제'였던 고종이 왜 그런 길을 가려고 했는지, 그리고 우여곡절을 거쳐 그의 아들 순종(재위 1907~1910)으로부터 주권을 넘겨받은 현대 한국인은 그런 고종을 어떻게 평가하고 그로부터 어떤 교훈을 얻을 것인지 진지하게 생각하는 것이다.

근대적 전제군주의 길

고종에게 어서 궁으로 돌아올 것을 호소한 사람들 중에는 갑신정변의 주역으로 미국에 망명했다가 돌아온 서재필과 그의 개화파 동지들도 있었다. 서재필은 1896년 4월 한국 최초의 민간 신문인 〈독립신문〉을 창간하고 석 달 뒤 독립협회를 세워 조선이 어떤 강대국에게도 의존하지 않는 독립 국가가 되어야 한다고 주장했다. 그러려면 일국의 군주가 남의 나라 공사관에 빌붙어 있는 당시 상황부터 타개해야 했다.

1897년 2월, 고종은 아관파천 1년 만에 드디어 러시아 공사관을 떠나 경운궁으로 들어갔다. 고종은 고종대로, 독립협회는 독립협회대로 조선이 독립 국가가 되려면 어떤 길을 가야 할 것인가 진지하게 모색했다. 각자 품고 있는 생각은 달랐지만 한 가지 일치하는 점은 있었다. 우선 당시 조선에 대해 상국 행세를 하며 온갖 문제에 간섭하려 들던 청으로부터 확실하게 독립을 선언해야 한다는 것이었다.

조선은 이미 건양이라는 독자 연호를 쓸 때부터 청과 결별을 선언한 셈이지만, 고종은 좀 더 극적이고 가시적인 변화를 추진했다. 1897년 10월 경운궁 맞은편에 있는 환구단에서 열린

성대한 황제 즉위식이 그 변화였다.

대한제국은 고종이 친히 지은 이름으로 알려져 있다. 고대로부터 '조선'과 '삼한'은 만주와 한반도에 걸쳐 삶을 이어 온 우리 조상들을 가리키는 대명사처럼 쓰여 왔다. 조선은 고조선에서 비롯했고, 삼한은 마한·진한·변한을 통칭하는 말로 시작해 고구려·백제·신라 삼국도 흔히 삼한이라 했다. '대한'은 그런 '한'들을 크게 아우르는 이름으로 선택된 것이다. 500년 넘게 써 오던 '조선'이란 이름을 계승해 '대조선 제국'이라 하지 않은 것은 중국에 조공을 바치던 나라라는 부정적 인상 때문이었다. 고종은 대한제국이 그 깊은 뜻처럼 만방에 큰 기운을 떨치기를 기도했을 것이다.

고대에 뿌리박은 이름을 쓰고 천자 같은 케케묵은 동양의 전통 개념을 사용한다고 해서 대한제국이 진이나 한 같은 동양적 황제국을 지향한 것은 아니다. 고종은 대한제국과 관련된 이 모든 상징과 형식을 자신의 전제 권력을 강화하는 데 이용했다. 대한제국 선포는 일국의 군주로서 제대로 된 주권을 행사해 보려는 고종의 승부수였다. 그는 모든 권력을 자신에게 집중시킨 전제군주국 체제로, 근대라는 약육강식의 밀림을 돌파해 나가겠다고 마음먹은 것이다.

이를 위해 고종은 독립협회가 요구하는 자유 민권 등의 요구를 뿌리쳤다. 그러한 요구 뒤에 숨어 있을지도 모르는 전제군주권에 대한 도전이 두려워서였다. 고종의 친위 관료들은 독립협회가 군주의 권력을 제한하거나 없애는 공화정을 추구한다고 모함하면서 고종의 의심을 부추겼다. 결국 독립협회는 강제 해산이라는 파국을 맞이하고 말았다.

동학농민운동을 짓밟고 독립협회와 같은 자유주의 시민운동마저 내쳐 버린 상태에서 대한제국이 추진하는 근대화가 탄력을 받을 수는 없었다. 아무리 군주 한 사람이 주권자인 전제 체제라 해도 그것은 민중의 능동적·수동적 지지를 전제로 할 때 기능하기 때문이다. 게다가 19세기 말의 대한제국처럼 러시아, 일본 등 야수들이 우글거리는 들판에 내던져진 약소국의 처지에서는 더 말할 것도 없다. 애당초 고종은 차 떼고 포 뗀 채 무조건 질 수밖에 없는 장기판에 대든 셈이었다.

그 결과는 20세기 들어서자마자 벌어진 러일전쟁에서 승리한 일본이 밀어붙인 '을사조약'(1905)으로 처참하게 나타나고 말았다. 외교권을 빼앗기고 통감부의 간섭을 받게 된 대한제국은 일찍이 조선의 어떤 군주 때에도 겪지 못한, 심지어는 몽골의 간섭을 받던 고려 때에도 없었던 종속적 지위로 굴러 떨어졌다.

고종의 마지막 싸움

왕이었을 때도 겪지 못하던 치욕을 맛본 황제 고종은, 그러나 끝까지 군주다운 모습을 보였다. 그는 일본에 빼앗긴 국권과 황제의 존엄을 되찾기 위해 마지막 투쟁에 나섰다. 어쩌면 이때 보여 준 고종의 결기와 의연함은 지난 40여 년간 저질러 온 온갖 잘못을 어느 정도는 상쇄할지도 모른다.

고종은 1907년(융희 1) 네덜란드 헤이그에서 열린 만국평화회의에 밀사를 파견했다. 일본이 대한제국의 외교권을 빼앗은 을사조약이 무효라는 것을 전 세계에 호소하기 위해서였다. 전 대한제국 주 러시아 공사 이범진의 아들 이위종이 러시아에 머물며 국권 회복을 위해 노력하다가 이준, 이상설을 만나 함께 헤이그로 향했다. 그러나 일본은 갖은 수를 써서 밀사들이 만국평화회의에 참석하는 것을 가로막았다. 결국 회의장 입장을 거부당한 밀사들은 통분함을 견딜 수 없었고, 이준은 그곳에서 병을 얻어 세상을 떠나고 말았다.

일본은 고종을 가만 놔두지 않았다. 이토 히로부미 조선 통감은 경운궁으로 고종을 찾아가 헤이그 밀사 사건에 대해 따졌다. 단지 따지는 데서 그치지 않고 고종의 퇴위를 강요했다. 저항할 힘을 잃어버린 고종은 아들인 순종에게 양위하는 형식으로 자신이 만든 황제 자리에서 내려가야 했다.

퇴위한 고종이 쓸쓸한 나날을 지내던 1909년(융희 3) 10월, 을사조약을 강제 체결하고 고종을 끌어내렸던 이토 히로부미가 하얼빈역에서 안중근 의사의 총격을 받고 죽었다. 그 후 일본은 한국을 완전한 식민지로 만드는 책략을 더욱 빠른 속도로 진행시켰다. 그리고 이듬해인 1910년 8월 29일, 일본은 이완용 등 친일 각료들의 협조로 대한제국의 마지막 숨통을 끊어 버리는 '한일병합조약 체결'을 발표했다.

대한제국 마지막 황태자의 어머니, 순헌황귀비

황귀비 엄씨는 어릴 때 궁에 들어와 명성황후를 모시던 궁녀였다. 못생긴 외모에도 영민한 두뇌와 판단력, 후덕한 인품을 지녀 명성황후가 무척 아꼈다. 그런 그녀가 고종의 승은을 입자, 명성황후는 커다란 배신감을 느꼈다고 한다. 결국 엄 상궁은 명성황후에 의해 궁 밖으로 쫓겨났다가, 1895년 명성황후가 시해된 뒤 다시 궁궐로 돌아오게 된다.

1896년, 고종을 자신의 가마에 숨겨 러시아 공사관으로 피신(아관파천)시킨 황귀비 엄씨는 1897년 대한 제국 선포 후 마흔넷의 나이에 아들 이은(영친왕)을 낳았다. 그 뒤 1901년 계비가 되어 '엄비'로 불리다가 1903년 '황귀비'로 책봉되다. 이렇듯 황귀비 엄씨는 다른 누구의 도움이 아닌 스스로의 뛰어난 정치적 감각과 능력으로 대한제국 여성의 최고 자리에까지 올랐다. 특히 그녀는 인재 양성과 여성 교육에 큰 관심을 가졌다. 1906년에는 진명여학교(지금의 진명여고)와 명신여학교(지금의 숙명여대)를 세우고, 1907년에는 경영난에 부딪힌 양정의숙(지금의 양정고)을 위해 사재를 털기도 했다. 따라서 근대 여성의 기반과 활동 영역 확대에 기여했다는 평가를 받고 있다.

결국 고종은 이 땅에 있었던 군주제 역사상 가장 높은 지위까지 솟구쳤다가 가장 비참한 나락으로 떨어진 존재가 되었다. 그러나 끝까지 군주로서 가져야 할 주권 의식을 잃지는 않았다. 그는 실패한 군주가 분명하지만 실패 자체로 오늘의 우리에게 남겨 준 교훈이 적지 않다. 무엇보다 중요한 것은 그가 살아 있는 동안에는 주지 못했던 선물을 죽음과 함께 우리 민중에게 주고 갔다는 사실이다.

1919년 그는 독살 의혹 속에 한 많은 생애를 마쳤다.* 이미 일제의 식민 지배에 고개를 가로젓고 있던 대한의 민중은 옛 황제의 가는 길에 최대한의 애도를 바쳤다. 그 애도와 결합되어 일어난 것이 바로 대한민국의 출발점이나 마찬가지인 '3·1운동'이었다. 고종은 수천 년 왕조의 전통을 한 몸에 끌어안고 가면서 새로운 시대로 가는 길을 열어 주었던 것이다.

• 그 당시 고종의 병세가 위중해 이완용이 궁에서 숙직을 했는데, 그가 나인을 시켜 고종에게 식혜를 올렸다고 한다. 고종은 식혜를 마시고 갑자기 세상을 떠났고, 식혜를 올린 나인 2명도 얼마 지나지 않아 사망했다. 고종의 사망으로 항일 감정은 극에 달했고, 이는 고종의 장례일인 3월 3일(인산일)에 즈음해서 3·1운동이 일어나는 직접적인 계기가 되었다.

군주君主에서 민주民主로

순종을 끝으로 이 땅에서 수천 년 이어 온 군주의 역사가 막을 내리고 민주의 시대가 다가왔다. 그러나 열강의 침략으로 얼룩진 근대사에서 민이 주권자로 우뚝 서기까지는 험난한 역정이 기다리고 있었다.

일인 주권의 군주제를 대체하는 정치 제도를 공화제라 한다. 한국에서 언제부터 미국이나 프랑스처럼 군주제를 폐지하고 공화제를 지향하는 움직임이 있었는지는 알 수 없다. 늦어도 독립협회가 활동하던 19세기 말에는 최소한 공화제가 뭇 사람들의 입에 오르내렸던 것 같다.

1907년 안창호, 이동휘, 이동녕, 신채호 등이 참여한 비밀결사 '신민회'는 을사늑약으로 빼앗긴 국권을 회복할 때 공화정을 채택한다는 구상을 밝혔다. 아직 황제권이 살아 있던 시기에 공화제를 지향했다는 것은 당시 기준으로는 반역이었다. 그러나 이는 한국인의 근대적 정치의식이 세계사적으로도 결코 뒤처지지 않았다는 사실을 입증하는 것이기도 하다.

대한제국이 힘없이 일제에 국권을 빼앗기자 공화제 담론은 급물살을 이루었다. 1915년 대구에서 출범한 '대한광복회'는 공화국 지향을 명확히 하면서 군자금을 모아 만주에 군관 학교를 설립하려 했다. 2년 후 상하이에 모인 신규식, 박은식, 신채호, 조소앙 등은 〈대동단결 선언〉을 발표해 향후 건설될 한민족의 국가는 군주국이 아니라 민주국이 될 것임을 분명히 했다.

"융희 황제(순종)가 삼보(토지, 인민, 정치)를 포기한 8월 29일은 바로 우리 동지가 삼보를 계승한 8월 29일이니, 그간에 한순간도 멈춘 적이 없음이라. 우리 동지는 완전한 상속자니 저 황제권이 소멸한 때가 곧 민권이 발생한 때이요, 구한국 최후의 날은 곧 신한국 최초의 날이다."

이 같은 국민 주권 선언은 1919년 3월 1일부터 시작된 거족적인 독립 만세 운동을 통해 그 실체를 확인했다. 일제의 식민 지배를 거부하며 맨손으로 들고일어난 식민지 민중은 '신한국'의 주인이 될 자격을 증명하고도 남음이 있었다. 3·1운동을 '3·1혁명'으로 바꿔 불러야 한다는 일각의 주장은 그런 점에서 생각해 볼 가치가 있다.

군주정으로부터 공화정으로 나아가고자 하는 한국인은 누구나 독립운동에 뛰어들었다. 다시 말해 당대의 진보 인사들은 다 일제와 맞서 싸웠다는 것이다. 일제를 몰아내는 일 자체가 국민 주권 국가를 세우는 과정의 일부였기 때문이다. 일제가 군주정을 철폐하고 한국인에게 근대적인 제도를 선물했다고 믿는 사람은 극소수 친일파에 불과했다.

그런데 일제를 몰아내고 국민이 주인이 되는 나라를 세운다고 했을 때 그 나라의 정치 체제를 어떻게 만들어야 국민이 주권을 제대로 행사할 수 있을까?

대한민국 임시정부는 삼권 분립을 기본으로 하는 서구형 공화제 국가를 지향했다. 처음에는 대통령제를 채택했지만 임시대통령이던 이승만이 탄핵당한 뒤 내각제를 기본으로 하는 정부 기구로 전환해 나갔다.

그러나 임시정부가 서구식 자유주의 정치 제도만 수용한 것은 아니다. 민족 간, 국가 간뿐 아니라 국민 개개인 간에도 사회 경제적 평등을 보장하자는 삼균주의*가 임시정부의 정치 철학을 밑에서 떠받치고 있었다. 이처럼 자유주의에 사회 민주주의 요소를 가미한 임시정부의 정체는 임시정부 세력이 불참한 대한민국 제헌 헌법에도 일정 부분 반영되었다.

독립운동가들이 추구한 국가 형태는 그 밖에도 여러 가지가 있었다. 특히 1917년 러시아에서 일어난 사회주의 혁명은 한국인의 국가 구상에 커다란 영향을 미쳤다. 박은식이 《한국독립운동지혈사》에서 토로한 것처럼 침략 국가였던 러시아가 혁명으로 인해 평화 애호 국가로 변신한 사건은 한국인에게 큰 충격을 주었다. 그것은 또 다른 침략 국가인 일본의 압제에 신음하던 한국인에게 '우리도 할 수 있다'는 희망과 신념을 안겨 주었다. 당시 독립운동에 투

• 삼균주의 독립운동가 조소앙이 체계화한 민족주의적 정치사상. 개인 간·민족 간·국가 간의 완전 균등을 대전제로 하며, 이의 실현을 위해 정치적·경제적·교육적 균등을 주장하고 있다.

신하던 젊은이들 사이에서 혁명 러시아가 걸어가는 사회주의 노선에 동조하고 우리도 그런 나라를 세워야 한다고 믿는 이가 늘어났다.

그리하여 1920년대에 이르자 독립운동도 우익 민족주의 계열과 좌익 사회주의 계열로 나뉘게 된다. 이것은 비단 우리 민족만의 현상이 아니라 중국, 인도, 베트남 등 제국주의 침략에 시달리고 있던 약소민족의 공통된 현상이었다. 또 일본, 미국, 프랑스 등 식민지를 거느린 자본주의 국가 내부에서도 사회주의를 지향하는 노동 운동이 일어나고 있었다.

좌우익 독립운동 세력은 공동의 적인 일제에 맞서 협력하기도 하고 서로 대립하기도 하면서 각자 꿈꾸는 독립 국가 건설을 향해 싸워 나갔다. 침략자를 몰아낸 뒤 그들의 꿈은 충돌할 수밖에 없었다. 이러한 충돌은 우리만이 아니라 전 세계 모든 민족에게 일어나고 있거나 다가오는 현실이었다. 두 가지 길이 모두 현실적으로 존재했기 때문이다. 좌우익 지도자들은 국민들 앞에서 자신의 주장이 옳다는 것을 입증하기 위해 경쟁할 의무가 있었고, 국민은 냉정하고 현명하게 심판을 하면 될 일이었다. 1930년대의 엄혹한 시련기를 거쳐 그러한 심판의 날은 다가오고 있었다.

군주의 시대에나 민주의 시대에나 주권이 행사되는 범위는 대개 국가였다. 특히 한국은 꽤 오랜 옛날부터 지방 분권을 극복하고 중앙 집권적인 단일 국가를 이루어 왔다. 따라서 민중 주권은 우선 국민 주권으로서 국가의 범위에서 행사되어야 한다. 일제는 그러한 한국인의 국민 주권을 송두리째 부정하고 식민 통치를 자행했다.

이처럼 한국이 '제국'으로부터 '민국'으로 나아가는 것을 부당하게 저지한 일본 제국주의에 한국 민중은 강력한 투쟁으로 대응했다. 2차 세계 대전 당시 일본과 싸우던 중국, 미국 등 연합국은 1943년 11월 발표한 카이로 선언에서 이 같은 한국인의 주권 의지를 인정했다. 그리고 '적당한 시기에in due course' 한국을 독립시키겠다고 약속했다.

그러나 '적당한 시기'라는 말은 두고두고 한국 민중의 앞날에 족쇄로 작용했다. 한국 민중은 '즉각' 독립을 원할 뿐, 또 다른 '적당한 시기'는 있을 수 없었다. 그러나 연합국은 이러저러한 조건을 달아 한국인의 즉각적인 주권 행사를 막았다. 특히 미국은 한국이 필리핀처럼 일정한 기간 동안 독립 국가가 되는 수업을 받은 뒤 졸업해야 한다는 생각을 가지고 있었다. 이른바 '신탁통치 구상'이었다. 미국의 루스벨트(F. D. Roosevelt, 1882~1945) 대통령은 1945년 2월 얄타 회담 당시 소련의 스탈린(I. V. D. Stalin, 1879~1953)에게 대일 전쟁에 참전할 것을 요청하면서 그러한 구상을 밝힌 것으로 알려졌다.

1945년 8월 15일 일본이 무조건 항복을 선언한 뒤 미군과 소련군은 일본군을 무장 해제하기 위해 38선의 남과 북에 진주했다. 두 나라가 어떤 계산을 하고 있는지 모르는 상태에서 한국인은 신속하게 독립 국가 건설을 위해 움직였다. 국내에서는 여운형이 조선건국준비위원회를 결성하고, 박헌영이 조선공산

당재건준비위원회를 만들었다. 김구가 이끄는 대한민국임시정부는 중국 충칭에서 국내 복귀를 서두르고 있었고, 이승만은 미국에서 귀국 시점을 타진하고 있었다.

그러나 미국과 소련은 그 선택을 한국 민중에게만 맡겨 두지 않았다. 1945년 12월 모스크바에서 열린 미국, 소련, 영국의 외무 장관 회담은 미소공동위원회를 열어 한국인의 임시정부 구성을 논의하고 신탁통치 문제도 협의한다고 결정했다. 그러나 미국과 소련의 생각이 다르고 한국의 정치 세력도 모스크바 결정에 대한 태도가 저마다 달라 미소공동위원회는 순항하기 어려웠다. 결국 1946년부터 열린 미소공동위원회는 내내 삐걱거리다가 이듬해 파국을 맞았다.

미소공동위원회의 파행에서 분단의 흐름을 가장 먼저 읽은 남한의 정치인은 이승만이었다. 그는 1946년 6월 3일 전라북도 정읍에서 남한만의 단독 정부 수립 가능성을 시사해 선수를 쳤다. 이는 분명 국민의 뜻에 위배되는 것이었으나 외세의 뜻에는 부합했다.

미국이 미소공동위원회를 포기하고 자신이 주도하는 유엔 UN에 한반도 문제를 상정하면서 분단은 기정사실이 되었다. 유엔이 한반도에서 총선거를 치르자고 하면 소련이 이를 수용할 리 없었기 때문이다. 1948년 8월 15일 이승만을 초대 대통령으로 하는 대한민국 정부가 출범했을 때 여운형, 김구, 김규식은 그 자리에 없었다. 여운형은 남북 합작을 추진하다 테러리스트의 총탄에 쓰러졌고, 김구와 김규식은 분단 정부에 참여하기를 거부했다. 박헌영은 북한 정권에 합류했다. 이처럼 국민 역량의 1/4도 흡수하지 못한 정부를 국민의 정부라고 할 수는 없었다.

이렇게 축소 왜곡된 채 출범한 정부는 분단 때문에 점점 더 국민 주권과 상반되는 방향으로 달려갔다. 남북의 분단 정부는 평화를 갈구하는 민중의 바람과는 반대로 서로를 향해 으르렁 거렸다. 정치 세력이 좌우로 갈려 싸우는 것은 우리 민족만의 문제가 아니었으나, 아예 나라를 갈라 가지고 소통의 창구가 막힌 채 적대시하는 것은 다른 민족에게서 찾아보기 어려운 것 이었다. 남북한은 1950년 6월 25일 북한의 전면 기습 공격으로 동족상잔의 비극을 맞이하고 말았다.

전쟁은 그 자체로 수백만 명의 무고한 인명을 희생시킨 죄악 이었다. 게다가 전쟁으로 말미암아 국민 주권이 보장되는 국가 는 점점 더 멀어져 갔다. 이승만은 전쟁이 가져다준 위기 상황 을 이용해 더욱 권력을 집중시켰다. 전쟁 중인 1952년 초에는 임시 수도 부산에 계엄령을 선포하고 공포 분위기 속에 자신에 게 유리한 개헌을 밀어붙이기도 했다.

1954년 이승만은 한 사람이 세 번 대통령에 당선되는 것을 금지한 헌법을 고쳐, 초대 대통령만은 죽을 때까지 출마할 수 있게 하는 개헌을 밀어붙였다. 이런 식의 개헌은 그 자체도 민 주주의에 위배되는 일이지만 개헌을 성사시킨 방법은 더더욱 사악했다. 당시 국회에서 이 개헌안이 가결되기 위해서는 찬성 표가 재적 의원 203명의 2/3인 135.33…을 넘어야 했으나 135명 에 그쳐 부결되었다. 그러나 이승만 정권은 사람은 소수점 이하로 셀 수 없으니 0.33…은 떼어 내고 135명을 과반수로 보아야 한다는 억지를 부렸다. 135.33…을 사사오입(반올림)했다고 해서 이를 '사사오입 개헌'이라 한다.

1956년 그는 강력한 야당 대통령 후보였던 신익희가 선거 직전에 사망하는 바람에 세 번째 대통령 자리를 거머쥐었다. 그리고 1960년 4대 대통령 선거에 또 한 번 도전했다. 이번에도 야당의 조병옥 후보가 선거를 앞두고 사망해 선거를 치르기도 전에 당선이 사실상 확정되어 버렸다. 남은 것은 이승만의 심복이자 집권당 자유당의 책임자인 이기붕을 부통령에 당선시키는 일이었다. 그렇게만 하면 이승만의 종신 집권은 반석 위에 오르는 것과 마찬가지였다.

이승만 '왕정'을 완성하는 데 마지막 걸림돌은 이기붕의 낮은 인기였다. 이미 1956년 부통령 선거에서 민주당의 장면에게 고배를 마셨던 그가 두 번째 대결에서 승리한다는 것은 불가능해 보였다. 그러나 자유당 정권은 무슨 짓이든 할 준비가 되어 있었다. 그들이 짜낸 방법은 역사상 유례없는 부정선거였다. 전체 유권자 수의 40퍼센트에 달하는 가짜 투표용지를 미리 투표함에 담아 놓았다가 실제 투표함과 바꿔치기하고, 깡패들을 동원해 투표장에서 야당 참관인을 몰아내고, 공무원을 동원해 골목마다 돌아다니면서 유권자의 투표를 막는, 상상도 하지 못할 부정을 조직적으로 저질렀다.

눈에 뻔히 보이는 부정선거였다. 국민은 투표일인 3월 15일이 오기도 전에 결과를 다 알고 있었다. 그러나 이승만과 자유당이 안이하게 생각하고 있었던 것과 달리, 우리 국민은 왕정의 부활을 앉아서 지켜보지만은 않았다. 한국전쟁이 끝난 지 7년밖에 안 된 엄혹한 시대 상황에서도 분연히 일어나 부정한 독재 정권과 싸웠다. 그리하여 맨손으로 독재자를 쫓아내고 민주주의를 지켰다. 아니, 처음으로 제대로 된 국민 주권의 참된 모습을 만방에 과시했다. 그것이 '4·19혁명'이었다.

우리가 알고 있는 것처럼 4·19혁명 이후에도 국민 주권을 부정하고 전제 왕정과도 같은 영구 집권을 꿈꾸는 세력은 나타났다. 대한제국이 멸망한 뒤에도 민주주의가 실현된 시간보다는 형태를 달리하는 독재 체제가 군림한 시간이 더 길다. 그것은 사실 근대 시민 혁명의 전범으로 여겨지는 프랑스 혁명에서도 마찬가지였다. 1789년의 혁명으로 프랑스가 완전히 근대 시민사회로 바뀐 줄 아는 사람들이 많지만, 사실 시민 혁명을 뒤집어엎는 왕정은 그 후로도 몇 번이나 부활했다.

4·19혁명을 계승한 6·10민주항쟁과 촛불 집회 이후에도 민주주의를 위협하는 '왕정'의 그림자는 곳곳에 도사리고 있다. 갖가지 방법으로 국민 주권을 제한하려 드는 세력과 갖가지 이유로 이를 지지하는 사람들이야말로 국민이 자신에게 허용된 권력을 행사해야 할 대상이다. 더 이상 그런 권력을 행사할 필요가 없어질 때 민주주의는 완성될 것이고, 그날이 오면 더 이상 민주주의를 목 놓아 외칠 필요도 없어질 것이다.

도판 출처

* 저작권자를 찾지 못해 게재 허락을 받지 못한 사진은 저작권자가 확인되는 대로
   사용 허가를 받고 통상의 사용료를 지급하겠습니다.